사랑의 정치

이정희 교수의 정치평론

사랑의 정치

이정희 교수의 정치평론

이정희 지음

인간사랑

차례

3부 공존의 미학 111

4부 상생의 정치를 위해 143

5부 신중하면서도 소신있는, 유연하면서도 꿋꿋한 173

책머리에

'정치'가 무엇인지 이해해 보겠노라고 정치학과 인연을 맺은 지 어언 40년이 흘렀다. 그런데도 '정치'가 무엇인지 설명해보라면 기껏해야 고대 정치사상가의 생각을 재구성하든지 이스턴(David Easton)이 규정한 '사회 내의 제반 가치를 권위적으로 배분하는 과정'을 설명의 준거로 삼기도 한다. 그러나 그 어느 것도 그리 만족스럽지 않다. 정치현상을 바라보는 시각이 다양하고, 그에 따라 정치현상을 설정하고 다루는 방식이 천차만별인 것은 너무나도 자연스런 일이다. 현대 정치학은 주로 실재(sein)의 정치현상을 연구대상으로 삼고 있기에 규범(sollen)적 논의는 부차적인 것으로 간주한다. 같은 맥락에서 학술 연구논문을 쓰는 것이 학자와 교수로서의 본업이겠지만 종종 사회문제에 대한 나름의 생각을 지상을 통해 피력하고 대중과 소통하는 것 역시 의미있는 일이다.

지난 해 연구년을 맞아 20여 년간 신문에 기고했던 글을 다시 한 번 읽어볼 시간을 가졌다. 열정과 진지함이 느껴지는 글도 있었지만, 글을 쓸 당시 고민이 부족했었다고 생각되는 글도 적지 않았다. 여하튼 올해 환갑을 맞아 이 글들을 책으로 묶어보겠다는 생각을 한 것은 나름 성찰의 기회로 삼기 위함이다. 그동안 관심의 대상으로 삼았던 정치현상은 무엇이었고, 어떤 방향으로의 변화를 추구해왔는지, 과연 미미하나마 성과는 있었는지 궁금했다. 더불어 앞으로 나의 정치학적 관심을 어디에 두어야할 것인지 성찰하려는 의도도 포함된다.

이 책의 제목을 『사랑의 정치』로 정한 것도 작은 성찰의 결과다. '정치'와 가장 어울리지 않는 어휘가 '사랑'일 수도 있다. 갈등과 대립, 지배와 피지배, 통치와 복종이 '정치'와 함께 떠오르는 어휘일진대, 그동안 기고했던 글의 결론은 이를 극복하려는 작은 몸부림이었다. 시론의 구성은 대체적으로 정치현실(sein)에 대한 상황분석과 대안의 제시인데, 대안의 제시를 위해서는 규범적(sollen) 이상이 밑바탕이 된다. 규범적 이상은 갈등과 배제를 넘어선 일치와 통합, 지배와 피지배를 극복한 상생, 통치와 복종을 이겨낸 공존의 가치를 추구하고 있다. 이러한 가치를 모두 포괄하는 어휘는 단연코 '사랑'이리라.

돌이켜보면 정치학을 공부하면서 갈증을 느꼈던 가치판단의 준거를 "가톨릭 사회교리(Catholic Social Teaching)"에서 찾을 수 있었던 것은 큰 행운이고 기쁨이었다. 7년에 걸쳐 매달 첫 토요일 서강대

다산관에서 다양한 학문분야의 학자들과 서너 시간씩 토의하며 보편적 형제애와 정치, 신앙과 사랑, 정의와 공동선, 연대와 공동체에 대해 공부하면서 규범적(sollen) 이상을 구축할 수 있었다. 이어서 참여하게 된 〈사회정의 시민행동〉, 〈일치를 위한 정치포럼〉을 통해 정의와 일치, 그리고 사랑이 결코 정치와 분리될 수 없음을 알게 되었다. 오히려 정치의 본질은 일치와 정의, 그리고 궁극적으로 사랑이라는 것을 확신하게 되었다. 일치를 위한 정치운동을 제창한 끼아라 루빅(Chiara Lubich)은 정치행위가 '보편적 형제애(fraternité)'에 바탕을 두어야 한다고 주장한다. 자신이 바라는 것처럼 타인이 원하는 것이 무엇인지 헤아리는 마음을 갖는다면, 정치는 새로운 방식으로 정착될 것이라는 주장은 타당하다. 이러한 보편적 형제애, 즉 사랑에 바탕을 둔 정치행위로 현존하는 어려움과 갈등, 대립을 극복할 수 있다.

이 책은 7부로 구성되었다. 일간지에 실렸던 시론 중 110여 편의 글을 추려 주제별로, 게재 신문과 형식별로 재구성하였다. 1부 '새로운 지평'은 한국일보 〈이정희칼럼〉에 실린 칼럼을 모았고, 2부 '나눔과 관용의 길로'는 평화신문과 가톨릭신문, 그리고 국제인권보 등의 글로 구성했다. 3부 '공존의 미학'은 헤럴드 경제에 게재한 〈김형과의 서신문〉을, 4부 '상생의 정치를 위해'는 한국일보 〈아침을 열며〉에 실린 글을 재구성했다. 5부 '신중하면서도 소신있는, 유연하면서도 꿋꿋한'은 정치리더십과 엘리트에 관련한 시론을 모았고, 6부 '희망이 보인다'는 우리나라의 정치과정, 즉 선거, 정당,

이익집단 등에 관련된 글을 정리했다. 7부 '물이 높아야 배가 높다'는 유권자의 정치의식과 정치문화에 관한 글을 모았다. 7부 마지막 글은 박종현 기자가 펴낸 『대중을 유혹한 학자 60인』(컬처그라퍼, 2011) 중 나에 관한 글인 「독단과 극단의 시대에 합리적 중간지대를 꿈꾸다」를 전재했다.

이 책을 펴내면서 감사의 뜻을 전해야할 사람들이 참으로 많다. 우선 시론을 신문사로 전송하기 전 항상 문맥과 어휘를 꼼꼼하게 점검해준 아내에게 고마움을 전한다. 나의 규범적 기초를 마련해주신 하늘나라에 계신 부모님, 학창시절의 은사님들과 토론의 상대가 되었던 동료 학자들이 생각난다. 내게 글쓰기에 재능이 있다고 『한국수필선집』을 추천해주셨던 고등학교 1학년 김찬흡 담임선생님도 불현 듯 떠오른다. 고정 칼럼란을 선뜻 내어준 신문사 관계자들과 〈가톨릭사회과학연구회〉, 〈사회정의 시민행동〉, 〈일치를 위한 정치포럼〉의 회원들에게도 고마움을 전한다. 책을 출간하는 과정에서 오래된 파일과 신문을 정리하고 재구성하고 마무리해준 한국외대 대학원 정치외교학과 박선홍양에게 고마움의 뜻을 전한다. 또한 어려운 출판계의 상황에도 불구하고 출판을 맡아주신 인간사랑의 여국동대표와 편집실 여러분들에게 감사의 뜻을 전한다.

2013년 가을

청평 素峯齋에서 이정희

1부 새로운 지평

신자유주의 파고가 높아지고
수직적 세계경제질서가
공고해질수록
새로운 지평에 대한
지구촌민들의 갈망은 커지고 있다.
지구촌 곳곳에서 독과점과
집중을 거부하고
나눔과 상생의 길로
나서야 한다는
절박함이 퍼지고 있다.

새로운 정치가 시작된다

임진(壬辰)년 새해가 밝았다. 서로의 건강과 행운을 축원하며, 녹녹하지 않은 상황이지만 올 한해 잘 살아보려는 다짐의 눈빛이 결연하다. 불안정한 세계경제와 밀접히 연계된 우리경제 역시 순탄치 않을 것 같고, 김정은 북한체제의 안착도 불투명한 상황에서 4월 국회의원 선거와 12월 대통령 선거를 맞게 되는 국민들의 마음은 희망과 불안이 교차하고 있다. 여야 정치권은 양대 선거를 승리로 이끌기 위해 쇄신과 통합의 수순을 밟아가고 있으나, 이 과정 또한 순조롭지 않아 보인다.

선거의 해를 맞아 불안을 희망으로, 불투명한 미래를 예측 가능한 미래로 바꿀 수 있는 새로운 정치 패러다임을 만들어야 한다.

결코 쉽지 않은 작업이지만 언젠가 해내야 할 일이라면 올해가 적기다. 분위기는 이미 무르익었다. 지금의 정치로는 안 되겠다는 공감대가 오래 전부터 형성되었다. 여야 정치권은 물론 유권자 자신을 포함한 모든 정치행위자들의 행태를 비판하고 자성하면서 형성된 공감대다. 격동의 국제질서에서 살아남기 위해서는 우리 자신이 우선 탄탄한 기반을 갖추어야 한다는 절박함도 새로운 정치를 추동하고 있다.

새로운 정치 패러다임의 요소는 정치의식과 제도, 그리고 정치행태다. 중요한 것은 변화를 이끄는 주체와 객체가 구분되어서는 안 된다는 점이다. 정치엘리트와 대중 모두 정치공동체의 구성원으로서 함께 변화에 동참해야 한다는 의식의 전환이 핵심적인 성공요인이다. 우선 유권자들이 새로운 정치를 만들어 낼 수 있다는 자신감을 가져야 한다. 4·19 혁명과 6월 항쟁을 통해 독재를 종식시킨 귀한 경험이 있건만, 정치권의 교체만 이루었을 뿐 진정 국민이 주인 되는 민주(民主)정치의 본 궤도에 진입하지 못했다. 민주화 이후의 민주정치를 책임지는 주인으로서 새로운 책임의식과 행동을 올해 반드시 보여줘야 하지 않을까. 여야 정치권도 과거 통치의 의식과 관행에서 과감히 벗어나 유권자의 정치, 사회, 경제적 요구를 제대로 수렴할 수 있는 제도와 정책을 마련해야 한다. 선거 승리를 위한 표피적 변화나 기득권 유지를 위한 제도 개선으로는 유권자의 마음을 얻지 못할 것임을 명심해야 한다.

정치제도와 정책의 쇄신을 위해서는 다양한 이해와 논리를 정확하게 파악하는 작업을 선행해야 한다. 이 역시 정치권과 일반 대중의 동반자적 노력이 필요하다. 정치가 결코 쉽지 않음을, 갈수록 어려워지는 것이 정치라는 것을 실감하게 된다. 정치권의 입장에서 보면 지난날에는 관련 정보의 독과점으로 정책결정과 제도개혁이 큰 저항 없이 순항했지만, 최근 10년간 정보통신기술의 놀라운 발전으로 정치엘리트가 알고 있는 정보와 일반 대중들이 접근할 수 있는 정보의 양이 그리 다르지 않게 되었다. 풍부한 정보를 바탕으로 모든 정책결정과정에서 다양한 이해당사자들의 요구가 분출하고 있어 세심한 논의와 합의도출이 필요하다.

유권자도 마찬가지다. 민주화 첫 단계의 진입을 위해서는 '독재타도'와 '호헌철폐' 등의 구호로 족했지만, 이제 구체적 정책의 실상과 허구를 파악하고 대안을 마련해야 한다. 과거처럼 물리쳐야 할 대상만 있는 것이 아니라, 서로 경쟁하고 협조해야 할 상대가 상존해 있기에 합리적 설득을 위해 개인 또는 집단적으로 철저히 준비해야 한다.

그렇다. 정치하기가 점차 어려워지고 있다. 역설적이지만 매우 긍정적 조짐이다. 정치발전의 계단을 한 단계 더 올라갈수록 배가의 노력이 수반되어야 한다는 뜻이다. 흑룡 충천의 해, 총선과 대선을 거치면서 민주정치의 공고화를 이끄는 새로운 정치 패러다임을 형성할 수 있을 것으로 기대한다. 대선과 총선 후보자들, 정당과 국회, 청와대와 행정부, 그리고 유권자 모두 힘을 모아 임진년을 새로운 정치의 원년으로 삼아보자.

(한국일보 2012. 1. 6)

'넥타이 부대'의 꿈

6월은 민주항쟁의 달이다. 24년 전 오늘 민주헌법쟁취국민운동본부는 박종철군 고문치사 조작·은폐 규탄 및 호헌철폐 국민대회를 개최해 전두환 독재정권을 향해 온 국민의 뜻을 강하게 전달했다. 저녁 6시를 기해 택시기사들은 일제히 경적을 울렸고, 시민들은 흰 손수건을 흔들어 화답했다. 여고생들은 항쟁 참여자들에게 물과 도시락을 날랐다. 결국 20일간의 항쟁으로 6·29 선언을 이끌어내는 쾌거를 이루어냈다.

6월 민주항쟁은 우리나라 민주화를 새로운 단계로 진입시키는 계기를 마련했다. 제도적으로 대통령직선제 개헌을 쟁취했다는데 우선적 의미를 부여할 수 있지만, 더욱 중요한 것은 '넥타이 부대'의 등장이었다. 명동 등 서울 도심에서 30, 40대 직장인들이 호헌철폐와 독재타도를 외치는 모습은 과거 어떠한 민주시민운동에서도 볼 수 없던 현상이었다. 새로운 집단이 형성되고 그 집단이 주요한 정치행위자로 등장함에 따라 역사는 발전한다.

4·19 혁명과 그 이후 민주화와 사회 변혁을 위한 시민운동은 학생들이 주도했고, 그에 따른 희생도 컸다. 민주운동뿐 아니라 노동자와 농민 등 여러 사회계층들의 이익까지도 대변할 수밖에 없었다. 그나마 대학생들만이 자유롭게 사유(思惟)하고 행동할 수 있는 집단이었기 때문이다. 그러나 이제 새로운 집단이 출현했다. '넥타이 부대'는 행동하는 중산층을 상징한다. 그들의 집단적 행동은 더

이상 참고 넘어갈 수 없는 한계점에 달했다는 것을 뜻한다. 동시에 그들이 향유하고 있는 사회적 지위와 물질적 풍요를 어느 정도 희생할 수 있다는 각오의 표출이기도 하다.

'넥타이 부대'의 행동은 오늘도 계속된다. 지난 4·27 재·보궐선거의 결과는 넥타이 부대의 냉엄한 심판이었다. G20 정상회담의 화려함에 묻혀버린 민생의 어려움을 제대로 살펴 챙기라는 이명박 정부를 향한 경고의 메시지였다. 여야 정치권은 '넥타이 부대'의 향배가 내년 국회의원 선거와 대통령 선거의 결정적 변수가 될 것으로 예측하면서도 그 본질과 진화의 양태를 제대로 파악하지 못하고 있는 듯하다.

'넥타이 부대'를 단순히 화이트칼라의 직장인으로 선거인 중 2-3%에 해당하는 집단 정도로 인식하고 있다면 큰 오산이다. 또한 현재의 넥타이 부대가 1987년의 넥타이 부대와 동일하다고 생각하면 잘못이다. 지난 20여 년간 우리 사회가 발전하면서 넥타이 부대도 성장하고 분화했다. 길거리로 나선 소수의 화이트칼라 직장인이 아니라 우리 사회의 허리를 담당하는 사회세력으로 성장했다. 여전히 행동하는 중산층의 상징으로 민주와 민생의 가치를 전수받으면서, 동시에 삶 속에서 느끼는 각자의 사고와 정치적 요구는 다양화하고 있다. 한편 정보통신기술을 이용해 막강한 정보력을 갖추고 있어 기존의 여론 주도층을 대체할 수 있는 힘도 지니게 되었다. 그들의 일거수일투족(一擧手一投足)의 파급효과는 점차 커지고 있는 것이다.

민주정치의 공고화를 위해 '넥타이 부대'의 부활을 기대할 수밖에 없다. 호헌철폐와 독재타도의 목소리는 멀어졌지만, 아직도 민주와 민생의 외침은 계속되고 있다. 최근 우리 사회에서 불거지고 있는 각종 불법과 비리, 부실 저축은행을 둘러싼 불법 로비와 부패의 양상을 바라보며 국민들은 비탄에 빠져있다. 청와대와 여야 정치권이 국민의 신망을 잃고 있는 이즈음 처절한 성찰로 우리 사회 공동체의 모순을 객관적으로 보여줄 집단이 필요하다. 민심의 방향을 제대로 제시하고 행동으로 옮길 수 있는 사회집단이 절실하다.

사회적 힘을 지닌 집단이 사회적 책무를 져야 한다면, '넥타이 부대'가 다시 한 번 짊을 져야하지 않을까. 6월 민주 항쟁은 아직도 현재 진행형이다. (한국일보 2011. 6. 10)

다시 6·25를 얘기하자

'아아 잊으랴 어찌 우리 그날을…' 초등학교 시절 6월 이즈음이면 교실마다 울려 퍼졌던 '6·25의 노래' 첫 구절이다. 지금도 풍금 반주에 따라 부를 수 있을 것 같다. 미술시간에는 어김없이 6·25 전쟁을 주제로 그림을 그렸고, 아직도 '상기(想起)하자 6·25, 무찌르자 오랑캐' 라는 포스터의 구호가 생생하다. 전쟁 중에 출생했으니 6·25 전쟁을 전혀 기억할 수 없지만, 노래를 부르며 그림을 그리며 6·25를 상기했다.

지난주 제주평화연구원이 주관하는 세미나에 참여했다. '통일 담론의 확산'을 주제로 전문가들의 진지한 발제와 토론이 이어지면서 공동의 관심사는 우리 국민의 통일의식, 특히 젊은 세대의 통일의식과 근현대 한국정치사에 대한 인식으로 좁혀졌다. 우리의 삶을 규정하는 가장 중요한 요인들 중에 하나가 분단임에도 불구하고, 분단과 그 분단을 고착화한 6·25 전쟁, 분단의 극복인 통일에 대한 젊은 세대의 일반적 인지의 폭은 그리 넓거나 깊지 못하다는 데 공감했다.

치열한 경쟁의 사회에서 하루하루 바쁘게 살아가야 할 젊은 세대들에게 전쟁·분단·평화·통일의 담론은 그리 긴박하지 않다. 사실 40, 50대의 기성세대들도 별로 다르지 않다. 이러한 담론을 경험으로부터 풀어나갈 수 있는 세대는 서서히 역사의 뒤안길로 들어서고 있다. 70세 이상의 인구는 10%에 미치지 못하기 때문이다.

그러면 앞으로 6·25는 단순한 역사적 사건으로 기억될 수밖에 없을 것인가. 그럴 수는 없다. 그렇게 방치해서는 안 된다. 그렇다면 어떻게 후속 세대들이 6·25를 자신의 역사적 유산으로 받아들이게 할 수 있을까. 동족상잔의 아픈 기억을 미래지향의 동력으로 전환시킬 수 있는 방법은 무엇일까.

우선 6·25 전쟁에 관한 토론의 장을 넓혀야 한다. 일률적이며 타율적인 방법을 통한 교육이 아니라 자율적인 토론을 통해 분단과 전쟁, 그리고 통일의 담론을 확산시키는 것이 필요하다. 물론 토론의 확산이 종종 극단의 목소리를 크게 하거나 갈등을 심화시킬 수 있으며, 구성원들을 분열시키고 사회를 혼란케 할 수 있다. 그러나 1980년대 혼돈의 과정을 거치면서 공감대를 형성할 수 있음을 경험했다. 북침설은 객관적 사료에 의해 허구로 밝혀졌고, 전쟁의 발발과 과정, 결과와 성격에 대한 극단적 주장들은 움츠려들었다. 이것이 민주적 토론의 장점이다.

다음 단계는 6·25와 관련된 담론들이 결국 자신들의 일상과 깊이 연계되어 있음을 인식하는 것이다. 냉전의 논리는 구시대적 논리로 치부하더라도 남북관계와 주변 국가들 간의 관계는 냉엄한 현실적 이해득실에 의해 움직인다는 것을 알 수 있다. 권위주의 정권들이 정권안보를 위해 오남용했던 국가안보의 구호가 진정 우리의 생명과 재산을 보호하는 국가안보의 실체로 재탄생해야 함을 알 수 있다. 또한 국가안보의 주체는 다름 아닌 우리 자신임을 자각하는 것이다.

결국 6·25 전쟁의 담론 확산과 심화를 통해 진보, 보수를 떠나 전쟁 억제와 평화정책, 나아가 통일을 위한 지혜를 모을 수 있다. 전쟁억제를 위한 강력한 국방에 이의를 제기할 수 없고, 한반도 평화정착을 위한 방안에 여야와 세대가 따로 있을 수 없기 때문이다. 6·25 전쟁은 우리 모두에게 형언할 수 없는 물질적 피해, 심리적 불안감과 정신적 아픔을 남겼지만, 우리는 지난 60년간 슬기롭게 극복해왔다.

'6·25의 노래' 마지막 후렴구는 '이제야 빛 내리 이 나라 이 겨레'로 끝난다. 앞으로도 짊어져야할 짐이 있으면 기쁜 마음으로 져야 한다. 통일비용이 벅차더라도 지금까지 지불한 분단비용을 생각하면서 흔쾌히 받아들일 수 있다. 6·25 전쟁과 한반도 재통일을 역사책을 통해 배울 이 겨레 후손들을 위하여. (한국일보 2011. 6. 24)

새로운 지평

기쁜 소식이다. 오랜만에 온 국민이 함께 더덩실 춤이라도 추고 싶은 소식이 남아공 더반에서 들려왔다. 세 번째 도전 끝에 2018년 동계올림픽 개최지로 평창이 결정된 순간 온 국민은 하나가 되었다. 치솟는 물가걱정, 치열해져만 가는 취업경쟁, 무더운 날씨도 잠시 잊고 그동안 애쓴 모든 구성원에게 기립 박수를 보냈다. 참 장한 일이다. 과거 두 차례 1차 투표에서 1등을 했으나, 2차 투표에서 패배의 쓴 맛을 보았던 씁쓸함을 한 번에 역전시킨 쾌거였다. 유효 투표 95표 중 무려 63표를 얻어 1차 투표로 결정지었으니 독일 뮌헨이나 프랑스 안시도 깨끗하게 승복할 수밖에 없다.

그러면 평창이 압도적으로 국제올림픽 위원들의 지지를 받게 된 이유는 무엇일까. 개별 위원들 성향과 대륙, 지역, 국가 간 역학관계를 세심하게 분석해 치밀한 전략을 세웠던 것도 이유가 될 것이고, 중앙정부의 적극적인 지원 의지도 긍정적으로 작용했을 것이다. 쇼트트랙 부문에서뿐만 아니라 피겨 스케이팅과 스피드 스케이팅에서도 두각을 나타내고 있는 우리 선수들의 경기력도 큰 몫을 해냈다. 끝까지 해보겠다는 우리 의지에 감동했을 수도 있고, 혹 삼수(三修) 도전에 동정심이 작동했을 수도 있다. 이 모든 것의 총합이라는 것이 옳겠다.

그러나 올림픽위원회 위원들의 마음을 움직인 것은 평창이 내세운 '새로운 지평(New Horizons)'이라는 슬로건이 아니었을까 한다. 올림픽 정신을 전 세계로 확산시키기 위해 평창이 앞장서겠다는 다짐과 함께 이를 지속적으로 실천한 것이 주효했다. 2004년부터 계속해온 '드림 프로그램'은 기후와 경제적 여건 등으로 동계 스포츠를 즐길 수 없는 나라의 청소년들을 초청해 훈련, 체험을 시켜주는 프로그램이다. 지난 8년간 전 세계 47개국 947명이 드림 프로그램에 참가해 꿈을 키웠고, 이 중 12명은 이미 각국 국가대표로 성장했다.

그렇다. 새로운 지평이라는 슬로건과 이를 꾸준히 실천하는 모습이 올림픽위원회 위원들의 마음, 아니 지구촌 친구들의 마음을 움직인 것이다. 동계 스포츠가 일부 선진 국가들만의 축제가 아니라 전 세계인의 축제로 자리 잡아야 한다는 이 정신은 한 나라의 동계올림픽 유치 슬로건을 넘어 지구촌의 새로운 시대정신으로, 보편적 이데올로기로 승화시킬 수 있다. 나눔과 상생, 자유와 도전 정신이 깃들어 있기 때문이다. 자유로운 삶을 추구하려는 인간 본성과도 맞아 떨어진다.

신자유주의 파고가 높아질수록, 수직적 세계경제질서가 공고해질수록 새로운 지평에 대한 지구촌민들의 갈망은 커지게 된다. 자원과 부의 독과점으로 세계경제가 뒤틀리고 무분별한 개발로 생태계가 파괴되고 있으며, 정치권력의 집중과 세습으로 사회는 피폐화되고 인권은 유린당하고 있다. 지구촌 곳곳에서 독과점과 집중을 거부하고 나눔과 상생의 길로 나서야 한다는 절박함이 퍼지고 있다. 그 절박함은 우리도 마찬가지다. 경직된 사회구조로 도전의 기회가 점차 원천봉쇄 되고 있는 상황에서 폐쇄된 '그들만의 리그'를 바라보는 일반 국민들의 시선은 착잡하다.

나눔의 논리는 곧잘 색깔 논쟁이나 포퓰리즘으로 치부되기 십상이니 안타까울 따름이다. 대기업과 중소기업, 사용자와 노동자, 교사와 학생, 공무원과 시민들이 모두 한 밥상 식구이고, 평창 동계올림픽 유치를 기뻐하며 부둥켜안았던 공동체의 일원임을 인식한다면, 우리 사회도 진지하게 '새로운 지평'의 드림 프로그램을 작동해야 한다. 올림픽위원회 위원들에게 호소했던, 아니 지구촌민들에게 심어 주었던 '새로운 지평'의 꿈을 솔선해 이루어나가야 한다. 보다 성숙한 나눔과 상생, 자유와 도전의 사회를 2018년 3월 지구촌민들에 자랑스럽게 보여주자. (한국일보 2011. 7. 8)

병영문화 혁신의 절박함

삼십여 년 전 군복무를 마치고 복학했을 때 대학 선배 한 분이 던진 말이 아직도 생생하다. 33개월 푹 썩고 나왔으니 세상이 다르게 보일 거라는 말이었다. '푹 썩었다'는 표현은 썩

마음에 들지 않았지만, 전역 후 바라본 사회는 3년 전의 사회와 무척 달라 보였다. 군복무를 통해 사회를 바라보는 시각도 변했고 행동양식이나 사고방식도 달라졌으리라. 주변 친지들은 군대 갔다와서 철이 들었다는 '칭찬'도 했지만, 재학생들은 고리타분한 예비군으로 대접했다.

최근 해병대 2사단 총기난사 사건 등 잇단 사건·사고로 군내 구타·가혹 행위가 드러나면서 병영문화 혁신에 대한 국민적 관심이 높아지고 있다. 김관진 국방장관은 병영문화혁신 대토론회에 참석해 해병대가 전통이라고 여기는 구타와 가혹행위, 집단 따돌림 등은 인권을 유린하는 범죄라고 규정했다. 그러나 한편 총기사고 이후 실시된 '해병대 장병들의 구타·가혹행위에 대한 인식' 설문조사에 의하면 25%의 장병이 '구타·가혹행위가 필요하다'고 응답했다. 총기사고 전의 46%보다는 줄어들었지만 여전히 많은 장병들이 구타, 가혹행위를 필요악으로 보고 있음은 참으로 놀라운 일이다.

아직도 '귀신 잡는 해병'을 만들기 위한 어쩔 수 없는 관행이 아니겠냐는 목소리도 있고, 해병대뿐만 아니라 모든 군은 계급사회이며 무기를 지니고 적을 물리쳐야하는 특수조직 사회이기 때문에 일반 사회와는 다른 문화를 인정해야한다는 일부 주장도 있는 것 같다.

정녕 그렇지 않다. 군이 명령 계통을 중시하는 계급사회이며 전쟁을 수행할 특수조직이지만, 그 조직의 운영원리는 분명 민주적 원칙에 따라야 한다.

구타와 가혹행위로 군 기강을 잡아야 한다는 주장은 시대착오적이다. '기수열외'의 따돌림으로 단결을 도모할 수 있다는 생각은 무모하다. 일방적 상명하달로 전투를 승리로 이끌기 어려운 것이 현대전의 특징 아닌가.

군이 바로 서야 나라가 바로 선다. 군의 민주화는 우리나라의 민주화와 직결되어 있다. 군의 문화를 바꾸면 우리 사회의 문화를 바꿀 수 있다. 군 경험을 한 대다수의 사회구성원들이 인정하듯이 군은 구성원의 사회인식과 사고방식, 그리고 행동양식을 변화시킨다. 정치사회화의 매개체로 가정과 학교, 동료집단, 직장 등을 거론하고 있지만, 우리나라의 경우 군대만큼 강력한 정치사회화의 매개체는 없는 듯하다. 징병제를 채택하고 있는 우리나라에서 20세 전후의 모든 남성들은 2년 동안 훈련과 임무수행은 물론 의식주를 비롯한 기본적 생활과 여가활동 등 일체의 생활을 병영 내에서 한다. 등하교와 출퇴근을 통해 여러 집단과 공간에서 하루를 보내는 것과는 전혀 다른 상황이다. 이러한 병영생활을 통해 권력과 권위, 권리와 의무, 신뢰와 책임, 인권과 국가 공동체에 대한 인식을 새롭게 한다.

군이 정치사회화의 중요한 매개체이며 결국 우리 사회의 민주화에 필수적 공헌을 할 수 있음을 공감한다면, 우선 현재 장병들에게 요구하고 있는 행동규범과 군에서 행해지는 교육훈련, 정신교육 등을 철저히 점검해야 한다. 군의 폭력성, 비민주성, 비합리성 등 왜곡된 병영 문화를 과감히 청산하고, 규율과 기강, 엄격함과 단호함의 병영문화가 개방과 소통의 민주적 가치와 공존할 수 있음을 실천으로 보여주어야 한다.

'비온 뒤, 땅이 더욱 굳어진다'고 한다. 최근 불거진 사건을 거울삼아 인권존중의 문화, 소통을 통한 의사결정, 한 마음 한 몸의 공동체정신으로 군의 명예를 되살리는 작업을 본격화해야 한다. '푹 썩어서' 나오는 군대가 아니라 새로운 비전과 희망을 안고 전역하는 청년들을 배출하는 군으로 변화하는 만큼 우리 사회도 민주적 사회로 바뀌게 된다. 우리의 자식들이 땀 흘리고 있는, 앞으로도 복무할 군이다. 온 힘을 결집하여 군을 바로 세우자.

(한국일보 2011. 7. 22)

폭우와 테러

무서운 여름이다. 사상 초유의 집중 폭우로 인해 산사태가 빈발하고 강이 넘쳐 수많은 사상자와 엄청난 재산 피해를 남겼다. 한 해 동안 내릴 비의 반 이상이 단 며칠에 걸쳐 쏟아져 내렸다니 놀라울 뿐이다. 한 농부가 하늘을 쳐다보면서 '큰 구멍이 뚫린 것 같다'고 한탄하는 모습이 찡하다. 한편 멀리 평화의 도시 오슬로와 근교 캠프장에서는 한 극우자의 폭탄테러와 무차별 총기 난사로 수십 명의 무고한 노르웨이 국민들이 목숨을 잃는 참변이 일어났다. 온 세계가 충격에 휩싸여 있다. 현장에서 체포된 32세의 범인은 자신의 범행이 '물론 잔혹했지만 필요했던 일'이라고 밝혀 다시 한 번 지구촌을 몸서리치게 했다.

폭우와 테러. 어찌 보면 둘 사이에서 공통점을 찾아보기 어렵다. 기상이변에 의한 100년만의 폭우는 본질적으로 자연현상이며, 폭탄 테러와 총기 난사는 범인에 의한 인간 소행이다. 지리적으로도 한반도와 지구 저편 노르웨이에서 일어난 일이다.

그런데 곰곰 생각해보면 몇 가지 공통점을 발견할 수 있다. 우선 폭우와 테러로 인한 피해와 참변이 올 여름의 무서움으로 끝나지 않을 것이라는 점이다. 한반도에서의 아열대성 폭우는 올해만의 기상이변이 아니라 앞으로도 받아들여야 할 일상이 될 듯 싶다. 기상변화로 인한 재해는 한반도에 국한된 것이 아니라 이미 온 지구촌이 겪고 있는 재해다. 홍수와 가뭄, 허리케인과 토네이도, 폭염과 냉해는 수시로 우리를 위협하고 있다. 테러 역시 마찬가지이다. 노벨상 시상식이 열리는 평화와 복지의 도시 오슬로에서 폭탄 테러가 발생하리라고 누가 생각했겠는가. 미국, 러시아, 유럽, 중동과 아프리카, 중남미와 아시아, 지구촌 어디를 둘러보아도 테러로부터 자유로운 청정지역은 없다. 우리나라 역시 안심할 수 없다.

폭우와 테러가 일과성(一過性)의 단발적(單發的) 현상이 아니라 언제 어디서나 우리를 위협하는 것이라면, 기상이변과 테러의 공포로부터 벗어나기 위해 우리는 무엇을 해야 하는가? 장·단기적인 대응책이 있을 것이다. 우선 안도감을 갖기 위해서는 단기적인 처방으로 대증요법이 유용하다. 폭우의 피해를 줄이기 위해 사방댐을 쌓고 하수도관을 교체하는 방법이 그것이다. 철저한 출입국관리는 물론 반테러 조직의 강화로 테러를 막아야 한다.

그러나 시공을 넘어선 위협에 대처하기 위해서는 보다 근원적인 원인을 찾아야 하며, 사상과 종교, 문명과 문화, 경제적 위상과 지리적 위치를 초월한 범인류적 차원의 대응이 필요하다.

물론 쉬운 일은 아니다. 짧은 시간에 만족할 만한 효과를 보기도 어렵다. 워낙 오랜 기간에 걸쳐 축적된 오류의 결과이기 때문이다.

폭우와 테러의 근본 원인은 결국 인간의 욕심이다. 더 많이 누리려는 과욕, 나만 더 챙기려는 이기심이 화를 불렀다. 개발과 고도성장으로 물질적 풍요를 누리고 있지만, 그 대가로 강산을 심하게 훼손하고 말았다. 재화를 함께 나누려는 마음보다는 나 홀로 독식하겠다는 욕심이 커지면서 개인과 집단, 사회와 국가 간의 간극은 점차 커지고, 계층, 종교와 문화사이의 갈등은 테러의 악순환에 빠져들고 있다.

한 달여 전 명동성당 꼬스트홀에서는 '참 종교인이 바라본 평화'를 주제로 한 모임이 있었다. '김수환 추기경, 강원용 목사, 법정스님과의 대화'라는 부제가 보여주듯 고인이 된 세 분의 참 종교인이 남겨준 목소리를 다시 들을 수 있는 아름다운 시간이었다. 그렇다. 기상이변과 폭우, 테러를 근원적으로 종식시키기 위한 마음의 변화가 시작되어야 한다. 무소유, 살아 있는 이 땅의 모든 것과의 유대, 항상 남에게 열려 있는 사랑의 마음, 타 집단과의 공존, 다른 종교에 대한 포용과 배려가 그 정답이다. 우리는 무서움에서 벗어날 수 있다.

(한국일보 2011. 8. 5)

미국의 리더십 어디갔나

미국이 흔들리고 있다. 2주전 스탠더드 앤드 푸어스(S&P)가 미국 국채의 신용등급을 사상 최초로 한 단계 강등하면서 미국 재정 부실화의 심각성이 재확인되었다. 아직 세계 3대 신용평가기관 중 무디스와 피치는 미국 국채의 신용등급을 최고등급으로 유지하고 있다지만, 이번 강등으로 미국의 달러 패권에 금이 가고 말았다.

단기적으로는 미국이 어느 정도 수준의 재정긴축을 펼쳐 글로벌 금융시장과 세계경제의 불확실성을 해소할 수 있는가에 초미의 관심이 쏠려 있다. 불확실성이 커지면 커질수록 주식시장 불안은 금융위기로, 재정위기는 더블 딥을 초래할 수 있기 때문이다.

이 시점에서 중요한 것은 미국 재정위기의 근본 원인을 살펴보는 일이다. 그 원인은 의외로 단순하다. 수입보다 지출이 많았기 때문이다. 개인과 가정, 기업이나 국가 모두 마찬가지다. 소득만큼 소비해야 하는 것이 순리다. 수입보다 더 많이 소비하려면 빚을 얻는 수밖에 없다. 개인의 차원에서는 사채요, 정부의 입장에서 보면 국채다. 어느 경제 주체든 필요에 따라 빚을 얻어 쓸 수 있다. 효율적인 소비와 투자를 통해 더 큰 부가가치를 창출할 수 있다면 문제될 것이 없다. 그러나 과소비와 불필요한 투자를 위해 과도한 빚을 얻게 되면 결국 주변으로부터 빚을 갚을 수 있을까 하는 의구심이 커지게 되고, 경제주체에 대한 신용등급 하락으로 이어진다.

신용과 신뢰도, 정치적 리더십은 항상 같은 방향으로 움직인다. 동전의 양면이다. 국내에서나 국제사회에서나 신용과 신뢰를 쌓으면 리더십을 확보할 수 있고, 합리적인 정치적 리더십은 신뢰도를 높인다. 반면 과소비와 과도한 투자로 신용이 하락하면 리더십도 약화된다. 세계 중심국으로서 미국이 이 시점에서 심각하게 점검해야 하는 점이 바로 이것이다. 재정위기를 초래한 과소비와 과도한 투자는 무엇이었는지, 부적절한 리더십을 행사한 경우는 없었는지 스스로 성찰하는 작업이 절실하다. 베트남전에 쏟아 부은 엄청난 과소비로 27년간 유지되어오던 브레튼우즈 체제가 1971년 붕괴된 역사적 사실을 벌써 잊었는가. 대량학살무기를 보유하고 있다는 헛구실로 이라크에 뛰어든 과잉대응이 미국의 리더십에 치명적 타격이 되었다는 점을 애써 모른 척할 수는 없을 것이다. 미국이 진정한 세계중심국으로서의 리더십을 발휘하려면 냉전시기에 국제경찰로 활약하던 모습, 소련 붕괴 이후 누렸던 독점적 힘의 우위에서 벗어나 현실에 걸맞는 위상을 찾아야 한다.

과거 미국이 정치경제적 위기에 처했을 때 정치 엘리트들과 지성인들이 비판의 목소리를 높였고, 동시에 대안을 마련하는데 앞장서왔다. 그런데 2008년 금융위기와 이번 재정위기를 맞아 오히려 이들 정치 엘리트집단에 대한 신뢰가 낮아지고 있다는 점이 안타깝다. 정치권이 유권자의 표를 인식해 과도한 서비스와 재정부담을 줄이려는 결단을 내리지 않는다면 불확실성은 더욱 증폭될 수밖에 없다. 지성인이 침묵한다면 희망이 없다.

올해 아카데미 장편 다큐멘터리 영화 부문 수상작인 '인사이드 잡'은 3년 전의 금융위기는 정부 고위 엘리트와 금융업계가 합작한 명백한 범죄였음을 고발하고 있다. 회전문 인사로 견제와 균형의 메커니즘이 손상되고 잘못에 대한 처벌도 흐지부지되면서 책임의 정치체제는 작동되지 않았다. '인사이드 잡'은 금력과 권력이 결탁하면 오만이 싹트고, 결국 파멸의 길을 걸을 수밖에 없음을 보여준다.

이것이 미국만의 흔들림이 아니라 지구촌 전반의 문제임을 직시한다면 유럽 국가들, 신흥 발전국들과 함께 우리 역시 이 상황을 타산지석으로 삼아야 한다. 정부는 국가 재정 상태를 냉철하게 살펴 불필요한 수요를 줄이고, 정치권과 지성인들은 견제와 균형의 끈을 팽팽하게 당겨야 한다. 흔들리지 말아야 한다. (한국일보 2011. 8. 19)

몰상식의 정치

'몰상식(沒常識)의 정치'로 사회가 온통 어수선하다. 최근 벌어지고 있는 일련의 사태를 지켜보는 국민들의 마음이 편치 않다. 무언가 자꾸 삐뚤어져 가는 것 같아 찜찜하다. 서울시 무상급식 주민투표의 과정과 결과, 곽노현 교육감의 2억 원 수수(授受)와 관련한 검찰 수사와 교육감의 대응, 그리고 여대생 성희롱 발언으로 국민을 분노하게 만든 국회의원을 '동료애'로 감싸 안은 국회를 바라보면서 '상식의 정치'가 실종된 것 같아 마음이 무겁다.

무상급식을 두고 벌어진 서울시장, 서울시 의회, 그리고 정치권의 틈바구니에서 상식의 서울 시민들은 심한 몸살을 앓았다.

주민투표의 한 주체였던 오세훈 전 서울시장의 행보를 되짚어보면 화가 치민다. 무상급식문제를 시의회와 원만히 타협하지 못하고 주민투표에 부치도록 처리한 것을 포함해, 그 투표를 본인의 차기 대선출마와 연계해 과잉 정치화하고, 더 나아가 시장 직까지 걸면서 사생결단을 내려는 모습이 안쓰러웠다. 즉각적 사퇴로 그나마 더 큰 실망감을 주진 않았지만, 총체적으로 어수선함을 증폭시켰다. 투표 전후로 보인 민주당의 모습 역시 큰 정치를 하기에 그릇이 작아 보인다. 오세훈 시장의 오산을 자신들의 승리로 착각하고 있는 것 같아 안타깝다. 현행 주민투표제도에 비추어 투표결과가 결코 선택적 복지에 대한 보편적 복지의 일방적 승리가 아님을 누구보다도 잘 알고 있을 텐데도, 이제 복지의 주도권을 자신들이 쥐게 되었다고 생각한다면 그것은 오산(誤算)을 넘어 오만(傲慢)이다.

무상급식 주민투표가 10월 재·보궐선거로 이어지는 선에서 마무리되는 듯했던 상황은 곽노현 교육감이 후보 단일화의 대가로 상대에게 2억 원을 주었다는 검찰의 수사로 다시 한 번 출렁거리고 있다. 곽 교육감 자신은 아직도 자신의 행동에 불법적인 측면이 전혀 없다고 항변하고 있지만, 선의로 2억을 건넸다는 발언을 어떻게 일반시민의 상식으로 받아들일 수 있겠는가. 좋은 뜻으로 돈을 전했지만 그 행위가 불법이었다면, 진심으로 잘못을 반성하고 교육감 직에서 물러나겠다는 당당한 모습을 보여주는 것이 지금까지 본인이 추진해온 교육개혁의 진정성을 확인해주는 길이다.

몰상식의 정치는 국회에서 재연되었다. 여대생 성희롱' 발언으로 물의를 일으켰던 강용석 의원 제명안이 이틀 전 본회의에서 부결된 것이다. 비공개 무기명 표결에서 재적의원 3분의 2인 198명에 훨씬 미달하는 111명만이 제명에 찬성했다니 의회사에 오점을 남긴 일이다. 지난해 9월 한나라당 출당 조치에 이어 지난 5월 윤리특위에서 제명안이 처리되었으나, 결국 본회의에서 제명안 부결로 끝난 상황을 상식적으로 받아들일 수 있겠는가. "너희 가운데 죄 없는 자, 이 여인에게 돌을 던져라"는 성경 구절까지 인용해 동료의원 살리기를 호소했다니 그야말로 몰상식의 극치다. 국회의원 배지 달기가 어려운 만큼 도덕적 잣대는 더욱 엄격해야하는 것이 아닌가. 그것이 상식이다.

민주정치는 본디 상식(커먼 센스: common sense)에 기반을 둔 정치다. 보수와 진보의 이념적 스펙트럼과 정책대결도 상식을 떠난 정치영역에서는 아무런 힘을 발휘할 수 없다. 중앙정치와 지방정치, 입법, 사법, 행정의 과정들이 모두 상식의 틀 안에서 의미를 갖는다. 그런데 유의해야할 점은 악화가 양화를 구축(驅逐)하듯 몰상식의 만연이 상식을 위축시킬 수 있다는 점이다.

독재와 권위주의 정치체제를 넘어서 민주정치의 공고화를 위해서는 몰상식의 정치를 조속히 극복하고 상식의 정치를 복원, 확장하는 작업이 필요하다. 민주정치를 향유하기 위해서는 끊임없는 자정 노력이 절실하다. 어수선한 분위기에 휩쓸려 한 눈 팔면 몰상식

의 독버섯은 그새 부쩍 자라고 만다. (한국일보 2011. 9. 2)

'안철수 신드롬' 이후

다행스러운 일이다. 폭발적인 대중적 지지로 닷새 동안 정치권을 휘몰아쳤던 바람을 스스로 잠재운 결정은 우선 안철수 교수 자신을 위해서 현명한 판단이었고, 좀 멀리 보면 우리나라 정치발전을 위해서도 다행스런 일이다.

물론 다수의 서울시민들은 안교수의 중도포기를 안타깝게 생각한다. 기존 정치권을 한방에 녹다운 시킬 수 있는 호기를 놓친 것을 아쉬워한다. 그대로 밀고 나갔어야 했다는 이야기다.

안철수 교수는 새롭고 참신한 비전과 이미지로 국민의 마음을 한순간에 사로잡았다. 정당과 의회, 행정부와 사법부 등 기존의 정치질서와 정치과정에 식상해 있던 국민들은 옹달샘을 찾은 기분이었다. 당리당략을 넘어선 공익의 정치, 독선과 독과점을 넘어선 개방과 책임의 정치, 몰상식을 극복한 상식의 정치는 진정 우리들에게 귀한 샘물이다.

닷새 동안의 돌풍이 아니라 우리 사회를 지속적으로 순화시키는 시원한 바람, 쏟아 붓는 소나기보다 영원히 마르지 않는 옹달샘을 마련하는 것이 중요하다. 그런데 역설적이지만 새로운 바람과 샘물을 확보하기 위해서는 제도의 틀이 필수적이다. 정치세력화와 정당, 구체적인 정책 대안과 선거전략, 그리고 강한 권력의지와 리더십이 그것이다. 안철수 교수와 그의 열렬한 지지자들에게는 짐짓 껄끄러울 수 있다. 기성 정당정치가 싫어서, 과거 선거판에 염증을 느껴서, 독선적 지도자가 보기 싫어서 새로운 길을 모색하려는데 다시 그 틀 안으로 돌아가야 한다니 받아들이기 어려울 수 있다.

그러나 현실에 대한 냉철한 판단과 인식이 필요하다. 바람을 일으킨 후 그 바람에 휩쓸리지 않도록 중심을 잡는 것이 더욱 중요하다. 우선 정당의 문제다. 무소속을 표방한 것이 안철수 돌풍을 일으킨 중요한 요인의 하나였다. 그동안 얼마나 국민들이 정당정치를 불신하고 있었는지, 정당 소속의 국회의원과 정치권을 기피하고 있었는지 확인할 수 있는 대목이다. 기성 정당정치는 비판과 정풍의 대상임에 틀림없다. 그러나 정당정치 자체를 무시하거나 그 기반이 되는 정치세력화를 소홀히 생각하면 곤란하다. 대의정치의 한계로 협의정치와 직접민주주의의 요소가 유입되고 있지만, 국민주권과 다원주의, 그리고 보편적 이데올로기의 선택을 역사적으로 가능케 한 정당정치의 순기능을 결코 폄하해서는 안 된다. 새로운 정보통신기술의 발전과 환경변화에 발맞추어 폐쇄적이며 경직된 정당조직과 이념, 그리고 운영을 극복해 개방적이며 유연한 정당정치를 구현하는 것은 기존의 정당과 새로운 정치세력 모두의 과제다.

같은 맥락에서 정치의 범주를 설정하는 인식이다. 최근 서울시 무상급식 주민투표 과정에서 나타난 과잉 정치현상과 당리당략으로 인한 시정의 삐걱거림을 문제 삼을 수는 있겠지만, 서울시를 포함한 지방자치단체에서 정치는 배제되고 행정만 있으면 충분하다는 인식은 구시대적이다. 서울시장이야말로 정치적 역량이 요구되는 자리다. 시의회와 타협해 뜻을 관철시키고, 복지, 교육, 환경 등 제반 정책의 관련 이해당사자들과 대화하고 설득하는 것이 시정(市政)의 본질이다. 시정은 시의 행정(行政)을 아우르는 시의 정치(政治)를 의미한다.

시정이든 국정의 차원에서든 새로운 정치의 필요성을 인지하고, 그것이 다수 국민의 뜻임을 확인했다면, 그 뜻을 모아 정치세력화하려는 강한 의지와 리더십이 필요하다. 곧 권력의지다. 비록 인내와 고난의 길이지만 제2, 제3의 안철수가 어깨동무하며 새 정치를 구현할 수 있는 탄탄하고 중심 잡힌 정치세력을 결집하길 기대한다. 안철수 신드롬은 바이러스 백신과 함께 여전히 통용되기 때문이다. 점프로 높게 오를 수 있지만 내려오면 제자리다. 작지만 한걸음 내디디면 그만큼 앞으로 나아가 있다. 한 박자 쉬어가면서 가다듬어가는 행보가 더욱 효율적일 수 있다. (한국일보 2011. 9. 16)

'레임덕'을 극복하려면

청와대가 침울하다. 이명박 대통령은 지난 주 제66회 유엔 총회에 참석하기 위해 뉴욕을 방문 중 '양심의 호소 재단'이 수여하는 세계지도자상도 수상하고 돌아왔건만 축하의 웃음소리는 들리지 않는다. 사상 초유의 정전사태로 최중경 지식경제부 장관이 물러나고, 유럽 재정위기의 여파가 강하게 몰아쳐 대통령 주재 비상경제대책회의가 부활하는 경제의 전시(戰時)상황이다.

그런데 청와대를 더욱 우울하게 만드는 것은 지속적으로 터지고 있는 친인척 측근들의 비리 소식이다. 김두우 전 청와대 홍보수석이 구속되더니, 신재민 전 문화체육관광부 차관도 SLS그룹으로부터 수억 원을 받았다는 폭로로 어수선하다. 최근 이명박 대통령의 사촌형에 대한 검찰 수사에 이어, 대통령의 사돈이 거액을 편취한 사실이 확인되는 등 친인척 비리도 불거지고 있다.

"최초로 친인척과 측근 비리가 없는 정권으로 남겠다"는 국민적 약속을 여러 차례 해온 만큼 최근 대선 캠프나 청와대 참모 출신들이 비리 의혹과 관련해 줄줄이 거명되는 상황에 이명박 대통령은 커다란 충격을 받았음에 틀림없다. 이 대통령은 지난 27일 권력형 비리를 신속하고 완벽하게 조사할 것을 지시했다. 과거 정권들이 임기 말만 되면 측근 비리로 무너졌던 전례를 되풀이하지 않겠다는 의지를 표명한 것이다. 레임덕(lame duck) 현상을 차단해야겠다는 의지다.

그런데 냉정하게 생각하면 레임덕은 대통령제를 채택하고 있는 국가에서 자연스런 현상이다. 역설적으로 레임덕이라는 정치적 수사(修辭)가 우리 귀에 낯설지 않게 된 것은 우리나라 민주주의가 그만큼 발전했다는 반증이다. 쿠데타와 혁명에 의한 정치권력의 단절 속에서 레임덕이라는 정치적 수사는 존재의미가 없다. 문민정부로부터 네 차례의 평화적 정권교체가 가능했기에 레임덕 현상을 논할 수 있게 된 셈이다.

그러나 오리의 뒤뚱거리는 모습은 우스꽝스럽기도 하고 어찌 보면 귀여울 수 있지만, 한 발이 다쳐 절룩거리는 레임덕의 모습은 결코 유쾌하지 않다. 비정상적 절름발이 오리를 그대로 방치해서는 곤란하다. 스스로 치유할 수 있는 힘이 오리에게 있다면 다행이지만, 그렇지 않다면 주변의 모든 정치행위자들이 치유에 힘써야 한다. 건강한 오리는 정치발전의 상징이기 때문이다.

우선 청와대는 측근비리를 권력누수 현상과 별개의 문제로 인식하고 처리하려는 자세가 필요하다. 친인척 측근의 권력형 비리는 엄정하게 법으로 심판하고, 국정은 국정대로 의연하고 담담하게 수행해야 한다. 측근비리가 돌출하면 권력누수 현상이 가속화 될 것을 우려해 의도적으로 감싸거나 개인비리로 축소하려는 것은 문제를 더욱 악화시킬 뿐이다. 동시에 친인척비리로 안절부절못하는 모습 역시 권력누수를 심화시킨다.

같은 맥락에서 권력누수를 더디게 할 수 있는 집단은 결국 청와대의 측근이다. 청와대 수석, 비서관, 행정관들부터 초심으로 돌아가 소위 순장조로서의 책무를 다해야 한다.

임기 초 대통령의 주변에는 많은 사람들이 모이지만 임기 말이 가까워지면 하나, 둘 떠나는 것이 정치현실이다. 대통령이 외로움을 느끼지 시작할 때 측근의 헌신적인 도움이 필요하다. 그만큼 보람도 크지 않겠는가. 사실 앞으로 남은 이명박 대통령의 1년 5개월 임기는 결코 짧지 않은 기간이다. 시작한 일이니 반드시 임기 안에 서둘러 일을 마무리해야 한다는 강박관념으로는 짧게 느낄 수 있겠지만, 차기 정부가 맡아서 처리할 것이라는 여유를 갖는다면 꼭 필요한 새로운 사업은 시작해야 한다. 청와대는 침울함에서 벗어나야 한다. 권력누수는 있을 수 있어도 국정운영의 위축과 단절은 있을 수 없다. 이명박 정부를 위해서뿐만 아니라 우리 모두의 국리민복을 위해서 그렇다. 할 일이 산적해 있지 않은가.

(한국일보 2011. 9. 30)

'다르게 생각하기'

스티브 잡스가 떠났다. 한 사람의 진정한 크기는 죽어서 관속에 누웠을 때 알 수 있다고 했던가. 세상에 어떠한 족적을 남겼는가에 대한 주변의 최종적 평가는 그가 세상을 떠난 후에 정확하게 알 수 있다는 뜻일 게다. 잡스가 죽은 후 전 세계가 애도의 열기에 휩싸였다. 애플의 로고를 신봉했던 사람들은 교주를 잃은 신도와 같이 큰 슬픔에 잠겨있기도 하고, 그의 천재성에 기대를 걸었던 사람들은 그가 더 많은 것을 남기지 못하고 생을 마감한 것을 안타까워한다. 그러나 잡스가 남기고 간 아이폰, 아이패드는 매킨토시의 추억과 함께 우리의 기억 속에 영원할 것이다. 더욱이 그가 우리들에게 보낸 유언 무언의 메시지들은 우리의 가슴 속에 진하게 남아 있을 것이다. 역경을 헤쳐나간 생애, 고집스럽게 뜻을 관철시킨 의지력, 집중과 단순화, 혁신과 융합 등 현대 사회인들에게 던져준 정신적 자극은 늘 신선했다. 그 중 가장 마음에 와 닿는 메시지는 '다르게 생각하기(Think Different)'이다.

상식에 대한 저항과 타성으로부터의 이탈은 쉬운 일이 아니다. 주변으로부터의 고립은 물론 예상하지 못했던 위험과 난관이 도사리고 있기 때문이다. 그러나 기존의 틀과 방법으로 우리 앞에 놓여진 문제를 제대로 풀 수 없다면 '다른' 틀과 방법을 고민해야 한다. 패러다임 전환의 수준으로부터 단순한 기술적 적용에 이르기까지, 학문의 분야는 물론 정치현실과 사회의 제 부문에서 '다르게 생각하기'가 우선적 대안이다.

우리 사회가 직면한 산적한 이슈로 눈을 돌려보면 '다르게 생각하기'가 정말 시급하다. 그런데 다르게 생각하겠다는 의지만 있으면 새롭고 기발한 아이디어가 즉시 속출하는 것이 아니다. 다르게 생각할 수 있는 능력과 다르게 생각하는 것을 용인하고 품어갈 수 있는 풍토가 선결조건이다. 우리의 교육 현실이 과연 다르게 생각하기를 격려하고 있는지 반성할 대목이다. 유아 시절부터 부모들은 자녀들에게 틀에 짜인 교육프로그램을 강요하면서, 가야 할 길에서 조금이라도 벗어날 조짐이 보이면 즉각 제재를 가해왔다. 벗어났던 길에서 스스로 제 자리를 찾아오길 기다릴 수 있는 인내심과 여유를 잃어버린 지 오래된 것 같다. 대학 진학을 최종 목표로 하는 한, 초중고교의 교육에서 '다르게 생각하기'를 기대하는 것은 부질없는 일이다. 문제는 대학에서도 다르게 생각하기보다는 기존의 틀에 맞춰 생각하기를 종용하고 있다는 점이다. 취업에 별 도움이 되지 않는 인문학이나 사회과학 과목을 수강하는 학생들은 어쩐지 취업전선에서 뒤쳐졌다고 느낄 정도로 모두 취업을 위한 스펙 쌓기에 올인하고 있다. 백범일지와 톨스토이는 토익과 토플 책으로 가려진지 오래고, 숨어하던 따뜻한 자원봉사는 차갑고 형식적인 인턴으로 대체되었다.

대학교육이 다르게 생각하기를 독려할 수 있기 위해서는 사회가 다르게 생각하는 인재를 선뜻 받아들여야 한다. 특히 기업의 '다르게 생각하기'가 절실하다. 스펙의 구성과 우선순위를 새롭게 판단해야 할 시점이다. 겪어봐서 알겠지만 영어발음이 좋아도 대화의 내용이 빈약하다면 장기적으로 회사 업무에 도움이 되지 않는다. 비록 서툴게 컴퓨터를 다룬다 해도 세상사를 진지하게 바라보는 인재가 결국 문제를 해결할 수 있다. 글로벌 경쟁의 시대에서 그 기업을 우뚝 서게 할 수 있다.

스티브 잡스를 이 땅에 다시 부활시켜보자. 명석한 두뇌와 끈기를 지닌 우리 젊은이들이 진정 다르게 생각할 수 있도록 시간을 주어보는 것이 어떨까. 무한한 잠재력으로 기성세대가 상상하지 못했던 많은 것을 분명 이루어 낼 것이다. 제2, 제3의 스티브 잡스가 우리 사회와 우리나라를 넘어 인류를 위한 큰 꿈을 이뤄 나갈 것을 확신한다.

(한국일보 2011. 10.14)

내 삶, 내가 바꾸기

서울시장 보궐선거는 박원순 후보의 승리로 끝났다. '시민이 곧 시장' 되는 서울시, '내 삶을 바꾸는 첫 번째 시장'이라는 캠페인이 뇌리에 남는다. 선거가 마무리되면 선거과정을 복기하면서 승리와 패배의 원인을 분석하는 것이 일상적이다. 또한 선거 결과의 의미를 논하기도 하고, 앞으로 정국이 어떻게 전개될 것인가 점쳐보기도 한다. 특히 10·26 재·보궐선거는 내년 국회의원 선거와 대통령 선거를 앞두고 펼쳐진 선거였기에 정치권은 선거의 후폭풍에 촉각을 세우고 있다.

한나라당과 민주당, 그리고 야권의 정치세력들은 선거결과를 세밀하게 분석해 앞으로의 선거 전략을 모색할 것이다. 대통령 후보로 거론되는 정치인들, 현역 국회의원과 정치권 진입을 노리는 정치신인들 역시 개인적 차원에서 선거 결과를 놓고 고심할 것이다.

그런데 막상 선거 결과를 분석하고, 그 분석을 바탕으로 다음 선거를 대비하기 위한 전략을 세우는 주체는 결국 정치권에서 그치고 있다. 결국 유권자의 투표행태를 분석하고, 다음 선거를 위해 전략을 마련하는 차원에서 선거가 마무리 된다면 유권자는 늘 수동적 행위자로 머물게 된다. 민주사회에서 선거의 기능은 유권자 다수의 정치적 견해로 대표자를 선출하는데서 그치는 것이 아니다. 우리의 선호와 갈등의 상황은 이러하니 이제 대표로 선출된 정치인이나 정치세력이 그 갈등을 치유해보라는 식으로 그쳐서는 안 된다. 우리의 현대정치사를 통해 알 수 있듯이 정치권은 그들의 정치적 목적을 위해 갈등을 해소하기는커녕 종종 갈등을 이용하고 증폭시켜왔기 때문이다.

선거를 통해 서로 다른 정치적 견해를 지니고 있음을 확인했다면, 갈등의 성격과 갈등 치유의 방법을 고민하는 기회로 삼는 것이 민주시민의 덕목이다. 즉 선거 결과에 나타난 민심을 겸허하게 받아들여야 할 주체는 바로 그 민심의 주체인 시민이요, 유권자 자신들이다. 서울시장 보궐선거를 통해 나타난 갈등 양상을 있는 그대로 받아들이면서, 우리의 이웃이 왜 다른 생각을 갖게 되었는지 진정성을 갖고 살펴봐야 한다. 처음에는 이해하기 어렵겠지만 끈기있는 소통으로 이해하려는 노력을 지속해야 한다.

이번 서울시장 선거 결과 분석을 통해 확인할 수 있는 두드러진 갈등은 역시 세대 갈등과 빈부의 갈등이다. 갈등의 성격으로 보아 쉽게 치유하고 해소할 수 있는 대상은 아니다. 그러나 절대로 미적미적하거나 방치해서는 안 될 갈등이다. 서울시민의 문제를 넘어서 우리나라 전체의 문제이며, 서서히 진행되는 갈등이 아니라 급속히 심화되는 갈등이기 때문이다. 우선 기성세대는 젊은이들이 처한 상황을 세심하게 파악하고 대안을 함께 고민해야 한다. 과거 어려웠던 시기에 고생했던 경험담을 내세워 젊은이들에게 인내를 강요하고 그들의 인식과 태도를 바꿀 수 없다.

20대, 30대 젊은 세대들에게 보릿고개와 가발 수출을 이야기하기 전에 그들이 처한 일자리 문제와 고용불안, 젊은 부부의 육아와 안정적 삶의 보금자리를 함께 숙고하는 것이 어떨까. 그러한 문제들이 젊은 세대의 문제가 아니라 우리 모두의 문제임을 확인하게 될 것이다. 같은 맥락에서 빈부의 문제 역시 함께 공감하고 해결할 수 있는 접점을 모색하는 작업이 필요하다.

강남과 강북을 나누고, 부촌과 가난한 동네를 나누어 덕을 보는 시민은 아무도 없다. 보편적 복지와 선택적 복지 역시 둘 중 하나를 선택해야 하는 사안이라기보다 다양한 스펙트럼 안에서 적정한 타협의 정책을 도출할 수 있는 것이다.

그렇다. 우리의 갈등은 우리가 주체적으로 풀어나가려는 자세를 견지하는 것이 중요하다. 박원순 시장의 선거 캠페인처럼 '우리 자신이 서울시장'이 되었다고 상정하면, 결국 '내 삶을 바꾸는 것은 나 자신'인 셈이다. 박원순 시장의 도움을 기대한다.

(한국일보 2011. 10. 28)

쇄신과 통합을 진정 원한다면

10·26 재·보궐선거의 후폭풍이 거세다. 여권은 쇄신을, 야권은 통합을 둘러싸고 온통 시끄럽다. 서울시장 선거에서 패배한 한나라당은 인적쇄신과 정책쇄신을 두고 팽팽한 접전을 계속하고 있고, 서울시장 후보를 내세우지 못한 민주당은 야권 통합과 당 쇄신의 우선순위를 놓고 주류와 비주류가 충돌하고 있는 형

국이다. 과거에도 선거를 치루고 나면 통과의례처럼 선거결과의 책임을 물어 당의 쇄신을 외치기도 했고, 당의 분열을 추스르려는 노력을 보였다. 그 과정에서 진통이 동반하지만 특히 이번 후폭풍과 진통의 폭은 만만치 않을 것 같다.

국회의원 선거가 목전에 있고 대통령 선거 역시 13개월 앞으로 다가왔기에 혼돈의 상황에서 유리한 위치를 선점해야겠다는 의지가 강하다. 강력한 쇄신과 통합의 대의명분을 주장하고 고상한 견해를 밝히고 기발한 아이디어를 내세우고 있지만, 그 속내를 보면 내년 4월 선거에서 어떻게 살아남을 것인가에 최우선 순위를 두고 있다. 선거에서 나타난 민의를 어떻게 수렴할 것인가를 고민하기보다는 그 민의를 어떻게 이용해야 국회의원 배지를 달 수 있을 것인가, 내년 대통령 선거에 유리한 고지를 차지할 수 있을까 꾀를 내고 있다.

이러한 현상에서 쉽게 찾아낼 수 있는 공통점이 있다. 자신은 상처를 입지 않아야 한다는 것이다. 상대방을 향해 비난의 손가락질을 하면서 쇄신과 통합을 외치지만 자신을 향해서는 입을 다문다. 물갈이를 주장하면서 자신의 거취에 대해서는 일언반구 언급이 없다. 자신이, 자기가 속한 정파와 정당이 무엇을 잘못했는지 반성하지 않는 한 쇄신과 통합은 성공하기 어렵다.

여야 정치권이 진정 쇄신과 통합을 원한다면 가장 필요한 전제조건을 무엇일까. 우선 기득권의 자발적인 포기다. 전면적 포기가 어렵다면 기득권의 일부 양도나 양보는 감수해야 한다. 개혁이 혁명보다 어려운 이유 중 하나는, 혁명은 강제적 기득권 박탈이 가능한 반면, 개혁은 자발적인 기득권 양보가 필요하기 때문이다.

쇄신과 통합의 개혁적 조치를 추구하면서 자신의 기득권은 조금도 내려놓지 않으려 한다면, 이미 쇄신과 통합의 주장은 시들해질 수밖에 없다. 흔히 기득권 운운하면 자신들은 약자이기에 내려놓을 기득권이 없다고 항변하는 정치세력이 있다. 그러나 잠시 생각해보면 그들이 얼마나 큰 기득권을 지니고 있는지 알 수 있다. 재·보궐선거를 통해 확인하지 못했는가. 치솟은 등록금과 냉랭한 취업전선, 불안한 고용과 전세난에 몰린 사회경제적 약자들을 돌아보면 기득권 양보는 순리다.

같은 맥락에서 쇄신과 통합이 누구를 위한 것인가 숙고해야 한다. 기득권의 양보보다 더욱 중요한 대목이다. 물갈이도 좋고, 중앙당사 폐지도 그럴 듯하다. 야권이 통합해서 힘을 합쳐야 서울시장 선거처럼 내년 선거에서 한나라당과 겨뤄 승리할 수 있다는 셈법도 타당하다. 그런데 정작 중요한 것은 그러한 쇄신과 통합이 국민생활에 어떠한 변화를 가져다 줄 것이라는 비전이 없다.

당 대표는 누가 맡고, 공천권은 누가 행사하고, 계파의 지분은 어떻게 배분할 것인가에 매몰된다면, 그것은 이미 쇄신도 통합도 아니다. 쇄신은 구태의 반복으로 통합은 이합집산 과정의 일부로 추락하게 된다.

유권자들은 쇄신과 통합의 과정을 유심히 바라보고 있다. 어떤 정치지도자, 정치세력과 정당이 그들이 누리고 있는 기득권을 얼마

만큼 내려놓고 국민을 중심에 둔 쇄신과 통합을 추진하고 있는지 예의주시하고 있다. 유권자의 심판은 오늘도 계속된다.

(한국일보 2011. 11. 11)

협상파 의원들을 격려하자

또 다시 막장 드라마로 끝나고 말았다. 4년을 끌어 온 한미 FTA는 결국 불법과 폭력으로 얼룩진 국회 본회의장에서 부끄럽게 통과되었다. 직권상정, 기습작전, 최루탄 테러, 비공개 강행처리, 의회 쿠데타 등의 소제목이 가득한 신문기사와 하단에 실려 있는 '한미 FTA 비준 동의를 환영한다'는 광고 문구는 전혀 어울려 보이지 않는다. 1996년 노동법을 비공개 날치기 처리한 이후 15년 만에 창피스런 비공개 본회의 기습처리가 이루어졌고, 전기톱, 해머에 이어 최루탄까지 등장하는 국회를 바라보는 국민은 숨이 막힌다. 쇄신과 혁신, 그리고 통합을 외치며 유권자의 뜻을 겸허하게 받아들이겠다던 정치권의 모습이 이럴 수 있는가.

더욱 안타까운 일은 여야 협상파들의 노력이 수포로 돌아갔다는 사실이다. 막장 드라마의 시나리오를 거부했던 협상파 의원들이 설 자리가 이렇게도 좁은 것인가. 그러나 국민들은 ISD(투자자·국가소송제도) 조항 등의 문제를 대화와 타협으로 풀어나가려고 노력했던 국회의원들을 잊지 않을 것이다. 꼭 기억해야만 한다. 비록 이번 한미 FTA 처리에서도 실패하고 말았지만, 우리나라 정치권에서 중간지대를 마련할 수 있는 최소한의 공간을 찾았으니 그나마 다행이다. 실날같은 희망이지만 그 끈을 놓아서는 안 된다.

지금부터가 문제다. 어떻게 중간의 목소리를 키우고, 중간지대를 확대할 수 있을까. 결국 확신과 용기다. 비록 지금은 작은 목소리지만 합리적 주장이 다수의 목소리로 커질 수 있다는 확신과 그 확신을 자신 있게 외칠 용기가 필요하다. 비정상이 정상을 이기고, 극단의 목소리가 합리의 목소리를 억누르는 상황에서 중도의 노선을 걷는다는 것 자체가 고단한 일이다. 어찌 보면 무모한 일일지도 모른다. 광복 이후 우리의 현대정치사는 중간지대를 불온시해 왔다. 좌익과 우익 사이의 중간은 불그스름한 불온지대였고, 분단과 전쟁, 권위주의 정치를 거쳐 형성된 흑백 갈등의 이분법적 정치문화 속에서 중도는 환영받을 수 없는 회색지대였다. 전쟁터에서 중간은 피폭의 대상이고, 독재타도의 목전에서 중도는 변절일 수밖에 없다. 3선 개헌과 유신헌법을 저지하기 위해서는 몸싸움도 마다하지 않았고, 국회의 단상을 점거해야 했다. 국민들도 끄덕거렸다.

그런데 지금은 아니다. 우리 사회는 산업화, 민주화, 세계화를 경험하면서 서서히 변해왔다. 아직 목소리는 작지만 다양한 이익을 표출하는 다수의 국민들은 이미 중간지대로 진입해 있음을 직시해야 한다. 극단의 강경한 주장을 펼치는 정치권은 이러한 변화를 외면하고, 당면한 정치적 이익과 정치적 동원을 위해 다수의 국민이 원하는 중도의 대안을 회피하고 있어 안타깝다. 냉철하게 우리 사회의 여론 추이를 살펴보면 일반 국민들의 견해는 정상 분포곡선을 그리고 있는데 반해, 정당과 국회에서 대변되는 목소리는 양극으로 치우쳐 있다. 이렇게 정치권과 유권자의 간극이 커질수록 정치파행의 수준은 높아진다. 정당이 갈 지(之)자로 걷고 국회가 광풍 속을 표류하면서, 유권자의 정치권에 대한 불신이 더욱 깊어지는 악순환이 계속되고 있다.

제3세계 국가의 민주화 과정에서 나타나는 정치현상의 패턴은 매우 비슷하다. 강경파가 주도하는 조직과 사회는 결국 민주화에 성공하지 못한다. 강경파의 주장이 온건파의 목소리를 누르고 단기적으로 승리한 것처럼 보이지만, 시간이 흐르면 강경파 자신들의 몰락은 물론 그들이 주도했던 조직과 사회에 치명적 폐해를 끼치게 된다.

민주사회는 다수의 중간 목소리가 주도하는 사회다. 민주정치의 공고화는 타협과 대화가 상시로 작동하는 중간지대를 기반으로 한다. 한미 FTA 과정에서 보여준 협상파 정치인들의 용기에 박수를 보낸다. 진정한 승리는 당신들의 것이다. (한국일보 2011. 11. 25)

한나라당은 없다

한나라당이 추락하고 있다. 서울시 보궐선거에서 패배한 이후부터 흔들리기 시작하더니, 결국 재·보궐선거 당시 중앙선거관리위원회와 박원순 후보 홈페이지를 디도스 공격으로 마비시킨 혐의자가 한나라당 최구식 의원의 비서로 밝혀지면서 당내 상황이 심각해지고 있다. 디도스 공격의 실체가 밝혀질수록 한나라당의 앞날은 예측할 수 없는 수렁으로 빠져들 가능성이 크다.

지도부 사퇴나 정책쇄신으로는 현 위기를 넘어서기 어렵다는 분위기가 팽배해 있는 가운데, 당 해체 후 신당 창당, 당명 개칭 등의 목소리가 높아지고 있다. 지난 7일 유승민, 원희룡, 남경필 최고위원이 전격 사퇴하면서 홍준표 대표체제가 언제까지 지속될지도 알 수 없다.

한나라당의 추락은 걱정스런 일이다. 그나마 보수의 기치를 내걸고 14년간 같은 당명을 지켜온 정당이 자리 잡기에 실패하는 것은 우리나라 정치의 큰 손실이다. 그 추락의 여파는 타 정당으로 퍼져 결국 우리나라 정당정치에 큰 타격을 줄 것이기 때문이다.

그런데 안타까운 일은 당내 갈등이 위기 타개의 방법론에 매몰되고 있는 점이다. 어떤 조직이든 위기를 맞으면 위기의 본질과 원인을 찾아 근본적인 대책을 세워야 하는데, 한나라당은 현재의 위기가 어디서부터 시작되어 심화되었는지 고민하는 단계를 밟지 않았다. 물론 국회의원 개인적 차원에서, 당 지도부 차원에서 당장의 위기가 자신들의 정치적 행보에 어떠한 영향을 줄 것인가 심각하게 고민했겠지만, 한나라당의 장래와 우리나라의 정당정치, 의회정치의 차원에서 한나라당의 문제가 무엇인지 집단적으로 고민한 흔적은 찾기 어렵다. 안철수 현상과 박원순 서울시장의 등장, 청장년

층의 반란을 그저 무서운 악몽으로 기억하고 있는 것은 아닌지 안쓰럽다.

지금부터라도 한나라당의 위기, 정당정치의 위기, 대의정치의 한계를 자신의 이해득실을 잠시 내려놓고 객관적 시각으로 살피면 위기의 원인이 쉽게 보인다. 구성원들이 함께 모여 위기의 원인이 무엇인지 허심탄회하게 논의하여 공감대를 형성하면 위기를 극복할 수 있는 방안도 모색할 수 있다.

위기 극복의 대원칙인지라 단순해보이지만 가장 핵심적인 부분은 '자신의 이해득실을 내려놓는' 일이다. 내년 4월 국회의원 선거와 연말 대통령 선거를 앞두고 얼마만큼 자신의 기득권을 내려놓을 수 있는가 하는 것이 관건이다.

한나라당의 운명을 자신의 앞날과 함께 하겠다는 정당 지도자부터 솔선수범하는 것이 순리다. 박근혜 전 대표, 홍준표 당 대표는 물론, 이명박 대통령도 정치적 이해득실의 틀에서 벗어나 당 살리기에 앞장선다면 한나라당의 추락을 막을 수 있다.

우선 홍준표 대표의 결단이 필요하다. 잇단 악재에 안이하게 대처했다는 지적을 겸허하게 받아들여 당장의 현안만을 마무리하고 조속히 거취를 정해야 한다. 같은 맥락에서 박근혜 전 대표의 당 살리기 행보가 시급한 시점이다. 대통령 선거의 유불리를 계산하며 처신할 상황이 아니다. 원칙과 신중함이 박 전 대표의 장점이라면 이제 결단과 능동적인 모습을 보여줘야 한다. 천막당사를 꾸리던 어려운 시절을 떠올려 살신성인의 자세로 임한다면 돌파구를 찾을 수 있지 않겠는가. 동반하락하고 있는 한나라당의 지지율과 박 전 대표의 지지율을 반전시킬 수도 있다.

이명박 대통령 역시 국외자가 아니다. 현 정부의 정책실패로 인한 민심이반이 현 위기상황의 주요 원인이라는 사실을 통감한다면 단순히 지켜보는 것은 책임회피다. 이 대통령은 정부, 여당의 한 축이며, 한나라당 당원으로서 당이 위기를 극복할 수 있는 방안 마련에 힘써야 한다.

한나라당의 위기와 추락은 곧 우리나라의 정당정치와 의회정치의 위기이며 추락이다. 기득권과 이해득실 셈법을 내려놓고 위기극복에 매진하길 촉구한다. (한국일보 2011. 12. 9)

우리는 북한을 모른다

북한의 김정일 국방위원장이 사망했다. 3년 전 뇌졸중으로 쓰러졌지만 서서히 회복해 최근에는 현지지도 등 정상적인 통치를 해왔기에 김 위원장의 급작스런 사망 소식은 충격적이다. 전 세계 주요 언론들이 연일 북한의 현 상황과 앞으로의 변화에 촉각을 세우고 있고, 우리나라의 언론매체들 역시 김 위원장 사망과 관련된 온갖 이슈를 다루고 있다.

그런데 허전하고 찜찜한 구석이 있다. 언론매체의 보도는 물론 우리나라의 대북정책과 대응전략이 과연 객관적이고 신뢰할 만한 정보를 토대로 준비되고 있는가 하는 의구심이다. 국회 관련 상임위에서는 국가정보원장과 국방부장관을 출석시켜 김정일 국방위원장 사망 사실을 사전에 인지하지 못한 사실을 추궁했지만, 보다 본질적인 문제는 북한 동향에 대한 대북 정보라인이나 실시간 정보수집 체계의 부실을 지적하고 이를 개선하는 선에서 해결될 일이 아닌 것 같다.

북한 내 급변상황에 대처하기 위한 우리 군의 '개념계획 5029'나 통일부와 각 부처의 대응 전략 등이 실효성을 가지려면, 우선 그 대응전략과 계획이 객관적 정보와 자료에 바탕을 두고 있다는 신뢰감을 공유해야 한다. 쏟아지는 분석과 예측, 논쟁과 대책이 일천한 정보와 제한된 자료의 분석에 기인한 것이 아닌지 걱정스럽다.

김정일 북한 국방위원장의 사망을 계기로 정부는 북한에 대한 객관적인 정보와 자료의 수집이 적절히 이루어지고 있는지, 정보와 자료 분석을 위한 전반적인 연구체계는 탄탄한지, 전문 연구자의 육성이 제대로 구축되어 있는지 재점검해야 한다.

우선 북한 연구가 얼마나 우리에게 절실한가 하는 점을 재인식하고 주도적인 입장에서 북한에 대한 정보 수집과 분석을 심화시켜야 한다. 항상 옆에 있어 일상적으로 느끼고 잘 안다고 하지만, 곰곰이 생각해보면 북한에 대한 이해가 미국, 일본, 중국을 이해하는 수준에 미치는지 반성해야 한다.

종종 북한 사회의 폐쇄성을 지적하면서 북한에 대한 정보 수집과 이해의 한계를 합리화한다. 혹자는 우리 군의 주도적인 대북 정보수집 능력에 한계가 있다고 고충을 토로하면서도 미군의 정찰위성과 첨단 통신장비에 의한 정보수집에 여전히 기대고 있다. 이제 한계와 고충을 뛰어 넘어야 할 때이다. 정보 공유와 협력은 강화해야 하지만, 동시에 주도적이며 적극적인 정보 수집을 추진해야 한다.

북한 사회가 폐쇄적이지만 90년대 이후 탈북이주자가 증가하고 있고, 북한 주민들과의 통신이 부분적으로 가능한 이완 상태라면 예전에 비해 정보수집이 용이해지고 있는 것이 아닌가. 북한에 대한 정보와 자료는 정부와 각 부처 산하 연구기관뿐만 아니라 기업과 사설 연구소, 사회시민단체, 교회 등 다양한 채널을 통해 확보할 수 있다. 정보와 자료를 체계적으로 공유하고 분석한다면 보다 실효성 있는 대북정책과 전략을 수립할 수 있을 것이다.

정부는 북한에 대한 소식과 정보를 국민들이 함께 공유하여 공감대를 높여야 한다. 김대중 정부 시절 공영방송이 '남북의 창'이라는 프로그램을 시작했고, '북한 바로알기' 운동도 펼쳐져 북한에 대한 관심과 이해가 고조되는 듯 했지만, 요즈음 '남북의 창'은 시청률이 낮은 주말 아침시간으로 편성돼 프로그램의 존재의미가 축소되었고, '북한 바로알기' 운동 역시 침체되어 있다. 더욱 안타까운 사실은 대학의 북한학과들이 지원자의 감소로 문을 닫고 있어 북한 연구를 담당할 차세대 인재들의 양성이 어려워지고 있다는 점이다.

정보는 힘이다. 북한에 대한 정보는 결국 한반도의 통일한국과 직결되어 있다. 북한에 대한 객관적인 자료와 정보수집, 심층적인 분석과 연구, 그 결과에 대한 국민적 공감대의 형성을 위해서는 통일비용을 앞당겨 쓰는 것도 온당하지 않을까. 한반도의 평화통일을 위하여. (한국일보 2011. 12. 23)

2부 나눔과 관용의 길로

자신의 사상과
행동만이 옳다는 아집,
다른 사고와 생활방식 그리고
이질적 문화를
업신여기는 경직성과
배타성으로부터 벗어나
사고의 유연성과
포용성을 키워야 한다.
나눔과 관용 그것이 곧
상생의 길이다.

신뢰구조를 구축할 때

다시 생각하기조차 싫은 일들, 다시 글로써 옮겨 적기 싫은 사건들이 지속적으로 신문을 장식하는 요즈음, 우리 사회의 무엇이 이처럼 크게 어긋나게 되었는지 답답하기만 하다.

급속한 산업화로 인정이 메말랐기 때문인지, 복지부동의 행정관료 집단의 무책임성에 기인하는 것인지, 정치적 리더십의 부재 때문인지, 아니면 근본적인 그 무엇이 삐걱거리는 것인지 곰곰이 생각해보게 된다. 어떠한 사회든지 그 공동체가 유기적 삶을 영위해 가기 위해서는 구성원들 간에 상호 신뢰구조가 존재해야 한다. 국가공동체에서 의회, 행정부, 정당, 국민들이 상호 신뢰해야 하며, 학교공동체에서는 학생과 선생님과의 믿음이 중요하고, 가정에서도 부부 간, 부모와 자식 간 신뢰구조가 정립되어야 가정생활이 순조로운 것이다.

우리 사회는 지금 신뢰구조에 큰 금이 가기 시작했다. 아니 어느 곳에서는 그것이 이미 무너지고 있다. 우리 사회의 신뢰구조는 설계 당시부터 문제점이 있어 보인다. 시공단계에 들어 너무 서둘러 틀에 맞추어 추진했으며, 중간 중간 그 신뢰구조가 제대로 만들어 지는가 관리하지 않은 채 공사를 끝냈기 때문에 우리의 신뢰구조는 원초적으로 문제를 안고 있었던 것이 아닌가? 보수 정도로 마무리될 성격이 아닌 것 같다. 그렇다면 이제 우리 사회의 신뢰구조에 대한 안전진단을 철저히 해서 그에 따라 새로운 신뢰구조를 구축해나가는 것이 절실하다.

한국 사회의 신뢰구조는 일방적인 강요와 맹목적인 믿음으로 굳어졌는데, 이것이 문제점의 시발이다. 일률적인 추종으로 결속력이 강하게 보여 겉으로는 신뢰구조가 견고하게 보이지만, 그러한 따름은 자발적인 것이 아니기에 일방의 이끄는 힘이 약해질 때 신뢰구조 그 자체가 허약한 구조물로 바뀐다. 그동안 강요된 추종과 맹신으로 정부가 하는 일에 모두 기립해서 박수를 쳤고, 바로 그 모습이 굳건한 신뢰구조의 정착으로 착각하고 모두 안심했었다. 국민은 그저 정부를 믿고 시키는 대로 하기만 하면 벼 수확량도 늘었고 고속도로도 놓였다.

밖에서 우리를 피상적으로 바라본 사람들은 일사불란하게 움직이는 한국 국민을 칭찬하면서 우리의 신뢰구조를 부러워했다. 그러나 바로 그 신뢰구조는 치명적인 결함을 지니고 있음이 드러나고 있다. 우선 우리는 믿음을 전제로 한 신뢰구조를 구축하지 못했다. 정체된 신뢰구조, 견제와 균형이 보장된 신뢰구조, 항상 검증할 신뢰구조를 구축하지 못했다. 견고한 신뢰구조는 역설적이지만 서로를 의심하는 가운데 가능하다. 그냥 믿어버려야 할, 믿을 교리에 대한 믿음이 아니다. 따지고 또 따져서 의심을 떨쳐버릴 수 있을 때 갖는 믿음이 신뢰구조의 초석이다. 그리고 그 신뢰구조는 일방적인 것이 아니라 상호적인 것이어야 한다. 노동자가 기업가를 신뢰하는 만큼, 기업가도 노동자를 신뢰해야 그 사회구조가 튼튼하다. 두 개의 버팀목이 강하게 우뚝 서야 그것을 잇는 신뢰의 가교가 튼튼한 이치이다.

같은 맥락에서 신뢰구조의 또 다른 중요한 요소는 투명성에 있다. 그냥 나를 믿고 따르라는 식으로 세워진 신뢰구조는 허약하다. 나를 믿게 하기 위해 나를 철저히 내보이는 것이 필요하다. 독재 또는 전체주의 사회에 비해서 민주정치 사회가 혼란스러워 보이고 문제가 많은 것으로 비추어지지만, 실제로 민주사회가 내실 있게 운용되는 것은 바로 모든 정치과정이 철저히 공개된 가운데 이루어지기 때문이다. 정치권력이 한 집단이나 기구에 의해 독점되지 않고 견제와 균형 속에서 투명하게 집행될 때, 사회의 제반가치가 어떻게 배분되고 있는가를 사회 구성원들이 훤히 알게 되고 그에 따른 해결책이 마련될 수 있다.

정부가 안고 있는 어려움과 능력을 인지할 때 국민은 정부를 믿고 따를 수 있으며 힘을 보태 어려움을 함께 극복할 수 있다. 새로운 신뢰구조의 구축은 아픔을 동반한다.

그동안 가려졌던 우리 사회의 비리와 불균형적 가치배분 구조를 투명하게 드러내는 것에서부터 시작해야 하기 때문이다. 그러나 우리는 해낼 수 있다. 튼튼한 신뢰구조를 구축할 수 있다. 다시는 붕괴하지 않을 신뢰의 가교를 우리의 힘으로 건설하자.

(도공주보 1994. 11. 14)

재회의 기쁨

인생은 끝임 없는 만남의 연속이다. 인생은 나그네길이라고 노래한 시인도 나그네의 여정 속에 만나야하는 미지의 세계를 삶의 동력으로 인식하지 않았을까. 개개인의 인생행로가 각기 그 의미를 갖는 것은 각자의 나그네길이 모두 다르고, 따라서 만남의 대상이 동일하지 않은데 있다. 만남의 대상은 너무도 넓다. 나 이외의 모든 삼라만상이 만남의 대상이기 때문이다. 눈앞에 펼쳐지는 자연과 풍물, 사상과 철학, 지식과 종교를 만나고 예상하지 못했던 사건과 시대를 경험하게 된다. 그러나 이 모든 만남의 중심에 사람과의 만남이 있다. 아기가 세상에 태어나면서 제일 처음 만나는 사람은 물론 엄마다. 엄마 품속의 따스함을 벗어나면서 한사람 또 한사람 낯선 사람을 만나가면서 생활을 영위한다. 가족, 친구, 선생님, 동료들과의 만남으로 생활의 범주가 넓어진다. 일생을 살아가며 좋은 사람과의 만남이 있는가 하면 악연에 의한 만남도 있고, 그 만남이 영원한 만남이 될 수도 있지만 짧은 만남으로 그칠 수도 있다.

만남 중에 가장 의미 있는 만남은 '다시 만남' 즉 재회라고 생각한다. 십여 년 전 읽었던 소설을 다시 읽으면서 느끼는 기쁨이 크고 빛바랜 사진첩의 추억을 되씹으면서 다시 만나보는 학창시절이 더욱 아름답다. 외국의 명소를 찾으면 종종 '당신은 이곳을 일생 꼭 한 번 다시 찾게 될 것'이라는 표지판의 글을 볼 수 있다. 나일강 물을 마신 사람은 반드시 나일강을 다시 찾게 된다고 한다. 로마의 트레비 샘도, 일본의 후지산도 같은 전설을 지니고 있다. 단순히 관광수입을 올리기 위해 현지인들이 지어낸 이야기라기보다는 그 곳의 매력에 흠뻑 빠져 다시 오고 싶은 방문객의 바람이 그렇게 표현된 것이 아닐까.

하물며 헤어졌던 사람을 다시 만나는 것은 그 얼마나 기쁜 일인가. 서로 보기 싫어서 등을 돌리고 헤어졌던 사람이 아니라 어쩔 수없이 반세기의 긴 시간동안 헤어져야만 했던 가족들을 다시 만나게 되는데 이런 큰 기쁨이 어디 있겠는가.

8·15 광복절을 맞아 남북 200명의 이산가족이 꿈에도 그리던 부모, 형제, 자매를 만나기 위해 서울과 평양을 상호 방문한다. 불신과 반목을 조장했던 이데올로기와 패권의 논리가 우리를 민족분단의 아픔 속에 몰아넣은 지 어언 50여년의 세월이 흘렀다. 그러나

만남이 단절된 상황 속에서도 희망을 잃지 않고 기다려온 이산가족들은 재회의 기쁨을 맛보게 되었다.

재회는 눈물로 시작한다. 그것이 기쁨의 눈물이건 슬픔의 눈물이건 상관없다. 피난 나올 때 함께 모시고 오지 못한 통한의 눈물일 수도 있겠고, 거칠은 피부에 남은 고생한 흔적을 보고 안타까움에 눈물을 흘릴 수 있다. 보고 싶었던 마음을 전하고 가족의 안부도 물으면서 눈물을 흘리리라. 그 눈물은 아픈 과거를 씻어주는 눈물이며, 동시에 기쁨을 잉태하는 눈물이다.

민족의 큰 시련을 이겨내고 기쁨의 재회가 시작되는 올 2000년이 교회의 대희년이라는 사실이 예사롭지 않다. 좋은 징조임에 틀림없다. 새 천년 대희년의 축복이 아닐 수 없다.

이산가족의 재회를 바라보면서 진정한 만남의 체험은 그것이 어떠한 연유로 분열과 단절과 헤어짐이 있었더라도 결국 재회의 기쁨을 맞게 됨을 확신하게 된다. 이산가족의 재회는 결국 민족통합과 통일로 발전될 것이다. 아무리 혹독한 시련이 있더라도, 혹 앞으로도 오랜 시간이 걸릴지라도 마지막 민족재회, 민족통일의 모습은 확신할 수 있다. 회자정리(會者定離)가 아닌 리자정회(離者定會)의 진리를 믿게 되었다.

대희년 성모승천대축일을 맞아 재회의 기쁨을 맛보고 싶다. 그동안 살아오면서 만났던 모든 것을 반추해보고 싶다. 만났을 당시 절실하고 귀중했던 상대들이 지금은 나와 어떠한 관계 속에 있는지 되돌아보면서 스스로의 우쭐함과 자만, 경솔함으로 많은 것들과 소원해져 있음을 반성하게 된다. 나를 포함한 대다수의 현대인들은 진정 중요한 것과 그렇지 않은 것을 제대로 구별하지 못하고 살아가는 것 같다. 구별해 보려는 노력도 하지 않고 살고 있다. 그러면서 진정 중요한 것을 멀리한 채 외로움에 젖어들고 있다. 자연과의 재회, 하느님과의 재회, 이 세상 모든 진실한 것들과의 진정한 재회가 절실하다. 이산가족의 상봉을 보면서 그동안 나로부터 멀어져간 상대를 찾아 재회의 기쁨을 나누련다. 틀림없이 다시 만날 수 있다는 확신으로. 첫 만남의 기쁨보다 재회의 기쁨이 훨씬 크다는 믿음으로. 무관심으로 멀어졌던 지인들을 찾아 그간의 생활을 나누련다. 바쁘다는 핑계로 등한히 했던 신앙생활을 새롭게 하기 위해 조용히 피정을 다녀오면 하느님과의 재회가 더욱 풍성해질 것 같다.

(가톨릭신문 2000. 8. 20)

스필버그 감독의 존재가치

수년 전 유럽 여행 중에 독일에 거주하는 어느 교민이 전해준 이야기이다. 모두들 감동 깊게 감상했던 영화 쉰들러 리스트가 독일에서 방영되었을 때 독일인들이 보여줬던 반응의 일단을 들려주었는데, 극장에서 영화가 방영되는 동안 어두움 이곳저곳에서 훌쩍이는 소리가 계속되었으며 극장을 나서는 젊은 남녀들은 서로 기대어 눈을 붉히고 있었다고 한다. 2차 대전 중 600만 유태인들을 가스실에서 살상했던 나치스트의 폭거에 충격을 받았음에 틀림없었으리라. 동시에 60여 년 전 저지른 잘못을 자신들의 과오로 받아들이고 반성의 눈물을 흘린 것이라고 생각한다. 더욱 가슴 찡하게 전해들은 이야기는 그 영화의 스필버그 감독을 프랑크푸르트시의 명예시민으로 추대하고 시를 방문한 스필버그 감독을 시민들이 열렬히 환영했다는 것이다. 과거 아픈 역사를 일깨워준 것에 감사하고 꽃다발을 전하는 독일인들의 모습을 직접보지 못한 것이 아쉽기만 하다. 이와 대비해 일본인들의 자세를 비판하려는 의도는 없다. 그보다는 독일인들의 자세에서 진심으로 반성하는 마음을 배우고자 한다. 구차하게 변명하기보다는 솔직하게 자신의 잘못을 시인하는 모습이 아름답다는 사실이다. 인간은 불완전하기에 언제나 일상생활에서 크고 작은 과오를 범하고 산다. 개인이 모여 만든 집단도 예외가 아니며, 정부와 국가도 항상 정의롭게 일을 처리할 수 없는 것은 당연할지도 모른다. 그러나 개인이나 집단, 사회와 국가의 과오를 어쩔 수 없는 것으로 방치할 수는 없는 것이다. 좀 더 나은 미래를 위해서 지금까지의 잘못을 진심으로 반성하고 뉘우치는 모습이 필요하다. 스스로 과오를 인식하지 못하고 뉘우치지 못 할 때는 이를 제재할 수 있는 메커니즘이 작동되어야 한다.

그러나 우리의 현실은 어떠한가. 자신이 불완전한 존재라는 사실을 망각하고 있으니 잘못한 사실을 인정하지도 않고, 따라서 반성하고 뉘우치는 모습은 상상할 수도 없고, 그럼에도 불구하고 잘못을 제재할 수 있는 제도가 제대로 정립되어 있지 못한 상황이니 결국 앞날이 암울해 보인다.

현재 사회적으로 큰 갈등을 빚고 있는 것이 의약갈등이다. 국민들의 건강과 생명을 담보로 대치하고 있는 갈등이라는 측면에서 우리 사회의 가장 심각한 치부라 할 수 있다. 의약분업을 앞에 놓고 의사회와 약사회, 그리고 정부는 각기 스스로 무엇을 잘못했기에 현재의 대치상황을 맞게 되었는가 냉철하게 반성해야 한다. 대치상황을 상대방과 제3자의 탓으로 돌릴 때 파행은 또 다른 파행을 낳게 될 뿐이다. 최대한의 이익을 확보하기 위한 갈등의 조장은 모두의 파국으로 끝난다. 최소한의 권익을 서로 인정하면서 허심탄회하게 타협을 이끌어 나가는 방법이 가능하지 않을까. 우리의 건강과 생명을 지키는 의료인이라면 최소한의 타협점으로부터 대화를 시작해야 한다.

정부는 정부대로 정치권은 정치권대로 부적절한 대응을 솔직하게 인정해야 한다. 사회에 존재하는 이해갈등을 취합, 조정해야 하는 여야는 상대방의 잘못만을 부각시키느라 여념이 없고 정부 역시 이해갈등을 단순한 집단이기주의로 몰아부치고 있으니 문제가 해결될 리 없다. 사회가 민주화, 다원화될수록 분출되는 이익은 많아지고 이러한 이익을 취합, 조정, 타협해야 할 여야, 의회, 행정부의 능력이 필수적이건만 현재 그러한 능력을 충족시키고 있지 못하다. 그러나 더욱 근본적인 문제는 잘못을 지적하고 치유할 수 있는 메커니즘이 작동하지 못하고 있다는 사실이다. 잘못을 지적하고 앞길을 바로 인도하는 스필버그 감독의 존재가치가 사장되어버린 우리의 현실이 아닌가 걱정스럽다. 스필버그 감독의 존재가치는 그 사회의 도덕성에 기반을 두고 있다. 공권력을 행사하기 위해서는 법을 만들고 집행하는 집단들이 그들의 도덕성을 자신 있게 내세울 수 있어야함은 물론이고, 그러한 도덕성을 사회 통념적 기준으로 수용할 수 있는 사회구성원의 수준이 요구된다.

과거 가해자로서 역사의 죄인이었음을 반성하는 독일인들이 어떻게 경제를 일으키고, 통일을 이끌고, 사회 통합을 이루어나가고 있는가를 바라보면서, 과거 굴욕의 식민 지배를 경험한 피해자로서 동시에 IMF 체제하에 있는 우리의 모습이 어떠한가를 대비해 봐야 한다. 우리는 아직도 자신의 과오를 인정하는데 인색하고 나의 잘못보다는 상대방의 약점을 지적하는데 익숙하다. 과거 나치스트들의 과오를 자신들의 과오로 받아들이는 독일의 젊은이들처럼 지난 수십 년간 우리가 겪어온 파행의 역사 속에서 우리의 잘못, 아니 나의 잘못을 찾아내 반성하는 것이 급선무다.

분단과 전쟁, 독재와 빈부격차, 소외와 지역갈등의 과정에 투영된 과오를 우리 자신의 것으로 반성하고 회개할 때 비로소 우리 사회의 도덕성이 새롭게 정립되고 그 도덕성을 기반으로 사회순화의 메커니즘이 작동될 수 있다. (가톨릭신문 2000. 9. 24)

노벨 평화상에 도전하자

참으로 자랑스러운 일이다. 새천년 노벨 평화상을 우리나라 대통령이 받게 되었으니 진정 기쁜 일이다. 전 세계로부터 축하인사와 메시지가 답지하고 있고 국내 주요 일간지에는 전면 축하광고가 연일 계속되고 있다. 김대중 대통령은 민주와 인권 그리고 남북의 교류협력과 민족화합에 기여한 공로로 노벨 평화상 수상자가 되었다.

수상자의 발표가 있자 곧 현실적인 성과를 가늠하는 기대가 만연하고 있다. 남북화해의 노력을 국제적으로 인정받은 것이니, 이제 남북 간의 협력관계가 급진전 될 것이라는 판단에서부터 남북관계 개선의 속도조절과 함께 민생과 여야 간 대화에 대통령이 최선을 다해 달라는 주문에 이르기까지 다양한 의견이 속출하고 있다. 무엇인가 희망적인 소식을 목말라하던 국민들로서는 이번 수상이 가시적인 결과물을 창출해주길 바라고 있는지도 모르겠다. 노벨 평화상 수상을 계기로 한반도에 평화가 정착되고 남북통일의 길이 가까워지면 정말로 좋은 일이고, 여야가 상생의 정치로 민생현안을 해결한다면 더더욱 환영할 일이다. 주식시장이 활기를 찾고 경제가 살아난다면 오죽 좋겠는가. 그러나 지나치게 현실적 성과에 집착하는 것은 노벨 평화상의 의미를 반감시킬 수 있다.

노벨 평화상은 노벨 물리학상, 경제학, 문학상 등과 달리 과거의 업적에 대한 평가와 아울러 미래의 평화노력을 격려하기 위한 상이라고 한다. 또한 노벨 평화상의 수상으로 분쟁지역이 평화와 화해의 지역으로 전환된 예가 많지 않다고 한다.

왜 그럴까? 그 이유는 간단하다. 사회공동체의 구성원들이 노벨 평화상 수상자의 헌신적인 노력에 일시적으로 환호와 박수만 보냈을 뿐 진정 동참하지 않았기 때문이다. 현실적이고 가시적인 결과만을 기다리고 있었을 뿐 수상자의 정신과 행동양식을 마음으로 평가하고 따르지 않았기 때문이다. 이스라엘과 팔레스타인의 정치 지도자들이 분쟁해결의 공로로 노벨 평화상을 받았으나, 중동지역은 오늘도 화염에 싸여있다. 노벨 평화상 수상자를 배출한 티베트와 인도에서 인권탄압과 빈곤이 계속되고 있는 것은 노벨 평화상 수상자의 잘못 때문이 아니라 그 사회구성원들이 노벨 평화상의 진정한 가치에 무지했기 때문이다.

필자는 김대중 대통령이 한국인으로서 처음 받게 되는 이번 노벨 평화상에 좀 더 큰 가치를 부여하고 싶다.

지금까지의 노벨 평화상 수상자들이 공통적으로 지니고 있는 점을 몇 가지 찾아보면, 첫째, 어려운 고난의 길을 이겨내며 꾸준히 행동하고 실천하는 자세, 둘째, 자신과 자신이 속한 집단을 뛰어넘어 타인과 타 집단을 위하는 마음, 셋째, 갈등과 대결을 극복하고 대화와 협력을 추구하는 정신을 지니고 있음을 알 수 있다. 이러한 공통점을 찾아내면서 바로 그것이 참된 신앙인으로서 갖추어야 할 덕목임을 곧 깨닫게 되었다.

즉 실천하는 신앙인, 타인을 위해 봉사하는 신앙인, 타종교인과 대화하고 서로 화합할 수 있는 신앙인의 연장선상에 노벨 평화상이 있다는 사실이다. 실제로 많은 노벨 평화상 수상자들이 종교는 다를지언정 참된 신앙인의 길을 걷고 있었다.

우리 모두 노벨 평화상에 도전하자.

인권과 민주, 그리고 남북화해와 통일을 위해 모두 노벨 평화상에 도전해야 한다. 김대중 대통령의 노벨 평화상 수상으로 한반도에 평화가 정착되고 남북의 화해 협력이 자동적으로 진전될 것으로 기대하는 것은 옳지 않다. 우리가 진정 민주화와 인권수호를 원한다면 그리고 한반도에 평화가 정착되길 원한다면 구성원 모두가 이를 위해 실천하고, 봉사하고 인내하며, 화합의 정신을 지녀야 한다. 그래야만 우리의 소망이 현실화되고 가시화 될 수 있다.

어찌 보면 우리 모두는 노벨 평화상의 굴레를 쓰고 있는지도 모른다. 축하 받는 것은 잠시고, 이제 주어진 상황 속에서 한민족이 과연 어떻게 평화를 구축해 나가는가를 세계는 주목하고 있다.

한민족의 위대함을 세계만방에 알릴 호기이다. 비록 냉전의 맨 끄트머리에서 분단을 극복하지 못하고 있지만, 한민족은 홍익인간의 정신으로 한반도는 물론 주변 국가에 평화를 베푸는 통일국가의 모습을 보일 것이다.

그러나 그것은 구호로 가능한 것이 아니다. 인권, 민주, 남북통일과 같은 추상적인 명제는 실천적 과제로 구체화되어야 한다. 북녘동포 돕기, 재소자 방문도 좋고 꽃동네 후원도 좋다. 눈에 띄지 않는 작은 봉사와 참여일지라도 노벨 평화상의 정신, 즉 신앙인의

덕목과 연계될 때 폭발적인 힘을 발휘한다. (가톨릭신문 2000. 10. 22)

나눔과 관용의 길로

설렘과 흥분으로 맞았던 새 천년의 첫해도 서서히 막을 내리고 있다.

대학에서 강의를 하고 있는 필자는 학기가 시간의 단위로 정착되고 있는데, 십 수 년의 경력을 지닌 초년병에 불과한데도 점차 학기말이 빠르게 다가오는 것을 느끼게 되는 것은 어쩐 일인가. 학기말이 가까워오면 학기 초 계획했던 일들은 제대로 마무리하고 있는지 되돌아보면서 늘 부족함을 자성한다. 필자는 수업이 시작하는 첫 주에 전반적인 강의의 개괄을 설명하고 강의를 어떻게 진행할 것인가를 설명하는 가운데 항상 학생들에게 수업에 임하는 두 가지의 태도를 부탁하는데, 동시에 그것은 나 자신에 대한 다짐이기도 하다.

우선 나눔의 자세를 강조한다. 강의는 일방적으로 진행되는 것이 아니라 쌍방적으로 이루어져야 하는 것이며, 그것은 교수와 수강생과의 관계에서뿐만 아니라 수강생 상호간에서도 마찬가지라는 것이 평소의 생각이다. 교수가 알고 있는 지식을 수십 명의 학생들에게 전달하는 것으로 끝나는 수업이 아니라 교수를 포함한 모든 학생들이 탐구하고, 고민해서 얻은 지식을 공유하자는 생각이다.

학기 초 학생들에게 '나눔의 자세'를 이야기할 때마다 필자는 서울에서 개최되었던 세계성체대회의 상징적 마크였던 붉은 색의 '동그라미 안의 십자가'를 떠올린다. 요즈음도 뒤창에 빛바랜 스티커가 붙어있는 차량을 종종 볼 수 있는데, 우선적으로 '십자가의 빵' 즉 성체를 의미하는 것이겠으나 어찌 보면 빵을 사등분해서 골고루 나누자는 메시지가 강하게 느껴진다. 나눔의 본질은 하나를 나누어 나눈 몫을 각자가 챙긴다는 의미를 훨씬 뛰어넘는 것이리라. 함께 생각하고, 누리고, 공유한다는 의미가 훨씬 강하다. 영어로 나눔을 'share'라 한다면 그것은 물론 '쪼갠 몫'을 뜻하기도 하지만, 그보다는 '함께 나눔'을 의미한다. 열 명의 학생들이 지니고 있는 지식과 생각을 함께 나누어 가질 수 있다면 일방적으로 던져주는 교수의 지식을 수동적으로 받아들이는 것보다 훨씬 낫다. 강의, 학생들의 연구발표, 토론으로 수업을 진행하면서 나눔의 진리를 매학기 확인하고 있다.

두 번째로 관용의 자세를 부탁하고, 또 스스로 다짐한다.

필자가 담당하고 있는 한국정치를 강의하고 토론하다 보면 한국정치를 바라보는 학생들의 시각이 각양각색임을 알게 되고, 그러한 다양한 생각과 시각들이 자연스럽게 표출되고 나누어져야 한다는 생각을 하게 된다. 필자는 학생들에게 자신의 생각을 자신 있게 표현할 것을 요구하는 동시에, 다른 학생들의 의견도 존중하고 신중하게 평가하는 자세를 갖도록 부탁한다. 정치적 사안에 대해서 토론하다보면 서로의 주장이 팽팽하게 맞서는 경우가 많고 상대방의 사고방식을 절대로 받아들일 수 없는 상황도 비일비재하다. 필자는 홍세화씨의 『나는 빠리의 택시 운전사』를 읽으면서 '똘레랑스(tolerance)' 즉 관용이 한 개인의, 사회의 중요한 덕목임을 새삼 느끼게 되었다.

한 학기를 접어가면서 스스로 나눔과 관용의 자세로 수업을 이끌어 왔는지 반성해본다. 사실인 즉 그것은 단순히 강의실에서 강조하는 덕목이나 자세이기보다는 나의 삶의 지표이며 나침반이 되어야 하지 않을까. 가능하다면 어려운 우리의 현실을 극복하는 사회공동체의 덕목으로 삼았으면 좋겠다.

우리 모두 나눔과 관용의 정신이 필요한 상황에 있다. 신자유주의의 물결은 우리 사회를 삭막하게 만들고 있다. 능력 있는 사람이나 집단만이 생존할 수 있고, 경쟁에서 처진 개인과 집단은 도태되는 것이 당연하게 받아들여지는 사회에서 나눔과 관용의 정신은 정말로 필요하다. 경제적으로 어려워지고 있는 현실에서 물질적인 나눔과 함께 심적인 고통, 좌절감, 소외감에 빠져 있는 이웃과 어려움을 나누어야 한다. 구조조정으로 실직하게 된 근로자, 부모의 무관심으로 내팽개쳐진 청소년, 어두운 그늘에서 눈물짓는 수인들과 마음을 나누어야 한다. 옛말에 기쁨은 나누면 나눌수록 커지고 슬픔은 나눌수록 엷어진다고 하지 않았던가. 인류박애주의자가 아니더라도 눈을 잠시 돌려 아프리카의 기근이 어느 정도 심각한지 알게 된다면 '나눔'은 인류공동체가 절실히 필요로 하는 덕목이라는 사실에 공감할 것이다.

현재 치닫고 있는 우리 사회의 갈등은 상대방을 무시하고 인정하지 않는데서 출발한다. 여야, 정부와 국민, 사회집단 간은 타인 또는 타 집단의 존재가치와 행동양식을 인정하는 관용의 자세를 지녀야 한다. 오랜 분단과 군사정치문화의 탓으로 우리는 언제부터인가 이분법적 사고, 적과 동지, 흑백논리에 익숙해져 있다. 자신의 사상과 행동만이 옳다는 아집, 다른 사고와 생활방식, 이질적 문화를 업신여기는 경직성과 배타성으로부터 벗어나 사고의 유연성과 포용성을 키워나가야 한다. 나눔과 관용, 그것이 곧 상생의 길이다.

(가톨릭신문 2000. 11. 19)

'타산지석' 아르헨티나

지구촌 저편 아르헨티나의 나라사정이 혼란스럽다. 몇 주 사이 대통령과 내각이 부침을 반복하는 가운데, 성난 시민들은 외국계 은행에 돌팔매질을 하고, 폭력과 약탈로 사회가 어수선하다. 매일 2,000명의 빈곤층이 늘어가면서 현재 40%가 넘는 국민이 가난에 허덕이고 있으며, 실업률은 35%를 상회하고 있다. 기업의 중견 간부는 일과후와 주말에 택시 운전으로 생활비를 충당해야 하고, 벼룩시장에서 청바지를 팔고 있는 대학교수는 당장 현금이 필요하기 때문에 아예 전업을 고려하고 있단다.

텔레비전에 비추어진 아르헨티나의 사태를 바라보면서, 그것이 단순히 '지구촌 저편의 불'로만 여겨지지 않는 까닭은 무엇인가.

아르헨티나 국가위기의 본질과 그 원인, 그리고 현재 펼쳐지고 있는 상황이 우리 사회의 모습과 겹쳐져 다가오는 것이 아무래도 심상치 않다.

아르헨티나는 80년대 경제위기를 극복한 모범생으로 칭찬 받았다. 우리나라도 1997년 외환위기를 단시일 내에 극복한 모범적인 국가로 평가받고 있고, 세계적인 불황 속에서도 아시아에서는 중국 다음으로 경제성장을 착실히 이루어가고 있다.

그러나 긍정적 평가의 이면에는 빈부 격차의 확대와 중산층의 몰락이라는 어두운 그림자가 다가오고 있다. 한 때 남미에서 가장 두터운 중산층을 자랑했던 아르헨티나는 경제정책의 실패로 노동자와 연금생활자를 빈곤층으로 내몰았으며, 우리나라의 노동시장도 신자유주의 경쟁질서 속에서 안정적 일자리를 마련해주지 못하고 있다. 사회에 첫발을 딛는 사회 초년병들의 마음은 무겁기만 하다.

현 아르헨티나 사태를 불러온 가장 핵심적 원인은 국민의 정치에 대한 불신감의 고조 때문이며, 그것은 정치권력의 부패에 기인한다. 이점에서 우리의 상황이 더욱 걱정된다. 재정적자를 메우기 위해 아르헨티나의 많은 공기업이 민영화되는 과정에서 정경유착과 특혜로 공공기업은 턱없이 낮은 가격에 외국 다국적 기업에 팔려나갔으며, 막대한 커미션은 정치권으로 흘러들어 음습한 정쟁만을 더욱 부추기게 되었다.

민심을 이반시키고 있는 속칭 3대 게이트 비리사건의 본질은 정치권력의 부패이다. 정치권력의 비호 아래 불법적인 기업합병과 사세확장을 일삼고, 불법로비로 불법을 감추려하고, 불법을 파헤쳐야 할 검찰은 정치권력의 눈치만 보면서 불법을 눈감아주는 상황에서 국민들이 어떻게 정치권을 신뢰할 수 있겠는가.

김대중 대통령은 연두기자회견을 통해 부패척결의 의지를 표명했다. 반부패 장관회의를 개최하고, 특별수사검찰청을 설치하는 등 일련의 대책이 나오고 있지만, 국민의 반응은 냉담하기만 하다. 과거에도 개혁과 부패척결을 위한 유사한 방안이 많이 있었지만 별 효과가 없었기 때문이다. 몇몇 벤처기업의 비리를 파헤치고 관련 공직자와 정치인 몇 사람 단죄하는 것으로 부패는 사라지지 않는다.

아르헨티나의 전철을 밟지 않기 위해서 우선 정치가 제자리를 잡아야 한다. IMF 구제 금융을 앞세워 우리를 엄습한 신자유주의의 물결을 우리의 정치시스템과 경제와 사회체계를 새롭게 하는 계기로 삼을 수 있는 지혜가 필요하다. 신자유주의에 대한 찬반의 논쟁을 넘어서 그것이 요구하는 자유경쟁과 공개성 확보에 도전할 수밖에 없다.

공개성의 확보와 투명성 제고는 신자유주의를 통해 얻어내야 할 중요한 덕목이다. IMF 외환위기는 구제 금융을 갚은 것으로 끝난 것이 아니다.

투명하고 합법적인 기업 경영과, 공개적인 정책결정과정이 정착되어야만 진정 우리의 경제위기와 국가위기가 극복되었다고 할 수 있다.

정치과정의 투명성 중 가장 시급한 것이 정치자금 수급의 투명성 확보다. 지난 연말부터 여야 모두 정당 쇄신을 내세우고 있지만, 대부분 대통령 선거를 유리하게 이끌 수 있는 방법에만 관심을 쏟고 있을 뿐 정작 국민들이 의혹의 눈길을 보내고 있는 음성적 정치자금에 대해서는 별다른 대책을 세우고 있지 않아 안타깝다. 정치자금의 흐름을 투명하게 하지 않는 한 정치권에 대한 국민의 신뢰는 기대하기 어렵기 때문이다.

투명성과 공개성을 기반으로 한 자유경쟁은 효율성과 생산성을 높일 수 있다. 그러나 동시에 자유경쟁은 무한경쟁으로, 무한경쟁은 갈등으로 이어진다. 경쟁과 갈등은 힘없는 개인과 집단의 소외와 탈락을 촉발한다. 이 시점에서 소외된 자들을 함께 아우르면서 공존을 꾀하는 공동체적 정치가 요구된다. 정치권이 무한경쟁과 갈등을 자본과 시장의 논리로 호도하고 소외된 개인과 집단을 방치할 때 사회적 비용은 아르헨티나가 지금 감당해야 하는 것처럼 엄청나게 증폭될 수밖에 없다.

아르헨티나는 지구촌 반대편에 위치하고 있는 먼 나라가 아니다. 우리가 타산지석으로 삼아야 할 이웃나라인 셈이다.

(평화신문 2002. 1. 27)

채찍보다 사랑이 '묘약'

미국 부시 대통령의 '악의 축' 발언 이후 한반도를 둘러싼 냉기류가 좀처럼 가시지 않고 있다. 우리나라와 일본, 중국 등 동북아 3국을 방문하면서도 부시 대통령은 여전히 북한을 대량살상무기(WMD)를 생산하는 위험한 나라로 지칭하면서 테러 방지를 위한 공조의 필요성과 북한에 대한 강도 높은 견제를 주장했다.

지난해 9월 테러사건 이후 미국의 강경 자세는 아프간 정부의 몰락과 더불어 주춤해지기는커녕 오히려 그 강도를 더해가고 있다. 미소 냉전의 종식 이후 미국의 국제 정치적 위상은 팍스 아메리카나(Pax Americana)를 구가할 정도로 높아졌으나, 동시에 미국의 행동양식에 대한 지구촌 여러 국가들의 비판적 시각이 팽배해져가고 있다. 그것은 미국이 세계 평화의 수호를 위해 강경 자세를 견지하기보다는 미국의 정치, 경제, 군사적 이익을 우선하고 있다는 인식 때문이다. 아프간에 대한 무차별 공격으로 피 흘리는 아프간 어린이들의 모습과 작년 9월 뉴욕 쌍둥이 빌딩의 희생자들의 참상이 겹쳐 보이면서 과연 무엇이 진정한 세계평화를 위한 전략이고 반테러 공조인지 가늠하기 어렵다.

당근은 제쳐두고 채찍을 앞세운 강경책이 과연 평화를 담보할 수 있는가. 쉽게 채찍을 들기 시작하면 어느새 오만해지기 쉽고, 결국 유아독존으로 빠져들게 되지 않을까 걱정스럽다.

당근과 채찍은 국제사회에서뿐만 아니라 국가, 사회, 공동체의 구성원들 사이에서 상대방을 설득하고 강제하기 위한 현실적 전략이다. 중요한 것은 이러한 당근과 채찍을 어떻게 적절하게, 그리고 조화롭게 이용하는가의 문제이다.

당근은 당근대로, 채찍은 채찍대로 그 유용성이 있으나, 당근과 채찍의 균형을 잃으면 상대방을 설득하고 강제하기 어렵고, 결국 목적을 달성할 수 없다.

이라크, 이란 그리고 북한을 '악의 축'으로 몰아감으로써 부시정부는 채찍의 외교정책에 박차를 가하고 있다. 그러나 '악의 축'으로 몰아세우는 것으로 북한을 대화의 장으로 끌어내기는 어렵다.

더군다나 남북의 문제는 당근과 채찍이라는 현실적 전략의 균형만으로 불충분하다. 현실적 전략의 균형과 조화가 남북문제 접근의 필요조건은 될지언정 필요충분조건은 되지 못한다.

남북한은 일방의 국가와 타방의 국가 간의 관계가 아닌 '특수관계'이기 때문이다. 현실적 전략의 중요성에 대해서는 누구도 반론할 수 없다.

그러나 남북한 관계는 현실적 전략 이외에 '사랑'의 전략이 반드시 함께해야 한다. 부시 정권에게, 아니 중국이나 일본 다른 어떠한 국가에게도 이를 요구하거나 바라는 것은 국제정치의 냉엄한 현실을 모르는 순진한 발상일 것이다. 그러나 우리는 '사랑의 전략'을 버릴 수 없다. 그것이 비현실적이고 이상적인 전략일지라도 사랑이 결여된 현실적인 전략만으로는 남북한의 문제를 평화적으로 해결하기 어렵다. 물론 이러한 '사랑의 전략'이 또 하나의 전략 수단으로 등장함으로써 그 균형과 조화를 제대로 이루는 것이 더욱 힘들지 모른다.

현 시점 우리 사회의 남남 갈등도 어찌 보면 새로운 균형점을 찾기 위한 진통의 과정이다. 남남 갈등의 해소를 위해서는 현실적 전략과 사랑의 전략이 상호 조화를 이루도록 인내하고 협력해야 한다. 분단 반세기만에 성사된 남북 정상회담으로 지구상에서 유일하게 냉전의 섬으로 남아 소모적 대립과 갈등관계를 유지해오던 남북한도 냉전 해체의 첫 걸음을 내딛었다.

6·15 공동선언 이후 진행된 장관급 회담, 세 차례의 이산가족 교환방문, 경의선 철도 복원 합의, 경제협력 확대 등 일련의 남북관계 진전으로 한동안 진정한 화해협력과 평화공존의 기대가 감돌았다. 그러나 현 남북관계는 소강상태에 빠져 있으며, 대북 정책과 현안을 둘러싼 정파 간의 대립이 격화되고 있다.

남북관계의 현안과 쟁점들을 둘러싸고 내연되어 있던 남남갈등의 불씨가 되살아나는 우울한 현상이 자주 목격되고, 남북관계의 중요한 고비 고비마다 사회 주체들이 지나치게 감정적인 반응을 보여 손쉽게 파행으로 치달아 온 것은 안타까운 일이다.

북한에 대한 인식, 김대중 정부의 햇볕정책을 바라보는 시각, 부시의 발언과 미국의 대북 정책에 대한 대응자세에 있어 차별성을 보이고 있지만, 우리 사회 어느 누구도 '사랑의 전략'을 포기하거나 미루어 놓고 있지 않다고 필자는 확신한다.

햇볕정책은 북한사회의 옷을 벗겨 무장해제 시키려는 정책이 아니라 경제적으로 어려운 북한 주민들에게 따뜻한 동포애와 사랑을 듬뿍 안겨줄 수 있는 정책이어야 한다. 햇볕정책이 북한의 폐쇄성과 인권상황을 궁극적으로 개선시킬 수 있는 유일한 대안이기 때문이다. 이제 당근과 채찍보다 '사랑의 전략'이 더욱 힘을 발휘해야 할 시점이다. 균형과 조화를 위해서. 한반도의 평화를 위해서.

(평화신문 2002. 3. 3)

모두가 이기는 '마당놀이'

민주당 대통령후보 경선이 국민의 관심 속에 초반을 넘어 중반에 접어들고 있다. 이번 민주당의 대통령후보 선출과정은 과거와는 달리 일반 유권자를 참여시키는 이른바 국민참여경선제로 진행되고 있는데, 우리나라에서는 처음으로 시도되는 대통령후보 선출방식이다. 35,000명의 당원, 대의원과 함께 같은 수의 일반 유권자를 참여시켜 전국을 순회하며 실시되는 이 제도를 도입하는 데는 우여곡절도 많았고, 본래의 의도와는 달리 몇 가지 문제점도 발견되고 있는 것도 사실이지만, 첫 실험치고는 성공적으로 치러지고 있다. 무엇보다도 국민들의 관심과 참여가 높다는 점이다. '그들만의 잔치'가 아니라 관객이 함께 참여하는 마당놀이가 되고 있어 보기 좋다.

정치는 무대와 객석이 따로 따로 있는 것이 아니라 무대와 객석이 하나 되는 마당놀이가 되어야 하지 않을까. 정치인들과 일반 유권자가 무대와 객석으로 나뉘어 정치인들은 그들의 언어와 몸짓으로 그들의 의도를 표현하고, 객석의 유권자들은 그 결과에 박수와 환호, 또는 야유와 질타를 보내는 정치는 무미건조하다. 흔히들 그러한 무대는 객석보다 높아 몇 시간 연주나 연기를 보고 있노라면 목이 뻣뻣해지는 것을 느끼게 된다. 스스로 입장권을 사서 관람을 하는 경우라 할지라도 멀리 떨어진 무대의 연주에 쉽게 싫증이 난다. 그러나 마당놀이는 무대와 객석의 구별이 뚜렷하지 않을 뿐만 아니라 그 높낮이의 차이가 없다는 점이 매력적이다. 요즈음의 마당극은 객석의 위치가 높은 경우가 많다.

함께 어우러져 함께 만들어 가는 마당놀이 정치가 결국 역사를 만들어 간다. 4월 하순이 되어야 마무리가 될 경선이지만, 이미 민주당의 국민참여 경선제는 역사를 만들어 가고 있다.

지난 16일 광주에서 실시된 마당놀이 경선에서 광주 시민들은 영남 출신인 노무현 후보에게 가장 많은 지지를 보냈다. 지역을 넘어선 지지의 표출이었고 우리의 현대정치사에 큰 획을 긋는 쾌거였다. 그것은 노무현 후보의 승리에 앞서 '광주시민의 승리'였다.

한나라당에 맞서 민주당이 정권 재창출에 성공하기 위해서는 호남출신인 한화갑 후보로는 불가능하다는 현실적 판단 때문에 노무현 후보에 대한 지지가 높았을 것이라는 평가에 토를 달고 싶지 않다. 광주에서의 경선투표 결과로 민주당 대통령후보 국민경선이 지역주의를 극복하게 될지, 더군다나 대통령 선거 본선에서 지역투표 성향이 약화될지는 아직 미지수이다. 아직도 부정적 시각이 지배적인 것 같다. 그러나 비록 광주의 경선결과가 한번의 '신선한 충격'으로 끝난다 할지라도 그것은 분명 '광주시민의 승리'다. 1980년 광주민주항쟁의 정신이 2002년 민주당 경선에서 재현되었다고 하면 지나친 표현일까.

올해는 선거의 해다. 6월로 예정되어 있는 지방선거와 12월의 대통령 선거, 그리고 8월에는 비교적 규모가 커질 가능성이 높은 재·보궐선거가 치러진다. 세 번의 선거를 통해서 우리 사회는 진정 새로운 21세기로 진입할 수 있을 것인가, 아니면 여전히 20세의 그늘에 머물러 있어야 할 것인가. 선거는 기존의 정치 관행을 타파할 수 있는 기회인 동시에, 과거의 정치 해악을 더욱 고착, 심화시킬 수 있는 계기도 된다.

2002년을 지역주의 타파 원년으로 삼았으면 좋겠다. 우리 정치를 한 단계 높이기 위해서 반드시 극복해야할 것이 지역주의다.

남북의 분단도 모자라 동서가 갈리고 충청과 강원이 나뉘어서야 되겠는가. 서구에서는 산업사회의 주도적 이데올로기로 등장한 민족주의와 국민국가주의가 지역의식을 극복하는 원동력이 되었으나, 우리의 봉건적 지역의식은 사회·문화 속에 오랜 기간 존속되어 왔다. 3공화국 이후 산업화와 경제개발 과정에서 소외된 호남지역은 점차 상대적 박탈감을 느끼게 되었고 정치적 책략에 의해 고립되면서부터 상호 적대적 지역감정으로 발전되었다.

정통성을 결여한 정권이 권력을 연장시키기 위해서는 국민 대다수의 지지를 얻으려고 하기 보다는 특정집단이나 계층의 독점적 지지를 확보하고자 한다. 집단과 계층이 분화되지 못한 경우 가장 확실한 배타적이고 독점적 지지 기반을 지역연고에서 찾으려는 것이 일반적이다.

박정희 정권은 장기집권을 위해 지역감정을 이용하였고, 그 후 전두환, 노태우 정권도 호남 대 영남 또는 호남 대 비호남의 구도를 설정해 호남을 고립시키면서 그들의 정치권력을 공고히 하였다. 군부통치에서 벗어난 문민정부, 국민의 정부도 지역 배제, 지역 연합의 굴레를 벗어나지 못한 것이 사실이다. 이러한 맥락에서 3김은 지역주의의 피해자인 동시에 수혜자라 해도 과언이 아니다.

이제 3김이 정치무대 뒤로 내려서고 있다. 결국 지역주의를 타파할 사람들은 객석의 유권자들이다. 아니 마당놀이 정치에 참여한 정치인을 포함한 국민 모두의 몫이다. '광주시민의 승리'를 '우리 모두의 승리'로 승화시켜 나아가자. (평화신문 2002. 3. 31)

민주화, 이제부터다

4월의 막바지를 넘어서면서 문득 우리는 많은 빚을 지고 살고 있지 않은가 생각해 본다. 북한산의 신록을 만끽하고 하산하는 길에 42년 전 4·19의 함성을 들을 수 있었고, 지난주 신문지상에 공개된 70년 전의 처참한 처형 당시의 사진을 보면서 윤봉길 의사의 순국정신을 되새기게 되었다.

역사는 늘 새롭게 쓰여진다고 했던가. 4·19 학생의거가 학생혁명으로, 그리고 온 국민의 혁명으로 승화되고, 수유리 4·19 묘역이 국립묘역으로 승격된 것은 김영삼 문민정부가 출범한 93년의 일이니 4·19 혁명 이후 33년의 세월이 지난 후에야 역사의 제자리를 찾게 된 것이다.

흔히들 4·19를 '미완의 혁명'이라 평가한다. 혹자는 '옆으로부터의 혁명'이라고도 한다. 4·19를 주도했던 학생들이 정치세력화 할 수 없었고, 국민의 열망을 정치권이 제대로 수렴하지 못한 채 군부쿠데타에 의해 4·19 정신을 꽃 피우지 못했다는 의미에서 미완의 혁명일 수 있다. 또한 당시 민중에 의한 밑으로부터의 혁명이 아니라, 학생과 지식인층에 의한 옆으로부터의 혁명이라 평가할 수도 있다. 그러나 중요한 것은 시대정신을 표출한 애국과 순국의 용기있는 행동이었다는 점이다. 사심 없는 이타적 애국심의 분출로 독재정권을 쓰러뜨렸다는 사실 하나 만으로도 우리 역사의 큰 자랑이다.

불행하게도 박정희 정권 18년, 전두환, 노태우 정권 12년을 거치면서 4·19 정신과 4·19 혁명의 역사적 의미는 왜곡되고 평가절하 되었다. 역대 군사정권은 군부 쿠데타와 군부정권을 정당화하기 위해 4·19 혁명을 학생의거로 강등시켰고 제2공화국의 혼란과 무능을 확대 포장했다.

4·19 혁명이 우리 국민에게 남겨준 가장 중요한 덕목은 용기와

자신감이다. 아무리 강고하게 보이는 독재정권도 결국 국민의 힘에 의해 무너진다는 사실을 우리 모두에게 각인시켜주었다. 30여 년간에 걸친 군부정권동안 지속적인 재야 민주화운동이 가능했던 것도 4·19의 승리가 가져다 준 심리적 견인력이었다.

70년 전 4월 29일 윤봉길 의사가 보여준 순국의 모습에 머리 숙일 따름이다. 수년 전 일본 카나자와 시를 방문하였을 때 찾았던 윤봉길 의사의 묘역이 떠오른다. 두 세평 남짓한 묘역에 꽃 몇 송이를 헌화하면서 당시 25세 청년의 의혼(義魂)을 느낄 수 있었다. 윤봉길의사를 국사범으로 처리한 일제는 사람들이 지나다니는 도로변에 아무런 표식도 없이 유해를 매장했으나, 광복이후 재일청년들이 그 장소를 찾아냈다.

처절한 죽음 앞에서도 너무나도 의연하게 죽음을 맞았던 윤봉길 의사를 위해 독경해 주었던 근처의 여승이 그 장소를 알려주었다는 이야기도 있다. 망국의 설움을 극복하고자 농촌 부흥운동에 나선 윤봉길은 월진회라는 조직을 만들어 자력갱생, 자조협력, 국권회복 운동을 펼쳐나갔다. 일제의 탄압에 맞서 한글을 가르치고 독립의 미래를 준비했던 20세 청년의 모습은 참으로 아름답다.

역사의 발전은 이타심의 발로에 의한 것이 아닌가. 현재 우리 사회의 면면을 살펴보면 과연 얼마나 많은 개인과 집단들이 자신보다는 타인, 우리 집단보다는 타 집단을 먼저 생각하고 배려하고 있는지 모르겠다. 나 혼자 잘 살려는, 우리 지역이나 계층이 우선되는 사회가 아니라 함께 공존하고 번영하는 사회, 그리고 그것을 위해서 자신의 이익을 조금씩 양보하는 공동체를 만들어 나가야 한다.

4·19 혁명에 꽃다운 생명을 바친 분들이나 25세의 나이로 상해 홍구 공원에서 도시락 폭탄을 투척했던 윤봉길 의사는 결코 그들 자신을 위해 행동한 것이 아니다. 4·19 정신과 윤봉길 의사의 순국정신은 30여 년 전, 70년 전의 역사 속에 묻혀버릴 수 없다. 물론 과거의 상황과 현재의 사회는 판이하다. 이익이 분화되고, 사회가 복잡해지면서 '민주'를 외치고 '독립'을 부르짖을 때는 아닐지 모른다. 그러나 '민주'와 '독립'의 정신은 오늘도 유용하다. 그 밑바탕이 되는 이타심의 영역은 더욱 넓혀져야 한다.

문민정부와 국민의 정부가 들어선 지가 이미 10년이 되었지만, 우리 사회의 곳곳에서 비민주적 관행이 계속되고 있다.

김 대통령 일가를 둘러싼 비리는 정치권 비리의 빙산의 일각일 것이다. 민주화의 진정한 발걸음은 이제부터라고 해도 과언이 아니다. 우리 주변의 비리와 불법을 청산하고 사회적, 경제적 갈등을 타협과 양보로 풀어나가는 것이 '민주'의 기본이기 때문이다.

'독립'의 문제도 그리 간단하지 않다. 진정한 독립은 통일의 완성이기 때문이다. 남북의 문제도 이제 첫걸음을 내디딘 것과 같다. 화해와 타협 그리고 이타심의 외연(外延)이 남과 북의 울타리로 확장되어야 한다.

4월이 가기 전 수유리 4·19 묘역과 효창공원 의열사 묘역을 찾아봄이 어떨까. 민주를 되살린 4·19정신과 한글 스물여덟 자를 소

중하게 여겼던 윤봉길 의사의 나라사랑과 독립정신을 이어 받기 위해서. (평화신문 2002. 4. 28)

선거와 스포츠 정신

전 지구인의 축제인 2002 월드컵 경기가 열흘 앞으로 다가왔다. 지구촌의 축제라면 우선 올림픽을 생각할 수 있지만, 단일 경기로서 축구는 이미 전 지구인의 스포츠로 자리 잡고 있어 관심의 측면에서 보면 월드컵 경기가 오히려 올림픽 보다 앞서고 있는 느낌이다. 이번 2002 월드컵 경기는 사상 처음으로 한국과 일본 양국에서 열리게 되어 있어 게임 일정이 복잡하기도 하지만, 양국의 선의의 경쟁을 이끌어 낼 수 있다는 점에서 긍정적이다.

두 나라는 16강 진출이라는 절대 절명의 목표를 내세우고 경기력을 향상시키는데 최선을 다하고 있다. 일본은 조 편성이 유리한 상황이라 무난히 16강에 진출할 것으로 점치는 전문가가 많고, 우리나라 대표팀도 최근 들어 안정된 경기를 펼치고 있어 히딩크 호가 16강을 거쳐 8강 진입으로 순항할 것을 기대하는 국민들의 마음이 뜨겁다.

월드컵에서 좋은 성적을 기록하여 축구 강국으로 발돋움하는 것도 물론 중요하지만, 주최국으로서 2002년 월드컵 경기를 성공적으로 치러내 우리나라의 이미지를 새롭게 하는 것이 무엇보다 중요하다. 게임을 직접 관람하러 수많은 관광객이 우리나라를 찾게 될 것이고, 수 십 억의 시선이 적어도 한 달 이상 우리나라에 머물게 된다. 오랜 기간 동안 우리나라는 한국전쟁과 분단의 땅으로 인식되어 왔으나, 지구인들은 지난 1988년 서울 올림픽을 계기로 우리나라를 새롭게 인식하기 시작했다. 근대화와 경제성장으로 활기찬 우리 사회의 모습은 한국전쟁의 어두운 이미지를 지구인의 마음에서 지울 수 있었다.

이제 2002 월드컵 게임을 성공적으로 치러내 IMF 구제 금융을 극복한 우리의 의연한 모습을 보여주고 싶다. 그러나 중요한 것은 밖으로 비추어진 모습이나 이미지보다 우리의 현실이다. 밖에서 우리 사회를 어떻게 보든 우리 국민들 스스로가 만족할 수 있는 사회를 만들어 나가야 한다.

온 지구인이 축구를 사랑하고 축구 경기장의 뜨거운 열기가 지속될 수 있는 것은 역설적이지만 그 열기와 흥분을 통제할 수 있는 엄격한 규칙이 존재하기 때문이다. 그리고 그 경기규칙을 준수하는 것이 축구를 온존케 하는 버팀목이다.

격렬한 운동일수록 그 규칙은 더욱 엄격하다. 강한 태클로 상대 선수가 부상당할 수 있기 때문에 태클에 대한 규칙은 더욱 엄격하게 적용하고 있다.

축구 경기의 규칙을 지켜야 하는 사람은 축구 선수들뿐만 아니다. 벤치에서 선수들의 움직임을 지켜보고 작전을 지시하는 감독과 코치도 규칙을 지켜야 한다. 감독이 주심이나 부심에 항의할 때도 규칙을 따라야 하고 선수들에게 작전을 지시할 때도 벤치로부터 너무 벗어나거나 경기장 안으로 들어갈 수 없다. 감독이 주심의 결정에 의해 경기장 밖으로 퇴장 당하는 모습도 종종 볼 수 있다. 축구경기가 제대로 진행되기 위해서는 관중의 존재가 필수적이다.

동시에 관중도 게임의 참여자이기 때문에 규칙을 따라야 하는 데에 예외가 있을 수 없다. 선수들의 일거수일투족(一擧手一投足)을 주시하고 힘찬 응원과 격려를 아끼지 않아야 할 관중이 술에 취해 집기를 필드 안으로 던지는 모습이나 자신이 응원하는 팀이 패배했다고 흥분해 상대방 선수에게 폭행을 가하는 모습을 계속 보인다면 축구경기에 대한 관심은 점점 사라지게 된다. 요즈음 해외에서는 훌리건이라 불리는 축구팬들의 과도한 응원과 도박으로 골치를 썩이고 있다.

올해는 선거의 해이다. 월드컵 기간 중 있을 지방선거와 12월의 대통령 선거, 그리고 8월에는 비교적 규모가 커질 가능성이 높은 재·보궐선거가 예정되어 있다. 세 번의 선거를 통해서 우리 사회는 진정 새로운 21세기로 진입할 수 있을 것인가, 아니면 여전히 20세기의 그늘에 머물러 있게 될 것인가. 선거가 정치 불안으로 이어지고, 경제회복의 발목을 잡지 않을까 하는 우려의 목소리가 높다. 선거는 기존의 정치 관행을 타파할 수 있는 기회인 동시에, 과거의 정치 해악을 더욱 고착, 심화시킬 수 있는 계기도 된다.

올해의 선거는 월드컵을 공동 주최하는 그 스포츠 정신으로 치러내야 한다. 국민의 큰 관심과 불 튀는 논쟁과 열기 속에 펼쳐지는 선거가 되어야겠으나 규칙과 룰을 지키는 선거로 이끌어야 한다. 규칙을 벗어난 경기자에게는 강한 경고와 엄중한 제재를 가해야 한다.

이것은 비단 선거에 뛰어든 후보자들뿐만 아니라 정당, 관료집단, 시민사회단체는 물론 기업인, 학생, 일반시민 그 누구도 회피할 수 없다.

2002 월드컵과 세 차례의 선거를 성공적으로 치러내는 것은 온전히 모든 국민 개개인의 몫이다. 큰 관심과 적극적인 참여, 지속적인 감시와 자발적인 규칙 준수로 활기차고 질서 있는 월드컵으로 기록되도록 최선을 다해야 한다.

동일한 덕목으로 지방선거, 재·보궐선거, 대통령 선거의 세 차례 선거가 공정하게 진행되어 모든 국민이 승복하는 축제의 선거가 되도록 온 힘을 기울여야 한다. 21세기 국가 발전의 첫걸음을 힘차게 내딛자.

(평화신문 2002. 5. 19)

울타리를 넘어 인권을 생각하자

이라크 포로 학대사건은 전 세계인들에게 큰 충격을 주고 있다. 언론에 비추어진 장면은 더 이상 생각하고 싶지 않을 정도로 추악하다. 인권에 있어서는 그 어느 나라보다도 가장 앞서 있다고 믿었던 미국이었기에 미군 병사들에 의한 인권침해 행동은 더 큰 실망감과 배신감을 안겨주었다. 그러한 포로학대가 군인 개개인의 잘못된 인식과 행동에서 기인한 것이 아니라 전쟁이라는 상황에서 군이라는 특수조직이 만들어 낸 구조적 만행이라는 점에서 더욱 그 파장과 충격은 클 수밖에 없다. 사담 후세인의 압정으로부터 이라크인들을 해방시키기 위한 전쟁이라는 주장은 지금도 유효한 것인가 묻고 싶다. 전쟁은 인간을 진정 사악하게 만드는 것임에 틀림없다.

얼마 전 여행 중 네팔에서 마주친 어린아이들의 모습에서 가난과 경제적 결핍을 목도할 수 있었다. 문맹과 영양 결핍으로 인간의 기본적 권리를 누릴 수도, 생각할 수도 없는 네팔 산골 어린아이들의 선한 눈빛이 지금도 생생하다. 황실과 군부, 정당과 내각, 마오이스트들의 주도권 다툼 속에서 네팔 국민들은 언제쯤 절대적 빈곤으로부터 벗어날 수 있을지 암담하다.

문제는 인간이 인간답지 못하게 살고 있는 곳이 비단 멀리 전쟁터나 빈곤국뿐만이 아니라는데 있다. 비록 그 차이는 있을지 몰라도 선진국이나 후진국이나 인권이 유린되고 있는 곳은 지구상 도처에 존재한다는 사실이다. 이제 인권의 문제는 특정 이슈나 지역에 국한되는 것이 아니라 범세계적인 이슈로 확산되고 있다. 정보통신기술의 발달로 지구촌 곳곳의 인권상황이 낱낱이 밝혀지고 있으며, 국제 네트워크를 통한 연대활동도 힘을 얻고 있다.

중요한 것은 우리 모두의 끊임없는 관심이다. 빈곤과 전쟁, 질병과 소외, 반목과 질투, 부패와 부조리 속에서 인간에 대한 사랑과 타인과의 공존, 그리고 공동의 목적을 위한 유대의 정신이 더욱 절실한 상황이다. 관심 확산을 위한 주체를 따로 선정할 필요는 없다. 정부와 공공기관이 독점할 수 있는 영역은 아니기에 종교단체나 NGO와 사회단체, 그리고 학교 교육을 통해 인권에 대한 관심을 높여야 한다. 인간에게 주어진 기본적 권리는 무엇이고 어떻게 보장될 수 있는가? 인권보장을 위해 사회적 유대와 국제적 연대는 어떻게 발전되어 왔는가? 우리가 관심을 기울여야 할 인권의 이슈는 어떠한 것이 있는가? 등을 한가지씩 짚어보는 것이 중요하다. 사실 인권과 직간접적으로 관련되어 있지 않은 부문은 없다. 정치, 경제, 사회, 문화, 복지의 모든 것이 인간의 삶을 풍요롭게 하기 위한 수단이라 해도 과언이 아니다. 그것이 국제관계의 차원이든, 국내 정책적 차원이든 인간의 기본적 권리를 보장하고 신장하기 위한 것이라고 볼 수 있다. 중요한 점은 그 '인간'의 범주를 정하는 방식에 대한 인식의 차이가 인권의 문제를 종종 미궁 속으로 몰아넣는 원인이 아닐까.

비근한 예로 전쟁과 테러의 문제만 해도 그렇다. 그들만의 경제적 풍요와, 그들만의 정치적 독립, 그들만의 소중한 인권을 주장하고 타인의, 타민족의, 타인종의, 타국민의 인권은 경시하는 한 전쟁과 테러는 계속될 수밖에 없다. 끝없는 갈등과 분쟁 속에서 힘없는 어린이와 여인들은 인권 사각지대의 희생양이 되고 마는 것이다.

진정한 인권의 보장을 위해서는 공동체의 외연을 지속적으로 넓혀나가야 한다. 아니 공동체의 울타리를 부수어야 인권의 보편성을 논할 수 있을지 모르겠다. 인권을 주장하는 한 인류의 공동체는 하나일 수밖에 없으며, 지구촌이라는 어휘는 바로 전 지구민의 인권 보장과 맞물려야한다. 모든 정치, 경제적 차별을 넘어서는 인류사회를 건설하는 것은 어려운 일이지만, 인간이 갖는 숭고한 권리를 공유하기 위한 노력은 지체될 수도 없고 중단되어서도 안 된다. 바쁜 일상으로 이제껏 지구촌 인권에 관심을 둘 수 없었다면, 우선 최근 발간된 김혜자씨의 『꽃으로도 때리지 말라』를 읽는데서 시작하는 것도 좋으리라. (국제인권보 2004. 5. 15)

남북한의 진정한 평화

"언제나 평화를 가르치십시오."

올해 첫날 교회와 전 세계 지도자들을 향해 교황 요한 바오로 2세께서 선포하신 평화의 메시지입니다. 전쟁과 테러, 보복과 증오의 악순환 속에 온 인류가 불안으로 몸을 움츠리고 있는 상황에서 던져진 평화의 메시지입니다. 동시에 전쟁과 폭력이 기승을 떨칠수록 평화를 가르칠 수 있는 용기를 가져야 한다는 격려의 메시지이며, 이는 '평화는 가능하다'는 교회의 강한 신념을 바탕으로 하고 있습니다.

9·11 테러 이후 미국은 반테러를 앞세워 일방주의적 외교정책을 추진하고 있으나, 평화와 정의에 이르는 길은 더욱 멀어져가고

있을 뿐입니다. "참된 평화를 이룩하려면 정의가 사랑 안에서 완성되어야 한다"는 메시지의 정신을 받아들이지 못하고 있기 때문입니다.

남북 분단의 현실에 눈을 돌릴 때, 우리는 참된 평화를 위해 무엇을 해왔는가 반성하게 됩니다. 사랑 밖에서 정의를 논하고, 그 정의가 평화를 가져올 것으로 잘못 기대하지는 않았는지 깊이 성찰해야 하겠습니다.

이러한 맥락에서 지난 달, 주교회의 정의평화위원회가 개최한 '정의평화세미나'는 사랑의 울타리 안에서 남북한의 평화와 공존을 논의한 의미 있는 자리였습니다. '남북 화해와 교류 협력에 대한 평가와 전망'을 주제로, 2000년 6월 남북 정상회담 이후 4년간의 교류 협력과 화해 노력을 평가하고 앞으로의 남북관계를 전망했습니다.

남북 정상회담 이후, 남북 간의 인적·물적 교류는 크게 확대되었습니다. 철도, 도로의 연결과 개성공단 건설, 그리고 금강산 관광 등 경제협력 사업이 성과를 거두고 있으며, 인도적 대북지원도 증가하고 있습니다. 이산가족 상봉도 점차 정례화 되고 있어 다행한 일입니다. 그러나 이러한 교류와 협력에도 불구하고 한반도의 평화 정착에는 큰 진전이 없는 것도 사실입니다. 남북한 간의 신뢰 구축을 통한 군사적 긴장완화의 길은 멀기만 한데, 북한의 핵문제는 여전히 해결의 실마리가 보이지 않습니다. 결국 교류 협력의 양적 확대가 남북한의 질적 변호, 특히 북한의 실제적 변화를 이끌어 냈는가에 대해서는 이견이 있을 수 있습니다. 경제적 어려움을 극복하려는 북한의 몸부림은 인정할 수 있으나, 북한 주민의 경제생활이 실제로 나아지고 있는지, 인권문제의 가시적 개선은 진정 가능한 것인지 답답할 뿐입니다.

그러나 이러한 현실과 이상의 불균형과 남북관계의 불확실성에도 불구하고 교류 협력의 확대를 위한 노력은 지속되어야 합니다. 북한의 개혁과 개방을 유도할 수 있는 최선의 방법이기 때문입니다. 특히 민간 차원의 교류 확대와 종교단체의 인도적 대북지원은 매우 중요합니다. 북한에 사랑을 전할 수 있기 때문입니다.

이점에서 국제 까리따스(Caritas Internationalis)의 대북 지원활동은 의미하는 바가 큽니다. 국제 까리따스는 대북 지원의 투명성을 확보하지 못한 상황에서도 굶주리는 이들을 외면할 수 없다는 그리스도교의 원칙을 내세워 지원을 계속했습니다. 이번 정의평화세미나를 통해 남북한 간의 진정한 평화 역시 사랑 안에서 이루어져야 함을 공감했습니다.

"평화를 가르치고, 사랑을 베풀고, 화해와 용서로 한반도에 참된 평화가 깃들기를 기도합시다." (서울주보 2004. 7. 25)

'다름'과 '틀림'의 차이

지난달 한글날을 맞아 어느 언론매체에서인가 우

리말과 글의 아름다움과 과학성을 심층적으로 다룬 기사를 읽었다. 동시에 그 아름답고 과학적인 말과 글이 얼마나 황폐해지고 있는지를 비판하고 한탄하는 한글학자의 따가운 지적의 글도 있었다. 사실 요즈음 인터넷 통신에 사용되고 있는 글을 보고 있노라면 이것이 외래어인지, 한글인지 도무지 구별할 수 없는 경우가 허다하다. 국적 없는 한글 사용이 우리국민의 정신마저 혼미하게 만들 것 같아 걱정스럽다.

우리들이 한글을 잘못 사용하고 있는 많은 사례들 중 필자의 눈길을 끌었던 것은 '다르다' 와 '틀리다'의 사용법이었다. 우리들은 무심코 '틀린 것'과 '다른 것'을 구별하지 않고 사용하는 경우가 많다. 초등학교 학생들에게 사물의 특성을 가르치면서 "사과, 배, 수박, 연필 중 그 성격이 틀린 것은?"이라고 묻는다면 그 질문 자체가 틀린 것이다. 연필이 그 속성상 사과, 배, 수박과 '다를' 뿐 '틀린' 것은 아무 것도 없다. 아마도 오랜 권위주의 통치하에서 군사문화와 흑백논리에 길들여져 왔던 우리들은 서로 '다름'을 인정하기 전에 상대방의 '그름'을 지적하는데 익숙해졌기 때문인지 모르겠다. 이제 우리 사회가 다원화되면서 여러 다양한 가치가 인정되고 상대방의 견해를 받아들이고 있음은 진정 바람직한 현상이다. 그만큼 우리 사회가 성숙해지고 민주화되고 있다는 반증이다.

그런데 그 반대의 경우도 자주 발견할 수 있다. 분명히 옳지 않은 주장도 또 다른 타당한 의견인양 왜곡되어 나타나는 것이다. 사실을 애써 외면하고 자신만의 인식에 근거한 주장만을 줄곧 피력하는 경우다. 북한의 인권문제를 바라보는 시각과 사실에 접근하는 자세에서 곧잘 이러한 잘못을 발견할 수 있다. 인권이란 모름지기 인간이 이 세상에 태어나면서부터 지니게 된 기본적 자연권이라면 그 문제를 정치체제나 환경적 요인을 이유로 유보하려는 것은 잘못된 것이다.

북한의 주민은 같은 한민족으로 분명 우리에게 특수성을 갖는다. 그러나 북한주민의 인권을 논의하는데 있어 보다 중요한 것은 보편적 가치로서의 인권이다. 인간으로서 기본적으로 누려야 할 권리들을 얼마나 누리고 있는지, 얼마나 누리지 못하고 있는지의 문제는 뒤로 하고, 북한의 인권 문제를 정치적인 협상의 대상이나 지렛대로 생각해 온 것은 아닌지, 혹은 동족의 인권문제마저 정치적 득실의 관점에서 사고하고 평가하지는 않았는지 반성해야 한다. 이 대목에서 시각이나 견해보다 사실의 중요성을 다시금 깨우쳐야 한다. 시각과 의견의 다름을 관용하는 자세와 더불어 더욱 절실한 것은 사실을 받아들이고 거짓을 거부하는 태도이다.

최근 미국 의회가 통과시킨 북한인권법에 대해 국내에서 찬반 논의가 풍성하다. 북한인권법이 북한 주민의 인권 향상에 기여할 것이라는 견해와 북한을 압박하여 남북관계를 더욱 어렵게 할 것이고, 결국 북한의 인권 상황을 호전시킬 수 없을 것이라는 견해가 공존하고 있다. 그러나 이러한 논의에 앞서 북한 주민들의 인권 상황과 탈북자들의 실상을 어느 정도 정확히 파악하고 있는지 점검하는 것이 중요하다. 실상을 모르고 문제에 접근하고 있다면 그 논의는 허구일 뿐이다. 우리는 언제부터인가 북한은 항상 베일 속에 가려져 있는 체제이며 따라서 실제 상황을 파악하는 것이 어렵다는 선입견에 사로잡혀 있다. 이제는 이러한 선입견에서 벗어나야 한다. 문제를 해결하겠다는 마당에 적극적인 사실 확인은 기본이기 때문이다. 만약 북한 주민과 탈북자의 인권상황을 알고 있지만 북한을 자극하는 것이 전략적으로 좋지 않다고 판단해 침묵하고 있다면 그 또한 결정적 오류다. 인권은 인류 보편의 문제로 다루어야 하기 때문이다. 북한체제가 우리의 정치체제와 다르다는 사실은 인정한다 하더라도 북한의 인권 실태가 인류보편의 기준에 비추어 적절치 못하다면, 이를 지적하고 시정을 요구해야 옳은 일이다. 물론 이러한 요구가 어느 정도 효과가 있을 것인가, 전반적인 남북관계의 진전과 어떻게 조화롭게 조응할 것인가의 고려도 중요하지만, 인권에 대한 기본 입장의 고수가 전제되어야 한다. 우리 정부와 정치권은 북한 인권상황에 대한 정확한 정보수집에 힘쓰고, 이를 바탕으로 북한주민과 탈북자들의 인권에 대한 확고한 입장을 밝힐 수 있어야 한다.

인권은 정권과 체제를 넘어서 항시 최우선의 가치로 삼아야함을 우리 근현대사를 통해 뼈저리게 통감하지 않았던가. '다름'을 수용하는 만큼 '틀림'을 지적하는 데도 용기가 필요한 시절이 언제쯤 마감될지 안타까운 심정이다. (국제인권보 2004. 11. 15)

시민사회의 존재이유

정해(丁亥)년 새해가 밝았다. 가정에서 일터에서 신년 인사를 나누며, 황금 돼지해를 맞아 올해에는 큰 부자가 되라는 덕담도 주고받았다. 1년을 단위로 새로운 의미를 부여할 수 있다는 것은 다행스러운 일이다. 지난해의 부진함과 잘못을 반성하고 올해에는 새로운 각오로 좀 더 향상된 삶을 위해 노력할 수 있기 때문이다. 개인적 차원에서뿐만 아니라, 집단적으로 사회적으로, 더 나아가 국가, 민족, 지구적 차원에서 올 한해 무엇을 바꾸고 어느 것을 발전시킬 것인가를 고민하기 위해서 시간의 흐름에 매듭이 필요하다.

우리 사회, 우리나라의 새해 제일의 화두는 연말에 있을 17대 대통령 선거인 듯하다. 새해 첫날부터 모든 일간지가 유력 대통령 후보군의 동정과 여론 지지도를 많은 지면을 할애해 싣고 있었음이 이를 증명한다. 워낙 역동적이며 불가측성이 높은 우리나라의 정치이기에 그만큼 흥미를 이끌 수 있다지만, 너무 일찍 언론매체들이 들떠있는 것은 아닌지 걱정스럽다. 사실 더욱 걱정스러운 현상은 정치권의 움직임에 함께 휩쓸리고 있는 일부 시민사회단체와 명망가들의 모습이다. 대부분의 시민사회단체들이 나름대로의 영역에서 정치사회와 국가권력을 감시하고 통제하는 역할을 수행하고 있는데 반해, 몇몇 명망가적 인사들은 선거철이 되면 예외없이 새로운 시민사회단체나 운동단체를 앞세워 역할을 자임하고 나선다.

지난 20년간 우리나라의 시민사회는 엄청난 성장과 발전 그리고 분화의 길을 걸어왔다. 그 과정에서 온 몸을 던져 헌신한 활동가들의 노력은 역사가 알고 있다. 중요한 것은 시민사회의 발전과 길을 함께 걸어온 인사들이 앞으로 어떤 방향을 모색해야 하는가의 문제다. 시민사회를 더욱 발전시키기 위해서 해야 할 새로운 일을 찾든지, 이제 시민사회의 영역을 떠나 보다 구체적인 정치적, 정책적 대안을 갖고 정치세력을 구축하고 정당을 만들어 정치사회로 진입하든지, 그동안 축적한 개인적 전문성을 바탕으로 국가영역에서 활동할 것인가를 결정해야 한다. 그들이 대의를 위한 헌신과 진실성을 지니고 있는 한 어느 길로 향하든 시민들은 그들을 지지할 것이다. 그러나 시민사회단체의 이름을 빌어, 이리저리 활동영역의 한계를 넘나들면서 정치권의 향배에 영향력을 행사하려 한다면 결국 실패할 수밖에 없다. 그것은 명망가 개인의 실패에서 끝나는 것이 아니라, 시민사회운동에도 오명을 남기는 것이다.

진심으로 필자가 시민사회단체의 명망가들에게 바라는 것은 아직도 기반이 허약한 우리나라 시민사회를 위해 힘을 쏟아달라는 것이다. 그것이 큰 희생이 된다면 적어도 뒤를 이은 시민사회단체 활동가들에게 그동안 축적한 경험과 노하우를 전수하고, 앞으로 시민사회의 발전을 위해서 해야 할 일과 하지 말아야 할 일, 가장 시급히 해결해야 할 사안과 그 방법 등을 알려주는 것이다. 또한 시민사회의 주역인 시민들이 진정한 주역으로 제 몫을 다할 수 있도록 시민사회가 정치 분야뿐 아니라 경제, 사회, 문화 제 분야에서 중추적 위상을 차지할 수 있도록 제2, 제3의 시민사회운동을 시작해야 하지 않을까.

앨빈 토플러는 그의 최근 저서 『부의 미래(Revolutionary Wealth)』에서 기존 정당과 정치 운영방식은 급속히 쇠퇴할 수밖에 없음을 예견하고 있다. 제도화된 정치를 벗어나 자유롭게 자신과 더 나아가 자신이 속한 사회와 국가 공동체의 운명을 결정할 미래를 생각한다면 시민 각자의 역할, 책임과 의무에 대한 깊은 성찰이 필요하다. 제도와 문화, 구조와 형태의 이분법적 사고를 떠나 사회구성원 개개인의 사고능력과 행동의 수준을 높이는 일은 무엇보다 중요하다. 오늘의 독일 시민사회가 있기까지 정치지도자, 정당, 시민사회단체가 민주시민 층을 확보하기 위해 쏟은 노력은 이미 잘 알려져 있다. 필자는 독일 통일 후 방문했던 드레스덴시의 한 시민단체에서 보았던 교육 프로그램에서 많은 것을 느낄 수 있었다. 통일 이후 정당의 통합과 재정력이 소용돌이 속에 진행 중이었던 상황에서도 시민단체들은 묵묵히 동독 시민들이 새로운 정치 환경에 적응할 수 있도록 교육 프로그램을 운영하고 있었다. 그 첫 번째 타깃을 초등학교 교사들로 삼았던 것은 아마도 초등학교 선생님들의 학생들에 대한 영향력을 감안했기 때문이라고 생각한다. 어수선한 상황일수록 기본을 찾아 제 할 일을 찾아 하는 독일의 시민사회단체의 모습이 부러웠다.

12월 대통령 선거를 앞두고 정치권의 전략은 불 보듯 뻔하다.

지역주의를 교묘히 이용하고, 보수와 진보, 우파와 좌파의 이념적 갈등을 부추겨 유권자들을 둘로 나누어 적과 동지로 삼으려 할 것이다. 이럴 때일수록 시민사회단체와 활동가들은 자신들은 물론 일반 시민들이 정치권의 전략에 휩쓸리지 않도록 힘써야 한다. 국민이 중심을 잡아 주인이 되는 진정한 민주주의 정치의 길은 험난하지만 그만큼 가치는 참으로 크다. 올 한해 우리 각자가 얼마만큼 성숙한 시민으로 노력했는가에 따라 연말에 선출되는 대통령의 수준과 우리나라 민주정치의 수준이 결정되는 것이다.

(국제인권보 2007. 1. 15)

인권보호의 주체는 누구인가

인권보호의 주체는 누구인가. 개개인이 자신의 권리, 그 중에서도 인간으로서 기본적으로 누려야 할 권리를 누리려는 노력이 필요하겠지만, 그러한 노력의 필요성을 깨우쳐주는 것은 공동체의 책임이며 동시에 의무다. 근대 국가체제에서 공동체의 최후의 보루는 역시 국가다. 가족, 학교, 직장, 지역공동체 또한 인권의 보호와 신장을 위해 힘을 축적하고 그 힘을 행사하는 마당이며, 국가공동체를 넘어선 국제사회도 만인의 인권 신장을 위해 끊임없이 노력하고 있지만, 결국 200여 국가가 인권보호의 가장 효율적이며 강력한 주체다.

사이클론으로 극심한 피해를 받은 미얀마의 상황을 보면 자격 없는 내각, 파렴치한 국가지도자들에 의해 집단적으로 기본권을 박탈당하고 있는 현실을 오늘도 목도할 수 있다. 정권보호를 위해 인권보호는 뒷전으로 밀려, 구호물자는 받겠지만 구호인력은 입국시킬 수 없다니 이런 황당한 일이 있는가. 군정을 계속하기 위해서는 외국으로부터의 영향력을 차단해야겠다는 얕은 생각에서 구호인력을 거부하는 그들이 진정 국가지도자의 자격을 지니고 있는지를 묻고 싶다. 더욱 해괴한 일은 구호물자를 제공한 해외 단체의 로고를 지우고 미얀마 군정 지도자의 이름을 구호품에 써넣어 분배하고 있다는 사실이다. 이쯤 되면 그 국가는 이미 국가가 아니다.

정도의 차이는 있지만, 아직도 지구촌에는 국민의 기본적 인권보호는 물론 의식주의 생존권을 충족시켜주지 못하면서도 정치권력을 절대로 놓지 않으려고 발버둥치는 국가가 존재한다. 불행하게도 북한이 그 중에 하나다. 미얀마의 수많은 사망자와 수재민의 사진과 북녘 동포들의 얼굴이 겹쳐 떠올라 마음이 편치 않다. 90년대와 같은 극심한 식량난을 넘겼다고 하지만 농업체계의 붕괴로 아직도 안정적 식량공급은 요원하다니 걱정이다. 핵무기를 지렛대로 경제협력과 외교관계를 이끌어내려는 전략이 일시적으로 성공할 수 있겠지만, 북한 주민을 볼모로 정권을 유지하려는 책략은 결코 성공할 수 없다. 이미 실패한 것이 아닌가. 북한의 현실이 이를 말해주고 있다.

미얀마와 북한이 나가야 할 길은 하나뿐이다. 선택의 여지가 없다. 국민의 기본적 인권과 생존권을 보호하기 위해서는 개혁과 개방의 길로 들어서야 한다. 물론 그 길이 기존 정권을 파국으로 이끌 수 있다는 우려를 하겠지만, 하기에 따라 사회경제체제와 정치체제를 순조롭게 전환할 수 있다. 중국의 개혁개방 전략과 동유럽 여러 국가들이 지난 십수 년간 걸어온 민주화의 길을 살펴보길 원한다. 국가의 존립을 위해서, 국민의 생존을 위해서 문을 열고 지구촌의 일원이 되어야 한다는 사실을 깨닫게 될 것이다. 태극기가 평양 축구장에 휘날리는 것이 언짢고, 외국인 구호인력이 미얀마 수재민을 돌보는 것을 두려워해서는 아무 일도 할 수 없다.

국제사회는 어떻게 이들 폐쇄국가들이 문을 열도록 할 수 있을까. 그 결과 그 국가들의 구성원들이 인류 보편의 권리를 지구촌 식구들과 함께 누릴 수 있게 할 수 있을까. 우선 가장 시급한 것은 폐쇄국가를 포함한 지구촌 여러 곳에서 벌어지고 있는 반인권적 상황에 대한 끊임없는 관심이다. 국제 공조를 통해 인권관련 단체들의 끈끈한 네트워크를 이용해 인권 탄압과 인간성 파괴의 사례를 밝혀내 국제여론을 형성해야 한다. 아직도 많은 세계 언론들의 관심은 소위 중심 국가들이다. 최근 미국 중서부의 토네이도와 미얀마의 사이클론 재해에 대한 세계 언론매체의 보도 양을 비교해 보면 그 차이를 쉽게 알 수 있다. 새로운 국제 언론질서(New International Information Order)의 필요성이 새삼 새로워지는 대목이다.

인권 탄압에 대한 국제여론을 불러일으키기 위해서는 대상 국가에 대한 객관적이고 균형적인 관찰이 선행되어야 하며, 내재적 구조에 대한 면밀한 검토가 필요하다. 국제여론의 압력이 대상 국가를 고립시키거나 더욱 문을 걸어 잠그게 해서는 안 되기 때문이다. 이러한 맥락에서 햇볕정책이 유용하지 않을까. 북한에 대한 햇볕정책의 시행착오를 경험한 우리가 효율적인 방법을 제시할 수 있을 것이다. 우선 스스로 문을 열고 인류 보편의 가치 창달을 위해 동참할 수 있는 동기를 부여하는 것이 중요하다. 폐쇄국가에 대해 국제사회는 적대적이 아니라 언제나 팔을 벌려 환영하고 도울 준비를 하고 있다는 메시지를 보내야 한다. 문을 열지 않고 살아남은 국가와 정부가 없었다는 엄연한 사실도 동시에 알려주어야 한다.

올해는 세계인권선언문이 채택된 지 60주년이 되는 해이다. 전문과 30조로 구성된 비교적 간결한 인권선언을 읽어 보면 지구촌의 모든 구성원들이 지켜나가야 할 기본 원칙을 알 수 있다. 인간이 인간답게 사는 기본 원리, 국가의 기능과 국제사회의 책무가 일목요연하다. 미얀마와 북한 등 폐쇄적인 사회는 물론이거니와 민주적 가치를 향유하고 있는 정치사회 역시 세계인권선언의 기본 틀을 다시금 되새기는 기회를 갖자. (국제인권보 2008. 5. 15)

3부 공존의 미학

일방주의는
독선과 아집을 동반하게 되며,
타도해야 할 대상을
단순화시키는
전략을 종종 택한다.
힘이 있을 때
이러한 유혹은 더욱
강해지기 마련이다.

명분 없는 정치싸움 바라보며

김형. 오랜만에 소식 전합니다. 한 장 남은 달력을 보니 불현듯 김형 생각이 나더군요. 김형 가족이 IMF 외환위기 이후 훌훌 털어 버리고 이민을 떠난 지도 벌써 5년이 다 되어가는군요. 떠나기 전 12월 이때쯤 소주잔을 기울이며 자신의 불확실한 앞날보다도 우리 사회의 미래를 걱정하던 김형의 모습이 눈에 선합니다만 올해도 그리 밝은 소식을 전할 수 없군요.

연말의 흥청거림을 기대하는 것은 아니지만, 그래도 무언가 한 해의 결과를 거두어들이고 있다는 막연한 흥분마저 주변에서 찾기 어려운 형편이랍니다. 경제가 바닥을 쳤으니 이제부터는 좀 나아질 것인지, 그동안의 경제적 파행이 불거져 나오고 있는 과도기가 좀 길어지고 있을 뿐인지 가늠하기 어렵지만 서민들의 마음에 찬바람이 언제나 가실지 점치기 어려운 형편이지요. 사회갈등은 여러 부문으로 증폭되어 가는 가운데 갈등양상 또한 갈수록 첨예하게 나타나고 있으니 걱정스럽기 짝이 없습니다. 강하게 밀어붙여야 얻어낼 수 있다는 생각들이 팽배해지면서 대화보다는 투쟁이 일상화되고 있는 것 같아요.

김형. 더욱 안타까운 것은 사회갈등과 경제적 대립을 조정하고 해결해야 할 정치권마저 치유불가의 갈등으로 치닫고 있다는 사실입니다. 갑자기 노무현 대통령이 도덕성 검증 운운하며 재신임을 묻겠다는 발표로 정국이 어수선하더니, 곧 불법 대선자금을 둘러싼 여야의 힘겨루기로 전환되었지요. 그 후 대통령 측근비리 특검법의 국회통과, 노 대통령의 거부권 행사, 뒤이어 한나라당 최병렬 대표의 단식투쟁으로 치닫고 있는 정치권의 치킨게임을 바라보는 국민들은 허탈감에 빠져 있답니다.

김형. 노무현 대통령이 참여정부를 내세우고 스스로 3김의 권위주의적 행태에서 벗어나려는 모습을 보였을 때 기대가 컸던 것이 사실이랍니다. 그런데 현시점에서 노 대통령의 지지도는 30%대에 머물고 있답니다. 많은 사람들은 노무현 정부가 출범한지 채 10여개월 안 되었건만 어찌나 어수선하게 지냈는지 이미 3~4년이 지나버린 것 같은 느낌이라고도 합니다.

김형. 큰 기대를 걸었던 노무현 정부가 파행을 걷고 있는 이유가 무엇인지 궁금하겠죠. 개혁 피로감이 문민정부, 국민의 정부를 거쳐 축적되어 왔다는 견해도 있고, 참여정부의 여소야대(與小野大) 구도로 인해 노무현 정부의 정책수행과 국정운영에 어려움이 있다는 의견도 있지요. 혹자는 아마추어리즘과 인기영합주의의 잘못된 결합을 이유로 들기도 하지요. 그러나 이러한 이유들은 매개변인(媒介變因) 정도이지 않을까요. 보다 근본적인 이유는 노무현 대통령, 최병렬 대표를 비롯한 정치권의 모든 정치인들이 '정치하는 명분'을 잊고 있기 때문입니다. 현안이 되고 있는 특검법의 처리문제를 떠나서 근본적으로 나는 왜 정치를 하고 있는지를 곰곰이 생각해야겠지요.

김형. 10년 전쯤 박태준 집권당 대표가 광양제철소를 찾은 정치학자들과의 환담을 하면서 본인의 심경을 토로한 적이 있지요. 얘기인 즉 포항제철소의 경영을 맡고 있을 때에는 하루일과를 마치고 잠자리에 누웠을 때 열심히 일한 하루의 성과를 철의 생산량이나 수출량으로 보람을 느낄 수 있었으나, 정치를 시작하고 보니 하루 종일 바쁘게 지내건만 아무것도 이루지 못하고 허송세월하는 것 같다는 요지의 내용이었습니다. 노무현 대통령과 최병렬 대표는 과연 무엇을 위해 특검법을 거부했는지, 단식에 돌입하고 무엇을 얻었는지 궁금하군요.

김형. 너무 걱정하지 마세요. 정치권이 마주 달리는 열차처럼 돌진하고 있으나 결국 정면충돌을 막아줄 국민들이 있으니까요. 6·29 선언을 이끌어내고, IMF 외환위기를 극복하고, 월드컵 4강 신화를 만들어낸 주체는 결국 국민들이었죠.

'정치하는 명분'도 모른 채 기득권 지키기에만 골몰하고 있는 정치인, 선거 당선을 위해서는 물불을 가리지 않는 정치인, 정치자금과 관련해 스스로의 잘못을 진심으로 반성하지 못하고 말로만 정치개혁을 내세우는 정당, 내년 총선을 앞두고 정국 주도권 잡기에 여념이 없는 정당은 자연스럽게 도태될 것으로 확신합니다.

김형. 역사의 질곡 속에서도 꾸준히 정치발전을 이루어 온 우리의 저력을 믿으시죠. 건강을 기원합니다. (헤럴드경제 2003. 12. 1)

노블리스 오블리제의 재해석

김형. 어제는 김형과 함께 자주 찾았던 북한산에 올랐습니다. 연말 토요일 오후 소귀천 계곡을 거슬러 올라 아카데미하우스로 내려오는 길은 조용한 편이었지요. 천천히 걸으며 올 한해를 되돌아보고 내년을 설계하기에는 안성맞춤의 산행코스였답니다. 겨울의 차가운 공기는 성찰의 냉정함을 일깨워주었고 낙엽에 감추어진 얼음은 일상의 나태함을 경고해주더군요.

김형. 그곳의 세밑 풍경은 어떤지요. 테러의 위협으로 어수선한 연말로 비쳐지고 있지만, 크리스마스 휴가 시즌이라 오랜만에 가족들과 훈훈한 자리를 함께 하고 있겠지요.

김형. 오늘은 고국의 기쁜 소식부터 전해드리고 싶군요. 한 해 내내 밝은 소식을 전하지 못해 미안한 마음도 있어 일부러 좋은 이야기를 먼저 찾아보았지요. 며칠 전 노무현 대통령이 올 한 해 동안 '한국을 빛낸 사람들' 153명을 청와대로 초청해 점심식사를 했답니다. 어느 청와대 행사보다도 밝고 화기애애한 분위기에서 진행되었겠지요. 청와대에서 이런 모임만 계속되었으면 얼마나 좋겠습니까. 지난 여름 영등포역에서 철로로 떨어진 어린이를 구하고 자신은 두 발목이 잘린 철도 공무원 김행균 씨도 TV를 통해 볼 수 있었는데 얼굴에 평화와 사랑이 가득하다는 느낌을 받았습니다. 묵묵히 맡은 일을 성실하게 수행해온 사람들, 조용히 남을 위해 희망을 버리지 않고 꿋꿋이 살아가는 사람들의 이야기는 세밑 움츠려지는 마음에 감동과 푸근함을 주기에 충분했습니다.

김형. 70년대 초 언젠가 한국 사회를 위해 진정 중요한 것이 무엇인가 갑론을박 토론한 것 기억하나요. 유신 시절 이야기였는데, 경제적 안정과 성장이 중요한 것인지, 정치적 민주화가 필요한 것인지 논리적 토의는 아니었지만, 소주잔을 기울이며 제법 진지하게 이야기를 나누었던 것 같아요. 시간이 지나 생각해 보니 경제성장과 정치민주화가 어떤 상관관계에 있는지, 어느 것이 선행되어야 하는지의 문제는 그리 중요한 것이 아니었나 싶군요. 결국 경제 일선에서 묵묵히 일하고 민주화를 위해 조용히 자신을 희생한 사람들이 있었기에 우리 사회가 이만큼 발전해 왔다는 사실을 알게 되었죠.

김형. 불법 대선자금 문제로 정치권은 1년 내내 어지럽고, 부안 핵폐기물처리시설 문제와 자유무역협정(FTA) 비준 문제 등으로 사회적 갈등이 첨예화되고, 카드 빚 때문에 범행이 계속되고 있어 우리 사회는 더 이상 미래가 없다는 절망감이 팽배해 있답니다. 그러나 그 절망감이 희망으로 역전될 수 있다는 믿음 또한 잃지 않고 있지요. 정치권이 스스로 쇄신해 정치 개혁에 앞장설 것을 기대하거나 노무현 대통령이 야당과 언론을 감싸 안을 수 있는 통합적 리더십을 선뜻 발휘해줄 것을 기대하는 것이 아닙니다. 대기업이 스스로 불법 대선자금을 어떻게 만들어서 어떻게 전달했는지 순순히 밝힐 일도 없겠지요.

김형. '한국을 빛낸 사람들' 153명과 함께 말없이 맡은 일에 충실하고 우리 사회의 아픔을 걱정하고 실천으로 사회를 지탱해주는 민초들이 다수 있기에 우리 사회는 미래가 있는 것이지요. 몇 달 전 어느 자리에선가 우리 사회의 노블리스 오블리제(noblesse oblige)에 대해 이야기를 나눈 적이 있지요. 아마도 아들놈들 군복무 이야기하다가 튀어나온 주제였던 것 같군요. 민주공화국의 평등국가에서 사회고위층 운운하는 것부터 비논리적이라는 주장도 있었고, 스스로 노블리스 오블리제를 거론하는 것 자체가 쑥스럽다는 의견도 있었어요. 나름대로 내린 결론은 사회적 봉사와 의무를 다하는(오블리제) 사람이 결국 사회적 지도층(노블리스)이라는 의미로 재해석하는 것이 좋겠다는 것이었습니다. 재산이 많지 않아도, 사회적 지위가 높지 않아도, 정치권력을 휘두를 수 있는 위치에 있지 않아도 사회공동체를 위해 자원봉사하고 투신하는 153명의 이웃이 참된 사회지도층이라는 생각입니다.

김형. 오래지 않아 투철한 도덕의식과 솔선수범하는 희생정신을 갖춘 인사들이 정치, 경제, 사회, 문화 각 부문에서 국민의 사랑을 받는 사회지도층을 형성할 것으로 믿습니다. 오늘 서신은 지나치게 낙관적으로 흐른 감이 있군요. 침울한 세밑을 뛰어넘고자 하는 마음으로 이해해 주세요. (헤럴드경제 2003. 12. 29)

미국은 우리에게 무엇인가

김형. 미국 동부에 폭설과 한파가 며칠 째 계속되고 있다는데 별 피해는 없는지요. 이곳 서울도 설 연휴에 오랜만의 맹추위가 엄습했지만 고향을 찾는 따스한 마음으로 잘 넘길 수 있었습니다.

김형. 보내준 편지를 통해 우리 국민들의 반미감정에 대한 그곳의 반응을 잘 알 수 있었습니다. 성조기를 불태우는 모습이 몇 번이고 계속해서 TV에 방영될 때 미국 국민은 물론 그곳에 살고 있는 교민들 역시 불안한 마음이었겠군요. 역지사지(逆地思之)로 태극기를 불태우는 외국인을 보고 있노라면 분노를 느낄 수밖에 없겠지요. 우리나라 상품에 대한 불매운동으로 번지지 않은 것이 다행입니다. 우리 사회의 반미감정에 대한 우려의 목소리가 높아지고 있는 것은 사실이지만 미국에 대한 객관적 평가가 정착되기 위한 전환기로 평가하고 싶습니다.

김형. 미 문화원 방화 사건으로 온 세상이 떠들썩했던 시절 '미국은 과연 우리에게 무엇인가'라는 주제를 놓고 심각하게 토론한 적이 있었지요. 김형은 또래들과 달리 미국의 제국주의적 속성을 날카롭게 지적하곤 했지요. 노암 촘스키를 우리들에게 알려준 것도 김형이었던 것 같아요. 그러나 우리의 결론은 반미가 아니었고 극미(克美)와 용미(用美), 그리고 지미(知美)였던 것으로 기억합니다. 미국이라는 나라를 정확히 알아야 미국을 우리나라 국익에 보탬이 될 수 있도록 이용할 수 있다는 생각이었죠. 결국 미국을 이겨낼 수 있도록 국력을 키워야한다는 논의는 지금 생각해도 꽤나 지혜로운 결론이었습니다.

김형. 얼마 전 자주외교라는 화두를 둘러싼 논쟁 아닌 논쟁이 있었답니다. 북한을 제외하고 자주를 내세우면서 외교를 하는 나라는 지구상에 없다는 주장에서부터 자주야말로 독립된 나라가 내세워야하는 제일의 덕목이라는 논의도 있었죠. 미군을 한강 이남으로 재배치하고 용산기지를 우리 정부에 반환하기 위한 협상과정에서 불거져 나온 논의와 주장이지만, 우리 사회가 자주와 종속, 반미와 친미로 양분되어 있는 것으로 비쳐지지 않았으면 좋겠군요. 물론 갈등과 대치를 조장하는 세력이 존재하고 있고 극단의 논리전개로 국민을 선동하는 집단이 있지만, 대다수의 국민들은 미국의 장점과 단점을 나름대로 파악하고 있으며, 현 시점에서 어떠한 행보가 국익을 위해 최선인가를 숙고하고 있답니다.

김형. 우리 젊은이들은 미국의 외교정책에 대해서도 과거보다 훨씬 더 객관적 시각으로 분석하고 있습니다. 냉전적 시각에서 미국을 우리의 혈맹으로 보는 것이 아니라 우리나라의 경제발전과 안보, 그리고 남북한 관계개선을 위한 절실한 우방으로 인식하고 있습니다. TV에서 보았던 캠퍼스의 반미 구호로 걱정이 큰 모양이지만, 그러한 반미구호는 일반 학생들에게 별로 호소력이 없답니다. 미국의 이라크 침공을 보면서 부시 행정부의 부도덕과 일방주의적 군사외교정책을 비판하지만 국제사회에서 미국이 차지하고 있는 현실적 위치는 누구보다도 앞서 인정하는 것이 우리 젊은이들입니다.

김형. 지적해 준 우리 사회 지식인들의 책임성에 대해서는 따가운 충고로 받아들이겠습니다. 반미와 민족을 내세워야 진보적 지식인이요, 한미공조보다는 민족공조를 앞세워야 진정한 지식인으로 행세할 수 있는 사회로 되고 있다는 우려에 대해서도 깊이 반성하겠습니다. 그러나 시류에 휩쓸리지 않고 우리 사회의 앞길을 걱정하는 많은 지식인이 있다고 믿고 있습니다. 민주주의와 인권, 평화와 사회복지의 큰 뜻을 새기며 남북한의 문제와 미국과의 관계를 고민하고 있지요. 미국을 정확하게 파악하고 우리나라 현대사 속에서 미국의 역할과 그 한계를 객관적으로 조명하는데도 최선을 다하고 있습니다.

김형. 고국을 떠난 지 10년이 가까워 오는데도 여전히 우리 사회를 걱정하는 김형의 마음이 정말 고맙습니다. 밖에서 본 고국이 더욱 절실하게 느껴질 수 있다는 생각을 해봅니다. 이번 주말에는 오래 전 김형과 함께 찾았던 소백산 비로봉에 오르려 합니다. 눈꽃의 진한 정취를 다음 편지에 전하지요. 건강하세요.

(헤럴드경제 2004. 2. 2)

탄핵정국을 바라보면서…

김형. 계절의 흐름은 어느 누구도 막을 수 없는가 봅니다. 3월 초 때 아닌 폭설로 고속도로가 주차장으로 바뀌고 밭작물에 큰 피해를 입혔지만, 봄은 어김없이 동장군을 몰아내고 찾아왔습니다. 외신을 통해 보셨겠지만 한국 정치의 추악한 모습을 보고 마음이 편치 않았겠지요.

헌정사 초유의 대통령 탄핵소추가 국회에서 가결되고 말았습니다. 그곳으로 떠나기 전 항상 우리 사회의 민주화를 꿈꾸셨기에 더욱 참담한 심정이리라 생각합니다. 저 역시 며칠간 뭐가 뭔지 모르고 지냈습니다. 저간의 상황을 자세히 설명할 마음이 아닙니다. 우리나라 정치수준이 이 정도밖에 안 되는가 하는 비통한 마음과 함께 한편으로는 이러한 위기상황을 어떻게 헤쳐나가야 할지를 고민해보았습니다.

김형. 지금으로서는 이렇다 할 묘안이 떠오르지 않는군요. 우선 중요한 것은 국정 공백이 없도록 하는 일이겠지만, 그 일은 국무총리와 내각이 잘 처리하리라고 봅니다. 국가안보를 챙기고 경제와 민생을 안정시키기 위한 행보를 빠르게 하고 있으니까요. 당장 급한 문제는 국민들의 격앙된 감정을 누그러뜨리는 일일 것입니다. 분신과 국회를 향한 차량돌진이 있었고 전국으로 국민들의 탄핵반대 촛불시위가 번지고 있습니다. 국민들이 자신의 정치적 견해를 개인적으로 또는 집단적으로 표현하는 것은 당연한 권리지요. 그러나 시위가 계속되고 감정에 호소한 의견표출이 반복될 때 자칫 국론이 분열되고 온 나라가 정치권 권력투쟁의 소용돌이에 휩싸이게 되지 않을까 걱정됩니다.

김형. 저는 이번 탄핵정국을 바라보며 정치권에 대해 정말 실망이 컸습니다. 탄핵을 주도한 야당은 물론이고 열린우리당과 노무현 대통령 등 정치권 모두 말입니다. 탄핵소추 의결을 막을 수 있었던 몇 번의 기회를 모두 놓치고 말았지요. 대통령이나 야당이나 할 것 없이 정치는 힘으로 밀고나가는 것이라는 고루한 생각을 아직도 버리지 못한 듯합니다.

타협보다는 투쟁, 설득보다는 힘을 앞세운 정치적 행동을 승리로 착각하고 있는 것 같습니다. 저는 이번 탄핵정국을 지켜보면서 이러한 생각을 해보았습니다. 정치발전이라는 대국적 행동이 아니라, 당리당략과 다음 달 있을 총선을 위한 '전략적 게임'을 벌이고 있는 것이 아닌가 하는 생각을 지울 수 없군요. 국민들이 하루하루 고달프게 살아가고 있는데 대해서는 아무런 관심도 없는 것 같습니다. 이번 사태로 총선에서 자신들의 정파가 유리해졌는지 불리해졌는지만을 계산하고 있을 정치권을 생각하니 씁쓸합니다.

김형. 고등학교 2학년 때 3선 개헌 반대운동을 하던 때가 생각나십니까. 선생님들께서 "너희들의 순수한 마음과 열정적 외침이 정치권에게 이용당하지 않았으면 좋겠다"는 말씀을 기억하시겠죠. 당시 우리들의 역량이 크지 않았고 야권 역시 역부족이었기에 3선 개헌을 막을 수 없었지만, 우리들의 순수한 마음이 이용당하지 않았다는 사실은 분명합니다.

한국에서 일고 있는 대통령 탄핵에 대한 찬반 시민운동 역시 정치권에 이용당하지 않기를 바랄 뿐입니다. 우리 시민들의 정치적 역량이 커지고 그만큼 성숙해졌기에 그리 쉽사리 정치권의 당리당략에 이용당하지 않으리라 믿고 싶습니다. 하지만 국회의원 선거를 앞두고 빚어진 탄핵정국이라는 점을 생각할 때 찬반 시민운동에 나선 집단들은 하루 빨리 냉정을 되찾아야겠습니다. 세대와 계층 간의 갈등을 벗어던지고 정당의 정책적 차별성과 후보의 자격을 꼼꼼히 비교해 투표를 해야겠습니다.

김형. 그렇다고 희망을 잃지는 맙시다. 어느 외신기자가 지금의 사태를 우려하기에 우리나라 국민들의 지혜로움과 정치적 균형감각을 설명해주었죠. 이보다 더 어려운 상황에서도 홀연히 헤쳐 나온 우리 국민 아닙니까.

다음번엔 좋은 소식 전하도록 했으면 합니다. 북한산 능선의 진달래 소식과 함께 유권자들의 현명한 판단을 기쁘게 전할 수 있기를 바랍니다. 이곳은 황사가 종종 몰려오고 있습니다. 그곳은 꽃가루가 심하다고 했지요. 알레르기 조심하시고 부디 건강하십시오.

(헤럴드경제 2004. 3. 15)

공존의 미학

김형. 계절의 여왕이라는 5월도 어느새 막바지에 이르렀군요. 지구온난화의 영향인지 점차 봄은 짧아지고 여름이 성큼 다가서는 느낌입니다.

그 곳 대통령 선거 양상은 어떤지요. 이라크 주둔 미군 병사들의 포로학대 파문 이후 그렇지 않아도 궁지에 몰려 있는 부시는 더욱 어려운 상황으로 빠져들고 있다고 알고 있습니다. 국제정치가 힘의 논리에 의해 움직이고 있다고 믿고 있는 다수의 현실주의자들도 다른 나라에 비해 미국의 도덕성에 어느 정도 점수를 주어왔는데, 이번 파문으로 부시 행정부 문제가 아니라 미국이라는 국가의 위신과 도덕성에 큰 흠집을 남기고 말았습니다.

결국 미국의 일방주의는 동맹국들의 지지마저 얻지 못하고 있고 명분 없는 무리한 전쟁으로 국력을 소진하고 있는 것 같아 안타깝습니다. 대량살상무기(WMD)를 제거하고 이라크인들을 후세인의 압제로부터 해방시키려 했다는 전쟁의 정당성은 이미 상실되고 말았군요. 이제 국제사회에서 일방주의는 오래 갈 수 없다는 것을 보여주는 것이라 생각합니다. 인류 사회가 다양화되고 민주화가 진전되면서 일방주의는 점차 설자리를 잃게 될 텐데, 그래도 우위를 지키고 확대하려는 욕심은 끝이 없는 모양입니다.

김형. 일방주의는 독선과 아집을 동반하게 되는 법이지요. 그리고 타도해야 할 대상을 단순화시키는 전략을 종종 채택한답니다. 안타깝게도 우리 사회에서도 일방주의의 유혹은 지속되고 있는 것 같습니다. 힘이 있을 때 이러한 유혹은 더욱 강해지기 마련이죠. 며칠 전 노무현 대통령이 대학을 찾아 학생들을 상대로 연설을 했는데 개혁지상주의를 강하게 설파한 모양입니다. 개혁 대통령이 개혁을 주장하는 것은 너무나 자연스런 일이고, 열린우리당이 국회의 과반수를 차지하게 되어 개혁추진에도 힘을 받게 되었으니 자신감을 갖는 것도 당연한 일이지요. 그런데 문제는 우리 사회 구성원을 보수와 개혁의 구도로 나누어 보수를 강하게 밀어붙이려 했다는 사실입니다. 국회의 대통령 탄핵 의결 후 두 달 만에 대통령직에 복귀하면서 보여주었던 겸손함과 신중함은 두 주 만에 일방주의적 태도로 바뀐 것 같아 걱정스럽습니다. 대학생들과의 대화 분위기에서 개혁을 강조하다 좀 흥분했을지도 모르겠군요.

그러나 김형. 보수와 개혁을 악과 선으로 대체하고 보수를 타도의 대상으로 삼아 개혁세력을 결집해보려는 자세는 9·11 이후 부시대통령이 반테러를 내세워 테러 국가들을 지목하고 일방적인 선전과 동원으로 아프간 침공과 이라크 전쟁을 지속해온 것과 너무나 흡사하지 않습니까. 다른 생각을 인정하고 다른 집단의 상황을 이해하려는 포용력을 키워나가는 것이 절실하다는 생각입니다.

김형. '우리들의 일그러진 영웅'이라는 소설 생각나시지요. 영화로도 만들어져 함께 극장에서 관람했던 기억이 나는군요. 김형이 영화를 보고 난 후 앞으로 우리 사회에서 진정한 영웅은 여러 정치적 견해를 폭넓게 포용할 수 있어야 한다고 주장했지요. 벌써 15년 전 이야기입니다만 아직도 우리나라의 정치지도자들은 공존의 미학을 터득하지 못한 것일까요.

김형. 17대 국회가 곧 개원합니다. 많은 초선의원들을 포함한 국회의원들이 상생의 정치를 주장하고 있고, 그것은 상대방을 존중하는 바탕에서 가능한 것이니 이번 국회에 큰 기대를 걸어보는 수밖에 없군요. 일방주의는 갈등과 투쟁을 초래하지만 상생은 공존과 평화를 낳는 법이지요. 열렬한 평화주의자인 김형. 이 땅에서도 일방주의가 발붙이기 어려운 날이 곧 올 것으로 기대합니다. 함께 인정하고 상대방의 덕목을 서로 배워 나가려는 국민들의 의식은 빠르게 확산되고 있기 때문이죠.

지난 주 '부처님 오신 날'을 맞아 근처 사찰에 연등이 가득했고 많은 불자들과 동네 이웃들이 기쁜 마음으로 행사를 치렀답니다. 그런데 참석한 사람들을 더욱 기쁘게 한 것은 인근 천주교교회에서 축하 현수막을 큼지막하게 걸어 놓았다는 사실입니다. 지난 성탄절에는 사찰에서 마찬가지로 축하 현수막을 걸어 놓았는데 참으로 아름다운 정경이지요. 도그마와 카리스마를 서로 존중하는 것이 한민족 본연의 모습이라 믿습니다. 김형. 건강하세요. 자주 소식 전하겠습니다.

(헤럴드경제 2004. 5. 31)

느리게, 신중하게

김형. 보내주신 글 고맙습니다. 우리 학교 개교 50주년 기념으로 안나푸르나 베이스캠프까지 다녀온 것을 언론을 통해 아셨군요. 눈 덮인 안나푸르나 연봉의 모습은 정말 장관이었습니다. 자연은 진정 인간을 겸허하게 만드는 것 같아요. 김형과 함께 오르지 못해 섭섭했습니다. 그곳 주변에는 산이 없어 김형은 요즈음 조깅을 즐기고 있겠군요. 10년 전쯤 센트럴 파크를 찾았을 때 많은 뉴요커들이 점심식사 시간을 이용해 웃통을 벗고 달리는 모습이 신기했습니다만, 요즈음 서울에서도 조깅 붐이 상당합니다.

김형. 산행이나 조깅이나 적정한 속도를 유지하는 것이 중요하지요. 안나푸르나를 오르는데 가장 유의해야 하는 것이 바로 적정한 속도를 유지하는 것이었답니다. 천천히 걷는 것은 상관없지만, 적정 수준을 넘어 빠르게 걷다가 고산증세로 고생하게 된다는 것을 알게 되었습니다. 고도가 높아질수록 더욱 자신의 능력보다 속도를 낮추어 서서히 걷는 것이 최선의 산행 방법이지요.

김형. 안나푸르나를 오르며 이러한 생각을 했어요. 우리 사회도 선진사회로 진입하려면 서서히, 그리고 신중히 일을 처리할 줄 알아야 하고 더불어 적정선을 찾아내는 지혜가 필요하다는 생각이었죠. 요즈음 우리 사회는 적정선을 넘어서서 과도하게 주장하고 지나치게 서두르는 경향이 강하게 나타나는 것 같아 걱정입니다. 권위주의체제가 무너지고 새로운 민주정치의 제도화가 이루어지는 과정에서 나타나는 과도기적 현상으로 보기에는 이미 그 시간이 길어진 셈이지요. 문민정부와 국민의 정부, 그리고 참여정부 제2기에 진입하면서도 과도한 주장을 앞세운 동원과 선전, 그리고 성급한 정면 돌파의 전략이 여전한 상황입니다.

김형. 사회가 발전할수록 다양한 이해관계가 형성되고 그 이해관계를 풀어나가는 전략은 신중해져야 한다는 것이 정답이지요. 우리 사회도 1980년대 중반 이후 많은 자율적 집단이 정치과정에 참여하게 되면서 과거와는 다른 정치를 경험하고 있습니다. 정책결정과정에 접근할 수 있는 채널도 넓어지면서 관련 이해집단의 참여가 확대되고 있는 것은 바람직한 현상입니다. 그러나 그 집단들의 주장이 정도를 넘어서 일방적이고 비타협적일 때 문제가 발생하는 것이지요. 이러한 상황에서 정부가 능히 갈등을 적절하게 제어할 수 있는가 역시 중요한 일이지요.

최근 불거지고 있는 노사분규와 파업 당사자들은 자신들의 주장에 억지나 과장이 없는가 한 번쯤 신중하게 생각할 시점입니다. 서유럽 국가에서 자본과 노동의 이익이 충돌하였을 때 양자가 취한 전략이 무엇이었는지, 중남미 여러 국가에서 무엇 때문에 경제적 파탄을 경험할 수밖에 없었는지 타산지석으로 삼아야 할 때지요. 지나치게 자신들의 이익만을 추구하다가 결국 모두 패배자가 되는 파국은 막아야겠지요. 대학교를 졸업하고도 직장을 구하지 못해 낙담하는 젊은이들의 마음을 노동계와 재계, 그리고 정부 당국이 진정 헤아리고 있는지 의심스럽습니다.

참여정부가 강력하게 추진하고 있는 행정수도 이전 역시 적정선 찾기에서 문제점을 노출시키고 있답니다. 이미 국회에서 의결된 사안이니 그대로 밀고 나가야겠다는 의지에 앞서 국가의 중대사이니 반대 의견을 가진 집단을 합리적으로 설득하려는 모습이 우선되어야겠지요. 행정수도로 이전하는 대상 부처와 기관의 범주에 대한 국민적 합의 도출도 필요하고, 재원의 조달, 그에 따른 이전 시기의 조정도 중요한 사안입니다. 논의와 조정, 그리고 합의 도출에 시간이 걸리더라도 신중하게 접근해야겠지요.

김형이 언젠가 들려준 재미있는 이야기가 생각나는군요. 서울에서 중국 음식점을 경영하다 한국 사람들이 주문한 음식을 너무 빨리 달라는 게 싫어 뉴욕으로 이민 간 식당 주인이 미국에서 만난 한국 사람들이 여전히 성급하게 요구하는 통에 정신이 없다는 얘기였지요. 우리 사회도 이만큼 발전했으니 어느 사안이든 신중하게 결정하고 느긋하게 기다릴 수 있어야겠지요. 주말엔 녹음을 즐기며 천천히 오대산에 다녀오렵니다. 김형도 조깅 너무 무리하지 마세요. 또 소식 전하겠습니다. (헤럴드경제 2004. 6. 21)

국가 정체성 논란을 보며

김형. 어느 덧 8월이군요. 이곳 서울은 폭염과 열대야로 밤잠을 이루기 어려울 정도랍니다. 그만큼 곡식이 잘 익어

갈 것이라는 생각을 하면서 견뎌내고 있습니다. 그곳 민주당 전당대회에서 존 케리 후보보다도 클린턴 전 대통령을 연호하는 목소리가 높았다는 보도를 들었습니다. 상대방을 비난하고 공격하기보다는 자신들 정책의 우월성과 합리성을 주장하는 축제분위기의 전당대회 소식을 들으니 부러운 생각이 드는군요.

김형. 요즈음 한국에서는 정체성 논쟁이 불붙고 있답니다. 의문사진상규명위원회의 활동과 북한 함정의 북방한계선(NLL) 침범에 대한 대응으로 촉발된 정체성 논란에, 이번에는 친일진상규명법 개정을 놓고 여야의 공방으로 치닫더니 과거사에 대한 포괄적 재 규명으로 비화되고 있군요. 더운 여름 날씨에 뜨거운 감자라 할 수 있는 정체성 문제를 논하는 것 자체가 짜증나는 일일 수 있지요. 더군다나 경제가 좋지 않은 상황에서 불거진 논쟁인지라 국민들의 반응은 시큰둥한 듯합니다.

김형. 정체성 문제만큼 근본적이며 절실한 것이 있을까요. 개인과 단체, 사회와 정부, 그리고 국가의 정체성은 곧 존재의미를 부여하는 것이기 때문이지요. 미국 대통령 선거도 역시 미국의 정체성을 찾아나가려는 몸부림이라 생각합니다. 미국의 현 외교정책은 어떠한 가치관에 바탕을 두고 있는지, 경제정책과 복지정책은 어떠한 지향점을 지니고 있는지에 대한 논쟁은 바로 과거에 대한 반성과 현실에 대한 냉철한 비판으로부터 가능한 일이겠지요.

지금 우리나라에서 진행되고 있는 정체성 논의가 국민적 호응을 받아 제대로 정체성을 찾는 작업이 이루어지려면 몇 가지 원칙이 필요하다고 생각합니다. 우선 그 논의는 우리 사회의 통합에서 출발해야 하지 않을까요. 미래지향적이며, 결국 종착역은 우리의 정체성을 더욱 확고하게 하기 위한 것이어야겠지요. 이러한 기본 원칙에 대한 국민적 공감대 없이 진행되는 정체성 논쟁은 정략적으로 흐를 가능성이 높습니다.

정체성 논쟁에 있어 과거사 청산이 중요하며, 특히 우리의 아픈 역사에 대한 반성과 성찰은 반드시 필요합니다. 그 주체가 개인이든 언론이든 정당이든 모두 자발적으로 동참할 의지를 보여야 합니다. 그러나 그 반성과 과거사 규명과정이 일방적으로 이루어져서는 안 됩니다. 문민정부 시절의 '역사 바로 세우기' 작업을 타산지석으로 삼아야겠지요.

김형. '기록된 역사는 승자의 역사'라는 말이 있지요. 흥미 있는 것은 그 승자에 대한 역사적 평가는 시간이 지남에 따라 끊임없이 변화한다는 사실이지요. 따라서 역사는 누군가가 지속적으로 다시 쓰고 있는 것이지요. 그런데 요즈음 정체성을 논의하는 가운데 우리의 과거를 지나치게 폄하하는 경향이 있지 않은가 걱정스럽습니다.

과거의 잘못을 밝히고 반성하기 위한 작업이 자칫 우리의 과거를 부정하는 쪽으로 흘러가거나, 대한민국의 정체성을 약화시켜서는 안 된다고 생각합니다. 특히 북한과 관련된 사안에서 더욱 조심할 필요가 있지요. 의문사위가 비전향장기수를 민주화 운동에 기여했다고 판단한 점이나, 사회 일각에서 일고 있는 김현희 KAL기폭파 사건에 대한 의혹 제기는 정체성 논의에 찬물을 끼얹을 수 있다고 봅니다.

김형. 정체성 논의는 결국 우리가 처한 문제를 어떻게 극복해 나가야하는가의 현실적 논의로 연결되어야 할 것입니다. 사회구성원 모두가 현안을 해결하기 위한 미래지향적 사고를 지니고, 각자의 역할을 되새기고 다짐하는 계기로 발전되어야겠지요.

김형. 역사학자 E. H. Carr가 설파했던 '과거와 현재와 미래는 무한한 역사의 쇠사슬 속에서 서로 연결되어 있다'는 구절이 떠오릅니다. 그 쇠사슬 속에서도 오늘의 역사는 분명 우리가 만들어 나가고 있는 셈이죠. 좀 더 나은 정체성을 확립하기 위한 몸부림이라 믿습니다. 더위에 건강 조심하시고요. (헤럴드경제 2004. 8. 2)

엘리트 체육과 엘리트 정치

김형. 유난히도 무더웠던 여름이었습니다. 가을의 문턱에 서 있지만 한낮의 햇살은 곡식과 과일을 살찌우려는 듯 여전히 따갑군요. 올림픽 경기는 텔레비전을 통해 잘 보셨는지요. 고국의 선수들이 열심히 뛰는 모습을 보며 이민의 외로움을 어느 정도 달랬으리라 생각합니다.

김형. 이번 올림픽 경기를 지켜보면서 우리나라는 아직 스포츠 강국의 반열에 속해 있음을 확인했습니다만 앞으로 더욱 분발해야 할 부문이 많다고 느꼈습니다. 스포츠 엘리트가 존재하기 위해서는 일반 국민들이 스포츠에 적극적으로 참여하고, 그만큼 선수층이 두터워야 가능한 것은 당연한 것이지요. 명승부 끝에 안타깝게 은메달에 그친 여자 핸드볼의 경우도 앞으로 선수와 감독의 투혼에만 의지한다는 것은 여전히 불안하기만 합니다.

이번 아테네 올림픽에서 과거 동구권 국가들이 퇴조한 반면 중국과 일본이 부상하고 있는 현상은 우리에게 시사하는 바가 큽니다. 과거 동구권 국가에서 선수들을 국가가 독점적으로 관리해 많은 메달을 얻을 수 있었으나, 결국 그 기반이 타율적인 체육진흥에 있었기에 최근 국제무대에서 퇴장하는 느낌입니다. 중국은 거대한 인구를 자산으로 스포츠를 국위신장의 수단으로 삼아 국가가 적극적으로 나서는 바람에 쉽게 선두권으로 나서고 있군요. 4년 뒤 베이징 올림픽에서 미국과 러시아를 앞서 1위로 나설 것이라는 예상이지요. 일본은 유도에서 8개의 금메달을 휩쓸어 종주국으로서의 자존심을 지켜냈습니다. 1,000만 유도 인구 중에서 선발한 국가대표선수들을 과학적으로 지도한 당연한 결과겠지요.

김형. 메달을 목표로 하는 올림픽 대표선수들과 국민 대중과의 관계는 그대로 정치엘리트의 충원에도 적용되는 것이지요. 일상의 생활체육을 통해 스포츠가 건강 유지에 최선의 방법임을 스스로 깨우치고, 결국 그 기반으로 올림픽에서 메달을 딸 수 있는 대표선수를 길러낼 수 있듯이, 국민들이 적극적으로 정치과정에 참여함으로써 민주정치가 가능하고, 이를 기초로 훌륭한 정치엘리트들을 길러낼 수 있겠지요. 기초를 다지고 기반을 튼튼히 하는데 있어 자율성 확보는 어느 측면에서든 참으로 중요합니다. 타율적으로 강요된 선거와 정치참여에 의해 충원된 정치엘리트들의 권력기반은 항상 위태롭습니다. 과거 동구 사회주의 국가나 제3세계 독재정권의 정치엘리트들의 운명을 보면 쉽게 증명되지요. 우리도 어디에 내놓아도 부끄럽지 않은 정치인들을 배출하기 위해서는 자율적 참여의 수준을 높이는 것이 중요하겠지요.

김형. 그런데 이를 위해서는 일상의 정치참여를 통해 정치적 효능감도 높이고 엘리트의 중요성을 실감하는 것이 필요하지요. 우리는 정치엘리트라고 하면 곧 대통령을 머릿속에 떠올리는 것이 문제인 것 같아요. 대통령이 중요한 정치엘리트임에 틀림없으나, 우리의 일상 정치과정에 더욱 다양한 정치엘리트가 많이 필요하다는 생각이지요. 바로 이러한 인식의 전환으로 누구나 정치엘리트로 나설 수 있는 자신감과 참여의식이 확대될 수 있는 것이지요. 올림픽 국가대표 선수로 선발되기 위해서 수많은 단계를 거쳐야하는 것처럼 정치엘리트로 지속적으로 성장하기 위해서는 작은 일상의 정치에서부터 최선을 다하는 모습이 필요합니다. 사회가 안정될수록 이러한 단계는 더욱 많아지고 그러한 단계를 거쳐 등장한 정치엘리트는 지지 세력을 기반으로 쉽게 퇴장하지 않겠지요.

김형. 지금까지 우리는 정치지도자들을 잘못 만났다고 푸념도 하고 그들을 향해 비난하고 권좌에서 물러나는 것을 보며 환호했지요. 그런데 우리 근현대사에 등장했다 퇴장한 정치엘리트들의 일그러진 모습이 결국 우리 모두의 모습이 아니었나 부끄러워지는군요. 그러나 정치가 정상적인 궤도로 한 발짝씩 진입하면서 앞으로 합리적 리더십을 갖춘 정치엘리트들이 대거 등장할 것으로 기대해 봅니다. 그곳 대통령 선거전 소식 전해주시고 환절기 건강 조심하세요.

(헤럴드경제 2004. 9. 6)

默言이 소중한 이때

김형. 세월의 흐름이 참으로 빠르군요. 올해도 어느 덧 두 장의 달력만 남겨놓게 되었습니다. 그곳 대통령 선거는 막바지로 치닫고 있지만 선뜻 결과를 예상하기 어려운 상황인 모양이군요. 미국의 외교정책이 전 세계에 끼치는 영향력이 크기 때문에 지구촌의 관심이 집중되고 있는 것은 당연한 일이겠지요. 이라크 전쟁과 테러위협에 대해 부시와 케리 양 진영에서 쏟아내는 말과 말들, 선거는 결국 말의 향연이라는 생각이 듭니다. 사실 정치 자체가 언어의 교차 속에 이루어지는 것이지요. 그래서 한 나라의 정치수준은 그 정치를 논하는 언어의 수준과 같다고 하지요. 정치가 각박해질수록 정치와 관련한 언어의 오고 감이 거칠어지는 것이고, 동시에 정치와 관련한 언어가 순화되면 정치 또한 순조롭게 이루어지는 것이라 볼 수 있지요.

김형. 그런데 요즈음 우리나라 정치를 다루는 언어의 수준을 보면 아직도 넘어야 할 산이 많은 것 같습니다. 격동의 정치사를 경험하면서 쏟아냈던 울분과 격정의 언어들, 대결과 타도의 언어들이 쉽게 사라지지는 않겠지요. 그러나 우리나라도 십수 년간 민주화의 과정을 겪었으니 정치권의 언어가 순화되어 희망과 타협의 보다 정제된 언어가 보편화되어야 할 텐데, 오히려 거꾸로 가는 모습입니다. 종종 정치 관련 인터넷 사이트에 실린 글을 보고 있노라면, 이미 그 정치언어는 민주와는 저 멀리 동떨어진 방종과 무책임의 극치라 할 정도이지요. 행정수도 이전 특별법에 대한 헌법재판소의 위헌 결정에 대한 정치언어도 우려할 수준이었지요. 최근 국무총리가 쏟아낸 말도 역시 대결과 공격의 수준을 벗어나지 못하고 있어 안타깝더군요. 두 개의 보수신문과 야당에 대한 발언들이 개인의 정치적 확신에서 나온 말이건, 혹은 정국운영의 전략적 차원에서 구사한 언어이건 결국 결과는 정치를 거칠게 만들고 있다는 사실이지요.

김형. 노무현 정부가 들어서고 참여를 중요한 덕목으로 자리매김하려는 노력은 우리나라 민주화 여정에 큰 기여라고 생각합니다. 그동안 소외되었던 집단과 계층의 정치참여를 이끌어낼 수 있는 능력을 노무현 정부는 갖고 있지요. 문제는 그 참여를 어떻게 이끌어 내야하는가 신중히 생각해야 한다는 점입니다. 동원과 선동을 위해서는 대결과 타도, 그리고 공격의 감성적 언어가 유효하지요. 레닌과 트로츠키, 히틀러의 언어가 그러했고, 냉전시절 남북 간 오고간 언어가 그러했지요. 그러나 자발적이며 꾸준한 참여를 위해서는 타협과 설득의 이성적 언어가 필요한 법이지요. 거칠고 화끈한 언어가 국민의 마음을 잠시 시원하게 해줄지는 몰라도 현안을 풀어나가는 데는 전혀 도움이 되지 않지요. 민주정치가 공고화 될수록 이성적 판단에 필요한 정치언어의 수요가 늘어간다는 사실을 정치권은 명심해야 합니다.

김형. 영국의 대의정치가 가장 모범적인 이유 중의 하나가 바로 의회에서 사용하는 언어의 높은 수준 때문이라고 하지요. 첨예하게 대립하는 이슈를 다루면서도 경어를 사용하는 가운데 상대방의 인격을 존중하게 되고 품격의 정치로 발전하게 되는 것이지요.

김형. 얼마 전 가야산 해인사의 한 암자에서 하루 밤 묵은 적이 있습니다. 왁자지껄한 서울을 떠나 조용한 사찰에서 법문까지 들을 수 있었던 값진 시간이었지요. 가장 마음에 와 닿았던 것이 '묵언(默言)'이었습니다. 저녁 공양 때 참석자 모두 묵언의 시간을 가진 것이지요. 침묵 중에 식사를 하면서 대화 단절의 불편함도 있었으나, 묵언이 결국 진실한 대화를 위한 값진 준비라는 것을 느낄 수 있었지요. 그동안의 거친 정치언어를 반성하고 품격 있는 이성적 정치언어로 대화를 이끌기 위해서 정치권도 종종 묵언의 시간을 갖는 것이 필요한 것 같군요. 정치권뿐 아니라 언론과 국민 모두 언어순화를 통한 정치순화에 힘써야 합니다.

김형. 북한산의 단풍이 절정이랍니다. 다음 주에는 우이능선을 거쳐 오봉까지 홀로 걸어 볼까 합니다. 묵언의 즐거움과 대화의 소중함을 느낄 수 있는 산행이 되겠지요. 환절기 타국에서 건강 조심

하세요. (헤럴드경제 2004. 11. 1)

기업가가 일어설 때

김형. 한 해를 마무리하는 12월로 접어들었군요. 김형이 미국으로 떠난 지도 벌써 7년이 되어가니 이민 초년생 어려움은 넘긴 셈이군요. 그곳 대통령 선거가 부시의 재선으로 끝난 후, 부시 행정부 제2기의 대외정책에 지구촌이 촉각을 세우고 있는 것 같습니다. 이라크 전쟁의 앞날도 걱정이고, 북핵문제, 6자회담의 해결 구도와 관련해 국내에서도 미국 외교라인이 어떻게 재편될 것인가에 대해 관심이 많지요. 세계화의 물결 속에서 비단 미국뿐 아니라 주변 국가들과 지구촌 곳곳의 움직임을 제대로 파악하는 것은 국익의 차원에서 매우 중요한 일입니다. 그러한 맥락에서 국민들이 부지런히 해외여행을 다니는 것도 큰 도움이 되리라 생각합니다.

김형. 대통령도 예외는 아니겠지요. 노무현 대통령이 요즈음 해외순방 일정으로 바쁘답니다. APEC 정상회의를 위해 중남미 국가들을 방문했고, 열흘 동안 ASEAN+3 회의로 라오스를 들른 이후 영국을 국빈 방문하고 폴란드와 프랑스도 방문할 예정입니다. 최근 계속되고 있는 노 대통령의 해외 순방에 대해서 이런저런 말이 많더군요. 국가경제가 바닥을 치고 있는데 대통령이 밖으로 다니며 외화 낭비하는 것 아닌가 하는 우려도 있지요. 그러나 대통령의 해외순방은 긍정적인 측면이 크다고 봅니다. 혼자 살수 없는 것이 국제현실이라면 대통령은 외국의 지도자들을 만나 다자 간, 양자 간 협력 방안도 모색하고, 다른 나라 사정도 직접 살펴보는 것은 필요한 일이지요. 이번 외국 순방을 하면서 대통령의 인식에 변화의 조짐이 있는 것 같아 이후 향보에 기대를 걸고 있습니다.

순방 기간 중의 몇 가지 발언으로 인식의 전환 운운하는 것이 적절할지 모르지만, 여하튼 노무현 대통령이 기업의 공헌과 중요성을 수차례 강조하고 과거 통치자들의 긍정적 측면을 나름대로 평가한 것은 새로운 인식으로 읽을 수 있었습니다. 또한 강성노조의 불합리성에 대한 지적도 수긍이 가는 대목이었지요. 과거사 청산에 대한 정치권의 논란으로 우리나라 과거의 어두운 측면만이 부각되고 있는 것 같아 안타까웠답니다. 부끄러운 과거를 반성하는 동시에 우리들의 자랑스러운 과거에 자부심을 갖는 것이 중요하지요.

김형. 1995년 겨울 이집트 카이로대학에서 두 달간 한국정치에 대해 강의를 할 때였습니다. 당시 전두환, 노태우 전 대통령이 동시에 법정에 서있는 모습이 TV를 통해 알려졌는데, 부끄러운 생각이 들더군요. 그런데 그곳 카이로대학 교수와 학생들의 반응은 달랐지요. 법정에서 전직 대통령들에 대한 시시비비를 가릴 정도로 민주화된 우리를 부러워하는 것이었습니다.

IMF 외환위기 이전의 시기이긴 했지만, 우리나라의 비약적인 경제발전에 대해서도 찬사를 아끼지 않았답니다. 국가 주도의 경제

발전과정에서 특혜와 정경유착의 폐해가 컸던 것이 사실이고, 자본 축적 과정에서 노동자들의 희생도 극심했지요. 그러나 어려운 상황에서 꾸준히 기업을 키워온 많은 기업인이 있다는 사실을 잊어서는 안 되겠습니다. 외환위기로 사업을 접었지만 십수 년 해외 수출시장을 개척하기 위해 뛰어다녔던 한 친구의 이야기가 귀에 잔잔합니다. 정치인은 선거에서 한번 떨어지면 4년 뒤 다시 기회가 있지만 사업가는 한번 실패하면 재기하기가 정말 어렵다고 하면서, 기업가의 도전정신과 경영가정신(entrepreneurship)을 소중히 생각하는 사회로 탈바꿈하는 것이 절실하다는 주장이었습니다.

김형. 지난주 새로 개봉된 '모터사이클 다이어리'라는 영화를 관람했습니다. 체 게베라가 의학공부 1년을 남겨두고 선배와 함께 낡은 오토바이를 타고 남미 여러 나라를 여행하면서 주변 세계에 눈뜨기 시작하는 과정을 사실에 근거해 만든 작품이었지요. 여행은 진정 사람들의 마음과 인식을 새롭게 하는 촉매제인 것 같습니다. 김형도 여행을 몹시도 좋아했었지요. 내년에 김형을 방문할 수 있을 것 같습니다. 오토바이를 타고 여행할 나이는 지났지만 함께 여행할 좋은 곳 찾아보세요. 추운 겨울 타국에서 건강 조심하세요.

(헤럴드경제 2004. 12. 6)

4부 상생의 정치를 위해

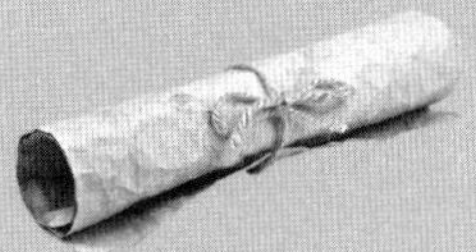

색깔론은 분화되어야 한다.
사회가 다원화되고
구성원의 이해가 분화되듯이
색깔론은
정교한 정책 차별성으로
대치되어야 한다.
촌스런 원색대결이 아니라
중간색 파스텔 톤의
우아한
정책대결이 필요하다.

황사 없는 정치의 봄을

남녘으로부터 꽃 소식이 오고 있다. 비록 텔레비전 화면을 통한 것이지만 들풀의 생명력과 목련의 싱그러움이 새롭게 느껴진다. 올해의 봄은 예년에 비해 빨리 온다는 기상청의 예보이다. 봄이 오고 있음을 알려주는 또 하나의 자연현상은 황사이다. 지난 며칠 간 전국의 하늘을 뿌옇게 만든 장본인이 바로 황사였다.

정치의 봄도 다가오고 있다. 올해에는 지방선거, 재·보궐선거, 대통령 선거가 있기에, 정치의 봄도 훨씬 빨리 오고 있다. 민주당의 국민참여 경선제가 제주로부터 시작해 울산, 광주, 대전을 거쳐 북상하면서 신선한 봄내음을 느끼게 한다. 동시에 정치의 봄을 느끼게 하는 징조가 정치세력의 이합집산이다. 황사가 국민의 시야를 흐리게 하듯 탈당과 합당, 그리고 창당의 징조가 봄기운을 반감시키고 있다. 한나라당 박근혜 부총재의 탈당을 시작으로 당내 비주류의 움직임이 심상치 않은 상태이고, 민주당은 국민경선이 아직 초반임에도 불구하고 경선 결과에 승복하지 않고 탈당할 계파가 있음을 예견하기도 한다. 혹자는 6월 지방선거의 결과에 따라 대통령 후보의 낙마를 점치기도 한다. 12월 대통령 선거를 앞두고 몇 차례 탈당과 합당, 그리고 창당이 있을 것인지 국민들은 혼란을 느끼고 있다.

국민의 판단과 선택을 흐리게 하는 정치세력의 이합집산은 자제되어야 한다. 정당이 싫어서 정당을 떠나고, 마음이 맞는 정치인들끼리 정당을 꾸리는 것은 전적으로 개인의 자유이다. 그러나 이러한 정치세력의 이합집산이 정당성을 얻기 위해서는 충분한 대의와 명분이 있어야 한다. 12월 대통령 후보로 나서려는 목적이 앞서서, 또는 선거 국면을 이용해 자신의 또는 자파 세력의 정치적 위상을 높이려는 의도에서 탈당과 창당을 도모해서는 안 된다. 더군다나 '내가 나서지 않으면 이 나라의 앞날이 안 되겠다'는 독선에서 탈당과 이합집산이 이어진다면 정말 곤란한 일이 아닌가.

과거 우리나라의 정치를 되돌아보면 수많은 이합집산이 있었다. 전쟁, 혁명, 쿠데타 등 급격한 정치변동이 그치지 않은 상황에서 정치세력들의 부침과 이합집산이 거듭될 수밖에 없었지만 나름대로 충분한 대의와 명분이 있었다. 이승만 정부를 견제하기 위한 헌법 개정 문제를 둘러싸고, 혹은 거창사건이나 국민방위군사건의 처리문제로 정치세력들은 나뉘고 합쳤다. 한일조약의 내용과 방법을 둘러싼 강온노선의 대립으로 민중당과 신한당은 분열되었다.

그러나 언제부터인가 국민의 정치적 요구보다는 정치권력의 획득을 전면에 내세운 탈당과 합당이 판치게 되었다. 3당 합당으로 김영삼 대표가 결국 정권창출에 성공함으로써 이합집산을 정치적 명분의 잣대로 재기보다는 목표달성의 한 수단으로 생각하게 된 것은 우리 정치사의 비극이다. 정책과 이슈, 정치노선에 대한 이견의 표출에 기인하기보다 특정 정치인이나 특정 정치세력의 생존전략 차원에서, 그것도 지역적 정치기반을 염두에 두고 이루어지는 정치세력의 이합집산은 반드시 뿌리 뽑아야 할 우리정치의 병폐다.

이제는 안정적 정당정치구도의 정착이 필요한 시기이다. 3김 정치의 퇴조와 더불어 지역적 정당구도의 기반은 약화될 수밖에 없다. 지금이야말로 지역대결 구도를 정책대결 구도로 바꾸어야 할 좋은 기회다. 기존의 정당들은 과거의 지역적 연고를 벗어나 정책적 차별성을 내세워야 한다. 남북문제, 경제정책, 사회복지정책과 노사문제, 교육정책 등에 대해 민주당과 한나라당, 그리고 자민련, 더욱 그 폭을 넓혀 민주노동당은 정당의 정체성에 걸맞은 정책대안을 내놓을 수 있다. 이것이 지역을 넘나드는 이합집산을 극복할 수 있는 최선의 방법이며, 정당구성원을 묶어두는 안전망이다. 두터운 옷을 벗어버리고 봄 햇살의 따스함을 느낄 수 있는 정치의 봄이었으면 싶다. 황사가 걷혀 예측 가능한 정치가 펼쳐졌으면 좋겠다.

(한국일보 2002. 3. 20)

우아한 정책대결을

정치가 점차 어려워지고 있다. 손쉽게 국민을 동원하고 유권자의 관심을 끌 수 있었던 정치시대는 지나갔다. 미니 주말연속극으로 비유되었던 민주당의 대선후보 경선 홍행이 어쩐지 주춤해진 것 같다. 주인공들이 쏟아내는 대사도 별로 시청자들의 흥미를 끌지 못하고 있다. 지난 주말 3연전에서 노무현 후보가 모두 승리를 거두어 역전 드라마를 연출했지만, 투표율은 50%를 약간 웃도는 수준에 머물렀다.

아직도 결과를 예측할 수 없는 상황에서 홍행이 반감한 이유는 거친 이념공세 때문이 아닐까. 정치 이데올로기가 후보를 결정하는 중요한 잣대들 중의 하나라는 데는 이론의 여지가 없다. 이념은 정책의 기반이며 국정을 이끌어 가는 철학의 일단이기 때문이다. 그러나 다듬어지지 않은 거친 이념논쟁은 진부한 색깔론으로 변질된다. 이러한 색깔론과 이념공세의 이면에는 우리 사회구성원을 이분화하려는 의도가 숨겨져 있으며, 종종 흑백논리를 동반한다. 30여 년의 군사 통치로 인한 흑백논리적 사고방식은 우리도 모르는 사이에 우리 자신을 적과 동지로 나누었으며, 타협보다는 투쟁, 대화보다는 강경대응에 익숙해지도록 했다.

선거 전략의 차원에서 사회현상과 그 주체인 사회구성원을 단순화하는 작업은 필요할 수 있다. 그러나 단순화 전략은 종종 사회현상의 다른 중요한 측면과 특성을 사장시켜 본질을 왜곡시킨다.

우리 사회는 신분을 기초로 하는 농경사회도 아니고, 굴뚝산업이 주축이 되었던 계급적 산업사회도 아니다. 하나의 잣대로 줄 세우기에는 이미 우리 국민들이 너무나 역동적이며 다원적이다. 80년대 중반 이후 우리 사회는 그 동안 내면화해 온 다원적 이익을 서서히 그러나 꾸준히 여러 사회집단을 통해 분출해 왔다. 인터넷 공간에 들어서면 사회집단과 단체의 숫자가 기하급수적으로 늘어가고 있음을 실감할 수 있다. 각종 단체와 모임에서 수많은 사람들이 진지하게 그들만의 가치를 키워가고 있다. 노동과 자본의 이익을 넘어선 여성, 소비자의 권리, 환경과 생태계에 대한 관심과 가치 부여를 투박한 이념적 잣대로 재단하기는 어렵다.

쉽게 정치하던 시절은 지나갔다. 지역의 잣대로 유권자를 나누어 정치적 지지를 이끌어낼 수 있었던 쉬운 정치는 이미 기가 꺾였다. 좌파와 우파로 나누거나 노동자와 자본가로 나누어 그 차별성을 부각시키고 갈등을 전제로 정치를 펼치려는 것도 시대착오적 발상이다. 노조원 모두가 한 목소리로 외치기 어렵고, 마찬가지로 대기업들도 모두 한 배를 타고 있는 것이 아니다. 한국노총과 민주노총의 정책노선이 충돌하고, 전경련과 경총의 대선 전략이 다른 것이 현실이다.

색깔론은 분화되어야 한다. 사회가 다원화되고 구성원의 이해가 분화되듯이 색깔론은 정교한 정책 차별성으로 대치되어야 한다. 촌스런 원색대결이 아니라 중간색 파스텔 톤의 입지를 생각하는 우아한 정책대결이 필요하다.

동시에 새로운 잣대가 절실하다. 우리 사회를 단선적 또는 평면적 차원을 넘어선 3차원, 4차원의 공간으로 승격시키기 위해서는 투명성의 잣대가 중심축이 되어야 한다. 투명성의 잣대로만 새로운 시·공간을 넘나드는 민심을 꿰뚫을 수 있다. 좌파 우파의 이념논쟁보다는 어느 정치지도자와 정당이 가장 투명성을 담보할 수 있는가의 문제가 시급한 것 아닌가. 계속 불거지는 각종 게이트와 정치권의 연루 상황을 지켜보면서 국민들은 거친 이념공세의 효용성에 공감하지 못한다. 스스로 고해성사를 하면서 투명성의 잣대를 내세웠던 김근태 의원이 중도하차 한 것은 안타까운 일이지만, 김근태 의원이 남긴 작은 불씨는 우리 정치를 새롭게 할 수 있는 소중한 자산이다. 점차 어려워지는 정치현실이지만 투명성의 잣대를 내세운다면 의외로 쉽게 지지를 끌어낼 수 있다. 그 불씨를 지필 용기가 있다면. (한국일보 2002. 4. 10)

상생의 정치를 위해

5월의 첫날 아침이 밝았다. 촉촉이 대지를 적신 봄비 덕분에 더욱 상쾌한 아침이다. 메말랐던 논을 일구고 모판을 둘러보는 농부의 얼굴에 웃음이 번지고 있다. 작년에 수확한 벼가 그대로 창고에 저장되어 있을지라도 올 농사를 거를 수 없기에 분주히 모내기를 준비하는 농부들의 마음을 헤아려 본다.

지금 당장은 어렵지만 그 어려움을 헤쳐 나가다 보면 좋은 일이 있을 것이라는 것을 농부들은 오랜 경험을 통해 알고 있는 것인지. 어떠한 어려운 상황에도 희망을 잃지 않는 모습, 일희일비하지 않고 꾸준히 내 갈 길을 가는 농부의 마음을 닮고 싶다.

사회의 발전을 위해서는 구성원의 긍정적인 자세가 중요하다. 근거 없는 낙관도 문제이지만 지나친 자기비하도 경계해야 한다. 정치에 대해 국민들이 부정적 시각을 갖게 된 것은 어제, 오늘의 일이 아니지만 요즈음 정치 불신은 더욱 커지고 있다. 연일 불거지는 비리의혹과 여전히 계속되는 여야 간 상호비방과 독설을 보고 있노라면 우리의 정치에 대해 희망을 갖기 어렵다.

그러나 한발 뒤로 물러서 우리의 정치현실을 바라보면 그리 어두운 것만은 아니다. 짚신과 우산을 파는 두 아들을 둔 부모가 비가 오나 개나 걱정이 그칠 날이 없었으나, 마음을 달리 하니 하루하루가 마음 편한 날이 되었다는 일화가 있다. 우리의 정치도 마찬가지 아닐까?

시각을 달리하면 우리의 정치도 꽤 좋아졌다. 물론 우리의 정치가 만족할 만한 수준에 도달한 것은 아니다. 오히려 과거에 보이지 않았던 불합리한 측면과 혼란스러움이 더욱 눈에 띠고 있다. 예전 같으면 세상에 밝혀져 여론의 질타를 받지 않았을 일들도 이제는 수면 위로 떠올라 비판의 대상이 되고 있다. 그러나 이것이 정치발전의 반증이다. 우리의 정치를 비판하는 것은 진정 필요하지만, 지나친 자기비하는 좌절감을 낳고 정치 불신을 증폭시키는 악순환에 빠지기 쉽다. 비난하고 좌절하고 불신하는 자세에서 벗어나 우리가 이룬 민주화의 결과물을 음미하고 자신감을 갖는 것이 중요하다. 의도적으로 밝은 측면을 보려는 자세도 종종 필요한 것이 아닌가.

많은 외국 학자들은 지난 10여 년간 우리가 이룩한 민주화의 역정을 높이 평가한다. 다른 나라에서 쉽게 찾아볼 수 없는 시민들의 민주화 열기와 역동성은 우리의 자산이다. 전직 대통령 두 명이 동시에 수감되는 모습을 지켜본 한 외신기자는 우리 국민의 민주적 잠재력에 놀라워했다. 우리나라에서 민주주의를 꽃피우기보다 쓰레기 더미에서 장미를 찾는 편이 쉬울 것이라던 예측은 망발이었다. 6·29 선언으로부터 문민정부와 국민의 정부 출범, 그리고 최근 국민참여 경선제에 이르기까지 많은 우여곡절과 어려움이 있었으나 꾸준히 우리 길을 걸어왔다. 앞으로도 더 큰 어려움과 걸림돌이 있겠으나 극복할 수 있다는 자신감을 갖게 되었다.

한국 정치를 한 단계 발전시키기 위해서는 정치인들도 상대 정당이나 경쟁적 상대를 긍정적으로 받아들여야 한다. 상대방을 끌어내리고 흠집을 내 자신을 드러내려는 네거티브 전략은 결국 모두의 약점을 증폭시키는 결과만을 초래한다. 지방선거와 대통령선거에 나설 후보들이 속속 가시화 되고 있다. 선거에 임하는 후보들이 상대의 좋은 점을 인정하고, 자신은 그보다 더 큰 장점을 지니고 있다고 주장하는 모습을 그려보는 것은 지나친 상상력의 비약일까. 유권자들도 특정 후보는 절대 불가하다는 자세보다 어느 후보라도 좋지만 특정 후보가 민의의 대변인으로서 좀 더 낫다는 자세를 갖는다면 정치가 한층 순화되리라 믿는다.

5월은 감사와 칭찬의 달이다. 부모님과 선생님께 감사하고 우리의 희망인 어린이들에게 칭찬의 말을 아끼지 말자. 동시에 민주화를 위해 희생을 아끼지 않은 모든 사람에게 감사하고, 현재 정치에 몸담고 있는 정치인들을 칭찬하고 힘을 북돋아주자. 상생의 정치를 위해서.

(한국일보 2002. 5. 1)

박대 받는 진짜 외국손님

온 나라가 손님맞이에 한창이다. 2002 월드컵을 맞아 수많은 외국인들이 우리나라를 찾을 것이고 위성방송을 통해 우리의 모습이 지구촌 곳곳에 전달될 것이다. 한강의 다리에는 화려한 조명이 비춰지기 시작했고 택시마다 동시통역 시스템이 이미 작동되고 있다. 테러방지를 위한 조치도 완벽한 것 같고 자원봉사자들도 만반의 준비를 끝낸 상황이라 한다. 월드컵 사상 처음으로 우리나라와 일본이 공동주최하는 만큼 보다 정성스럽게 외국손님을 맞아 한국의 이미지를 새롭게 해야 겠다.

화려한 꽃다발을 받으며 환한 얼굴로 입국하는 외국 관광객들과 불법체류 자진신고를 위해 출입국관리소 앞에서 장사진을 이루고 있는 외국인 노동자의 어두운 모습이 겹쳐오는 것은 어쩐 일인

가. 우리나라를 찾는 외국인이라는 점에서 월드컵을 관람하기 위해 우리나라에 온 방문객이나, 외국인 노동자나 마찬가지다. 그러나 우리 사회를 정확하게 파악하고 그들이 귀국한 후 우리 사회에 대한 이미지를 적나라하게 전달해줄 외국인은 며칠 간 월드컵을 관람한 관광객들보다는 장기간 체류하면서 몸으로 우리 사회를 경험한 외국인 노동자임에 틀림없다. 월드컵을 맞으면서 진정 우리가 정성을 쏟고 관심을 가져야 할 대상이 외국인 노동자라는 사실을 직시해야 한다.

1993년 외국인 산업연수생 제도를 통해 본격적으로 입국하기 시작한 외국인 노동자는 93년 6만 7,000명에서 97년에는 24만 5,000명, 2001년 말 현재 32만 9,000여명으로 8년 만에 5배로 증가했다. 문제는 국내에 체류 중인 외국 인력 가운데 약 77%가 불법으로 취업을 하고 있으며, 대부분의 불법 체류자들은 부당한 처우를 받으며 열악하고 억압적인 환경에서 일하고 있다는 사실이다. 산업재해에 대한 보상도 제대로 받지 못하고 임금도 착취당하고 있다. 심지어는 불법적 폭력에 시달리고 있다. 며칠 전에는 20대 회사원 3명이 카자흐스탄 출신 외국인 근로자를 사소한 시비 끝에 숨지게 한 사건도 발생했다.

88 서울올림픽에 이어 2002 월드컵을 개최하는 국가로서 이제는 우리보다 못한 나라와 그 나라 사람들을 도울 수 있는 자세를 지녀야 한다. 서독의 광부와 간호사로 뜨거운 사막의 열기를 마다하지 않고 중동의 건설 현장에서 땀을 흘렸던 우리의 과거를 어찌

쉽게 잊을 수 있는가. 가족과 자식을 남겨두고 '코리안 드림'을 이루기 위해 우리나라를 찾은 외국인 노동자들이 그 꿈을 이룰 수 있도록 도와야 한다.

외국인 노동자들의 기본적 인권을 보장하는 것은 국제사회의 규범이다. 산업재해로 부상당해 귀국한 외국인 노동자들은 평생 우리나라를 원망할 것이다. 비인간적 차별대우를 경험한 많은 외국인 노동자들의 우리나라에 대해 부정적 시각은 점차 확산되고 있다. 이미 우리 정부의 외국인 노동자 정책에 반대하는 국제적인 연대가 형성돼 캐나다, 호주, 방글라데시 주재 한국대사관 앞에서 항의시위를 가졌다는 사실을 정부는 알고 있는지.

외국인 노동자를 단기적 생산요소로 여기는 경제논리에서 벗어나 민간교류의 파트너로 받아들여야 한다. 우리 경제가 지속적으로 성장하는 한 외국인 노동자는 앞으로 계속 우리와 함께 생활해야 할 사람들이기에 소중한 자산이다.

많은 외국인들이 우리 사회의 폐쇄성과 외국인들에 대한 배타성을 지적한다. 중국 화교들이 세계에서 가장 뿌리내리기 어려운 곳이 한국이라고 한다. 동질적인 문화와 역사 속에서 외국에 대한 배타성이 체내화 되었다면 이를 조속히 극복해야 한다. 월드컵은 온 지구인들의 축제이며 서로의 마음을 활짝 여는데 그 의미가 있다. 손님을 맞는 준비 못지않게 이미 우리의 곁에 와 있는 외국인 노동자들에게 따뜻한 손길을 내미는 것이 시급하다. 우리 민족만이 갖고 있는 끈끈한 정을 그들과 나누어보자. (한국일보 2002. 5. 22)

이 열기를 지방선거로

월드컵 열풍이 한반도를 휩싸고 있다. 사상 처음으로 월드컵 경기에서 첫 승을 거둔 우리 태극전사들이 포르투갈과도 멋진 승부를 겨뤄 16강 진입에 반드시 성공하길 온 국민이 기원하고 있다. 붉은 옷의 물결이 거리를 물들이고 '대~한민국'의 함성이 전국에 메아리치는 상황을 보며 이것이야말로 진정한 국민통합이요, 우리나라 국민만이 지니고 있는 역동성의 분출이 아닌가 생각한다.

공동주최국 일본의 '울트라 니뽄'의 점잖은 응원과 비교해보노라면 '붉은 악마'의 응원은 그 참여의 폭과 열기, 자발성과 조직력에 있어서 압권이다. 문제는 우리가 지니고 있는 이 역동성을 어떻게 우리 사회를 개혁하고 참된 민주정치 공동체로 만들 수 있는 에너지로 전환시키는가 하는 점이다.

우리의 역동성을 내일로 다가온 4대 지방선거에 쏟아보자. 월드컵 열풍에 가려 국가적 대사인 4대 지방선거가 유권자의 무관심 속에서 치러지는 것은 아닐까 우려하는 목소리가 높다. 오늘 하루라도 대중매체들은 방송시간과 신문지면을 할애해 집중적으로 지방선거를 홍보하고, 우리 각자는 서로를 독려하여 우리지역의 일꾼으로 자처하며 후보로 나온 이들의 면면을 살펴봐야 한다. 월드컵과 관련한 세세한 정보를 서로 나누듯이 선거에 대한 이야기를 확산시켜 나가자.

1991년 기초의회의 구성으로 시작된 지방정치는 그 동안 여러 시행착오를 겪었으나, 이제 10년의 경험을 바탕으로 지방정치는 생활정치, 주민정치로 정착되고 있다. 지방행정의 편의를 위한 지방자치에서 일상의 문제를 풀어나가는 삶의 정치로 바뀌고 있다. 정당과 정치권이 지방선거를 대선의 전초전으로 몰아가고 있지만, 유권자들은 지방정치와 풀뿌리 정치의 의미를 되새겨 정치권의 계산과 전략에 대응해야 한다.

이 시점에서 한 가지 짚고 넘어가야 할 것이 있다. 지방선거에 대한 유권자의 무관심은 단지 대선정국과 월드컵에 기인하는 것이 아니라 지방정치가 우리의 일상적 삶과 직결되어 있다는 인식이 뿌리내릴 수 없었기 때문이다. 실제로 시장, 군수, 도지사, 기초의회와 광역의회의 활동이 우리의 삶에 보다 큰 영향력을 끼칠 때 지방정치에 대한 관심은 자연스럽게 높아질 것이다. 즉 지방분권의 확대야말로 지방정치 활성화의 초석이다. 이러한 맥락에서 지방분권을 촉구하는 운동의 전개는 큰 의미를 지닌다. 여러 지역에서 선거기간 중 지방분권 운동을 홍보하기 위한 기구를 만들어 후보자들을 지방분권 운동에 동참케 하고 당선 뒤 실천하도록 서약을 받는 행사를 펼치고 있다. 6·13 지방선거는 '대통령 선거의 전초전이 아니라 지방분권의 전초전'이 되어야 한다는 주장은 참으로 적절하다.

21세기는 세계화와 지방화의 시대이다. 온 지구촌이 하나 되는 시대이며, 동시에 우리의 문제는 우리의 작은 공동체 안에서 자율적으로 해결해나가는 시대를 의미한다. 정보기술의 발달로 수십억

명의 시선이 동시에 월드컵 경기에 머물 수 있다는 사실에서 세계화의 단편을 볼 수 있다. 한편 중앙의 비대한 정치권력으로는 삶의 정치, 생활의 정치를 제대로 구현할 수 없다는 인식하에 지방정치가 확산되고 있는 것이 또한 세계적인 추세이다. 이러한 의미에서 월드컵 경기와 지방선거는 그 어느 것도 소홀히 할 수 없다.

월드컵 경기가 세계를 하나로 묶어내는 축제라고 한다면, 6·13 지방선거는 삶의 정치를 풍요롭게 하는 기초 작업이다. 월드컵의 뜨거운 열정과 지방선거의 냉철한 이성적 판단이 조화를 이룰 때 진정한 21세기를 맞을 수 있다. 지방선거에 적극 참여해 우리의 역동성을 보여줘야 할 때이다. 최선의 후보를 발견하지 못했다 하더라도 최악의 후보를 저지하기 위해 차선의 후보를 반드시 선택해야 한다. '붉은 악마'의 뜨거운 열정을 지니고 모두 지방선거에 참여하자. '대~한민국'의 찡한 감동을 지방선거와 포르투갈전으로 이어나가자.

(한국일보 2002. 6. 12)

한국만의 '우리' 뛰어넘자

대한민국이 자랑스럽다. 요코하마행이 좌절되고 3, 4위전에서 패했지만 섭섭해 하는 국민은 별로 없다. 월드컵 4강 진입이라는 성적에 만족해서라기보다 승리 이상의 더 값진 것을 얻었기 때문이다. 온 국민이 '붉은 악마'가 되어 '대~한민국'을 외치고 처음 만난 사람과 손을 마주치면서 '나'와 똑같은 또 다른 '나'를 발견할 수 있었던 것은 벅찬 감동이었다. 현대사를 통해 모든 국민이 이처럼 하나 되었던 적이 있었던가. 4·19 혁명으로 이승만 정권이 무너지고 6월 항쟁으로 대통령 직선제를 쟁취했을 때 대부분의 국민은 환호했으나, 부와 권력을 누리고 있던 일부 기득권층은 못마땅했을 것이다. 그러나 2002 월드컵 경기를 통해 어느 한 사람 기뻐하지 않은 국민이 있겠는가.

월드컵 이후 국민의 심리적 공백을 어떻게 채울 것인가 걱정하는 사람이 많다. 월드컵에서 보여줬던 국민의 열정은 곧 양은냄비처럼 식어버릴 것이라고 말하기도 한다. 카타르시스 이후에는 심리적 공허감이 뒤따르기 마련이고, 일상으로 돌아가면서 축구에 대한 열정이 줄어들 수 있다. 그러나 월드컵 기간에 몸으로 느꼈던 '하나 됨'의 감동은 쉽게 사라지지 않는다.

특정 사회적 사건이 남녀노소, 직업, 교육, 소득수준을 불문하고 모든 사회구성원의 사고방식과 행동패턴, 더 나아가 정치문화에 지대한 영향을 끼치는 것을 '동시대 효과(period effects)'라고 한다. 동시대 효과는 수십 년에 걸쳐 근본적인 사회변화를 이끄는 원동력이 된다. 우리 축구대표팀과 온 국민이 함께 이뤄낸 4강 신화는 엄청난 동시대 효과를 발휘할 것이다.

이제 '하나 됨'의 공동체 의식을 보다 심화시키는 작업이 필요하다. 격심한 경쟁의 삭막한 개인주의 사회에서 공동체의 재발견은 오랜 가뭄 뒤의 단비와도 같다. 내가 존재하기 위해 타인이 존재하고, 공동체 안에서만 나의 존재가치가 있다는 사실을 자각하고 함께 살아가는 방법을 찾아간다면 우리 사회는 진정 살맛나는 사회가 될 수 있다.

거스 히딩크 감독은 우리 선수들이 팀을 위해 몸을 아끼지 않는 점을 높이 평가했다. 유럽 선수들은 월드컵 경기를 자신의 몸값을 올리기 위한 기회로 이용하는데 반해 우리 선수들은 '대~한민국'의 태극마크를 달고 뛰는 것 자체를 영광으로 생각하고 있다고 지적했다. 역설적이지만 공동체를 위해 개인이 투신할 때, 그것은 공동체의 발전에 그치지 않고 결국 그 개인의 영광으로 귀착된다. 거리를 메웠던 국민의 응원이 4강 신화를 만들어 냈고, 동시에 필승 코리아를 외친 개개인에게는 스스로 우리 사회의 주인임을 인식하고 자신감을 갖는 계기가 되었다.

'우리'라는 공동체 의식을 공고화하는 동시에 공동체의 외연(外延)을 넓혀나가는 것 또한 중요하다. 앞으로는 지연, 혈연, 학연을 넘어서고 남과 북의 벽을 허물어야 하며, 밖으로는 인종, 종교, 피부색을 뛰어넘어 평화의 지구촌을 만들어 나가야 한다.

월드컵을 치르면서 지구촌이 점차 하나 되고 있음을 실감했다. 선수들과 감독들이 국경을 넘어 자신의 소속팀을 위해 뛰고 있고, 그 결과 각국 대표팀의 전력이 상향평준화 되었다. 영원한 축구 강국은 더 이상 존재하지 않는다. 지구촌의 현실을 바라볼 때 공동체의 외연을 넓히는 것도 쉽지 않음을 알 수 있다. 그러나 한 국가의 운명이 지역공동체는 물론 지구촌의 운명과 무관하지 않음을 직시한다면 우리 자신부터라도 지구촌 이웃에 대한 관심을 가져야 한다.

이번 월드컵 공인구 피버노바를 만드는 아프리카 아이들의 하루 임금이 1달러도 안 된다는 사실은 충격이다. 월드컵 기간에도 지진과 자연재해로 수천 명의 사상자가 발생했고, 중동에서는 자살테러와 보복이 계속되었다.

월드컵은 끝났어도 우리의 마음은 공허하지 않다. 공동체 의식을 다지고 공동체의 범주를 확대시켜 나갈 때 감동의 드라마는 계속된다. (한국일보 2002. 7. 3)

외국로비스트 양성화를

이태복 전 복지부장관의 교체와 관련한 논란이 증폭되고 있다. 이 전 장관의 경질이 청와대 측의 주장대로 그의 업무스타일 때문인지 아니면 그가 추진했던 정책에 반대하는 집단, 즉 제약회사의 영향력이 작용한 결과인지에 관한 것이다. 장관의 임명권자인 김대중 대통령이 이태복 장관의 업무스타일이 적절하지 않다고 판단했다면 업무스타일의 어떠한 부분이 문제가 되었는지 꼬치꼬치 캐물을 수는 없다.

그러나 정책추진 과정에서 불거진 이해당사자들의 영향력에 의해 장관이 경질되었다면 이는 국가의 권위와 위신에 심각한 문제가 아닐 수 없다. 그 이해당사자가 정책에 반대하든 찬성하든 대다수 국민의 이해를 대변하고 있다면, 찬반 주장을 수렴하고 조정하는 과정에서 나타날 수 있는 부처의 공정성과 투명성의 문제를 포함한 장관의 업무스타일을 문제 삼을 수 있다. 그러나 이해당사자인 다국적 제약회사와 미국 무역대표부, 그리고 미 상무부의 압력에 의해 '건강보험 재정안정대책'의 세부과제로 제시되었던 참조 가격제가 시행되지 못하고, 더 나아가 장관의 경질에까지 영향을 주었다면 그 경위에 대한 철저한 진상조사가 필요하다.

이보다 더 중요한 것은 외국기업이나 외국정부의 영향력 행사로부터 국가의 기본적 영역을 지켜 나갈 수 있는 법적·제도적 장치를 마련하는 것이다. 외국로비에 대한 근본적인 대책이 수립되지 않은 상황에서 제2, 제3의 로비파문은 계속될 수밖에 없다. 신자유주의의 지구촌 시대에 외국로비는 모든 국가에서 일어나는 보편적인 현상이다. 냉전시대에는 미국이 외국로비의 주된 대상이었으나 상호의존의 국제정치경제체제에서 모든 정부와 다국적기업들은 그들의 이익을 극대화하기 위해 타국의 정책결정에 지속적으로 영향력을 행사하고 있다. 정식 외교채널을 통한 교섭을 피하는 한편, 막대한 자금을 동원해 법률회사, 컨설팅회사, 광고회사 및 유력 인사 등을 로비스트로 고용하고 있다.

우리나라의 정책결정과정에서도 다국적기업과 외국정부의 로비활동이 일상화되어 있다. 최근의 차세대 전투기 구입 결정과정에서 볼 수 있었던 전투기 제작사와 외국정부의 로비가 그 좋은 예이다.

이번 다국적 제약회사와 미국정부의 로비활동도 같은 범주로 볼 수 있다.

이제 외국의 정부기관이나 기업들이 우리나라의 정책결정과정에 직간접적으로 영향력을 행사하는데 대해 능동적인 자세로 임해야 한다. 외국로비가 피할 수 없는 현상이라면 로비의 긍정적 측면을 극대화하고 로비절차를 합법화하려는 노력이 필요하다. 우선 정부는 음성적 방법을 통한 외국의 영향력 행사를 양성화시키기 위해 가칭 '외국로비스트 등록법' 제정을 숙고해야 한다. 외국로비스트들의 활동을 양성화하면 무절제한 행동으로 우리의 정책결정과정이 흔들릴 것이라는 염려도 있을 수 있으나, 이는 효율적인 법적 규제조치로서 충분히 예방할 수 있다. 즉 누가, 누구의 이익을, 언제, 어떻게 대변하고 있는가를 항상 감시·통제할 수 있는 제도적 장치가 마련되면 불법적 선전과 압력, 불법 로비활동, 뇌물수수 등을 미연에 방지할 수 있다.

외국로비스트 등록법은 로비활동을 규제하는데 일차적인 목적이 있는 것이 아니라 외국로비의 실상을 국민들이 손쉽게 알 수 있도록 하는 장치이므로 부수적으로 우리 사회와 정책결정과정의 투명성도 높일 수 있는 계기가 될 수 있다. 사실 법과 제도적 장치는 불법적이고 과도한 외국로비를 막을 수 있는 필요조건에 불과하다.

우리의 정책결정과정이 투명하고 합리적일 때 필요충분조건이 갖추어지는 것이 아닐까. 불법적이고 편파적인 로비는 어둡고 침침한 정책과정에서 가능하다. 습습하고 어두운 골방에서 곰팡이가

피는 것과 같은 이치다. (한국일보 2002. 7. 24)

강자의 오만, 자기 파괴뿐

겸양지덕(謙讓之德). 살벌한 경쟁의 시대에 살고 있는 현대인들에게 별로 마음에 와 닿는 경구는 아닌 듯하다. 눈을 부릅뜨고 버텨도 경쟁에서 살아남기 어려운 세상에서 겸손과 사양은 이미 미덕이 아니라 패배와 추락의 지름길일 수 있다. 그러나 어수선한 나라 안팎의 사정을 들여다보면 오만과 이기심이 모든 일을 그르치고 있다는 생각을 지울 수 없다.

장마와 태풍에 의한 집중호우도 아니건만 열흘이 넘게 게릴라성 폭우가 쏟아져 재산피해는 물론이고 침수와 산사태로 인한 사망자와 실종자가 30명을 넘어서고 있다. 집중호우에 대비하지 못하고 우왕좌왕하고 있는 관계부처와 지방정부의 모습이 원망스럽지만, 눈을 돌려 다른 나라의 상황을 보면 이러한 자연재해는 우리만의 문제가 아니라는 사실을 곧 알게 된다.

전 세계적으로 기상이변이 날로 늘어가고 있어 가뭄과 호우, 한파와 혹서가 지구촌을 위협하고 있다. 농작물의 피해는 해가 갈수록 커져 지구촌의 식량문제는 이미 심각한 지경이고 식수마저 고갈되고 있다. 지구상에서 가장 깨끗한 청정지역이라고 믿어온 히말라야 산맥에까지 3㎞ 두께의 오염 구름층이 확산되어 있다는 사실에 놀라지 않을 수 없다. 무분별한 개발과 끊임없는 소비의 증가로 자연이 파괴되고 환경이 오염되고 있는 것이다. 결국 인간의 오만함과 이기심이 지구촌을 이 지경에 이르도록 한 것이 아닌가. 인간은 자연이 지배의 대상이 아니라 함께 더불어 살아야 하는 어머니의 품과 같은 존재라는 사실을 망각하고 있다.

미국이 이라크 군사공격을 기정사실화하고 공격 시기만 기다리고 있다는 보도에 접하면서 가치독점의 독선이 얼마나 큰 재앙을 가져다 줄 것인지 걱정스럽다. 9·11 테러 이후 미국이 자국의 안보를 위해 철저한 조치를 취하는 것은 이해할 수 있으나, 미국의 패권적 지위를 이용해 지구촌 곳곳을 군사공격의 대상으로 삼는 것은 용납하기 어렵다. 이라크가 유엔안보리의 결의안을 준수하고 무기 사찰단에 모든 장소를 개방하겠다고 공언한 마당에 미국이 이라크 공격을 고집할 이유는 없다. 아프가니스탄에 대한 공격으로 수많은 민간인이 목숨을 잃고 난 후 미국에 대한 비난의 목소리가 높아지고 있건만 이를 제대로 듣지 못하는 것은 미국의 오만 때문이다.

소련과 동구의 몰락으로 미국은 군사력과 경제력에서 누구도 도전할 수 없는 막강한 나라가 되었지만 정치력의 차원에서 보면 그 힘을 잃고 있다. 미국의 대외정책을 가장 적극적으로 지지해오던 영국마저 예전 같지 않으며, 유럽의 지식인들도 미국의 패권주의에 비판적이다.

8·8 재·보궐선거에서 승리한 한나라당은 의석 과반수로 무소

불위의 힘을 발휘할 유혹에 빠지기 쉬운 상황이다. 국무위원도 해임할 수 있고 예산안과 법률안도 단독으로 처리할 수 있다. 공적자금 비리문제 조사를 국무총리 인준과 연계하겠다는 공세적 자세를 취하는 한편 법무장관을 출석시켜 이회창 후보 장남의 병역문제 처리도 추궁할 모양이다.

대선을 불과 4개월 남겨 놓고 의회의 과반수를 차지하게 되었으니 이 기회를 잘 이용해 김대중 정부의 실정을 공격하고 민주당을 수세로 몰아넣어 이회창 후보에 대한 지지를 확대할 수 있다.

그러나 과반수의 힘이 오만함으로 비춰질 때 재·보궐선거의 승리는 족쇄로 작용한다. 앞으로 정국이 파행으로 치달을 경우 한나라당에 대한 유권자의 기대감은 실망감으로 변할 수 있음을 명심해야 한다.

자연에 대한 인간의 오만, 미국의 패권의식, 한나라당의 과반의석 확보 등은 힘을 바탕으로 한다. 힘이 강할 때 그 힘을 이용해 압도적인 우위를 차지하려는 유혹은 달콤하지만 그 결과는 쓰디쓰다. 힘이 강할수록 자제하고 약자와 힘을 공유할 수 있는 겸양의 지혜가 필요하다. (한국일보 2002. 8. 14)

우리 사회의 도덕

지난달 28일 국제투명성기구(TI)가 발표한 2002년 국제투명성 반부패지수에 의하면 우리나라는 10점 만점에 4.5점으로 102개 평가 대상국 중 코스타리카, 요르단과 함께 40위에 머물고 있다. 세계교역량으로 보면 10위권에 진입했고, 경제협력개발기구(OECD)의 회원국이 된 마당에 부끄러운 마음이 들 수밖에 없다. 월드컵 4강 신화를 이룬 우리 모습과 배치되는 또 다른 우리의 모습을 들킨 것 같아 씁쓸함을 지울 수 없다.

그러나 두 차례에 걸친 국무총리 후보자에 대한 인사청문회와 임명 동의안 부결 과정을 지켜보면서 10년쯤 후에는 반부패지수가 20위 내에 들 수 있으리라는 기대를 하게 되었다. 국무총리의 장기간 공석으로 김대중 대통령의 집권 말기 국정 운영이 차질을 빚는 것도 사실이고, 스케줄에 잡혔던 국제회의에 불참해 국가위신이나 대외 신인도에 좋지 않은 영향을 주었다는 견해도 있다. 그러나 오히려 공직자에 대한 도덕적 잣대가 높아지고 있다는 사실에 더 높은 점수를 주는 것이 옳다는 생각이다. 총리서리로 임명되어 자신의 모습을 낱낱이 내보이고 결국 낙마하고 만 두 총리서리로서는 개인적으로 불명예스러운 일이지만 달리 보면 우리나라의 투명성을 한 단계 높이고, 공직자에 대한 도덕적 잣대를 새롭게 한 계기가 되었다.

정치권은 국무총리 지명이 두 번에 걸쳐 불발에 그친 것을 김대중 정부와 민주당, 그리고 한나라당의 정쟁 차원으로 해석하고 싶어 한다. 병풍(兵風)에 대한 맞불작전을 펼치는 한나라당, 더 이상 밀렸다가는 12월 대선에 희망이 없다고 배수진을 친 민주당, 그리고 갈 때까지 어디 다시 한 번 해보자는 김 대통령의 옹고집이 얽히고설켜 만들어진 결과로 해석하는 것은 사태의 본질을 왜곡하는 것이다. 임명 동의안 부결을 놓고 정당끼리 서로 책임을 떠넘기려는 행태 또한 우스운 일이다. 두 번에 걸친 총리인준 불발은 정치권에 대한 국민의 엄중한 심판의 시작임을 어찌 깨닫지 못하고 있는가.

부를 축적하기 위해 부동산 투기는 일반적 현상이었고, 아파트의 평수를 늘려 가는 것이 재산을 불려 가는 거의 유일하고도 확실한 수단이었다. 자녀들을 좀 더 나은 환경에서 교육시키려는 부모의 마음으로 8학군이 명문 학군으로 자리 잡는가 하더니, 이제는 명문학원들이 밀집한 지역으로 전학하려는 학부모들로 야단법석이다. 여유 있는 돈은 재개발 아파트나 주식, 유익한 벤처를 찾아 옮겨 다니고 있다. 교육열을 빌미로 위장전입은 용인되는 상황이었고, 어느 정도의 세금 탈루는 기업하는 사람들에게 필요악이었는지 모른다.

그러나 우리 사회는 달라지고 있다. IMF 금융위기의 밑바탕에는 불투명한 경영과 탈세, 특혜와 불법정치자금, 정경유착이 있었다. 그 중심에 정치인과 고위공직자, 그리고 악덕기업인들이 있음을 알게 되었다. 목적을 위해 수단을 가리지 않았던 우리 사회의 관행이 결국 우리 자신을 옥죄는 덫임을 깨닫게 되었다.

정치적 파행의 근저에 도덕성의 붕괴가 자리 잡고 있다. 두 명의 총리서리에게 적용된 도덕적 잣대가 높아 보일 수도 있다. 그러나

'만인지상 일인지하'의 총리직을 수행하기 위해서는 그에 상응하는 도덕성을 갖추어야 한다. 이러한 도덕적 잣대는 국무총리에게만 적용되는 것이 아니라 국회의원, 장관을 포함한 고위공직자, 그리고 모든 정치인과 사회지도층에게 당연히 파급되어야 한다. 결국은 우리 국민 모두가 떠안아야 할 도덕적 잣대로 자리매김 할 것이다.

개인과 집단의 도덕성은 하루아침에 이루어지는 것이 아니다. 지금부터라도 공직자나 정치를 꿈꾸는 사람들은 주변 사람들보다 훨씬 높은 도덕적 잣대를 지니고 생활해야 한다. '총리로 지명될 줄 알았으면 그렇게 일을 처리하지 않았을 텐데…'라는 후회는 의미 없는 독백일 뿐이다. (한국일보 2002. 9. 4)

유권자 승리의 대선으로

대통령 선거가 12월로 다가오면서 대선 주자들이 하나 둘 확정되고 있다. 아직도 정당 간 또는 정치세력 간 이합집산의 가능성이 상존해 있고 우리나라 정치풍토의 불확실성으로 인해 언제 어느 후보가 불쑥 등장할지 모르지만 나설 후보들은 이미 유권자들을 향해 지지를 호소하고 있다.

정당과 후보들은 호소력 있는 선거공약을 개발해 하나둘씩 발표하고 있다. 유권자들의 관심을 끌 수 있고 유권자들에게 즉시 혜택이 돌아갈 수 있는 정책과 공약으로 각축을 벌일 모양이다. 선거가 가까워질수록 국민들 앞에는 우리나라의 청사진이 수십 개씩 펼쳐질 전망이다.

이미 대통령 선거전은 시작되었다. 정당과 정당, 후보자와 후보자들의 대결보다 더욱 중요한 정치권과 유권자의 힘겨루기가 본격화된 것이다. 선거공약은 후보자와 정당이 유권자들에게 제시하는 희망이며 비전이다. 따라서 대부분의 공약은 장밋빛을 띠고 있으며, 달콤한 솜사탕과도 같아 별 생각 없이 덥석 집어삼키기 쉽다.

장밋빛 공약의 허구와 달콤함 뒤의 쓴맛을 잊어서는 안 된다. 군복무 기간을 단축하겠다는 공약을 싫어할 부모들과 당사자들이 어디 있으며, 국민건강보험료 부담을 대폭 줄이겠다는데 이를 마다할 사람이 있겠는가. 정당과 후보자들이 쏟아낼 공약과 비전을 냉철하게 평가하고 비판해서 옥석을 가려낼 수 있을 때 이번 대선 선거전에서 유권자가 승리하는 것이다.

포장이 그럴듯하고 향기가 코를 즐겁게 하더라도 내용물을 철저히 살펴야 한다. 옥석을 가리는 것이 생각만큼 쉽지는 않다. 그러나 우리나라 유권자들의 정치의식 수준이면 어느 정당과 후보의 공약과 비전이 진실한 것인지 아니면 허구에 차 있는지 충분히 가려낼 수 있다.

우선 정당과 후보자가 내세운 비전이 우리의 현실에 기반하고 있는지의 검증이 필요하다. 현실에 대한 정확한 인식과 평가 없이 제시한 뜬구름 같은 비전과 공약은 일시적으로 각광을 받을 수 있지만 결국 유권자들에게 외면당할 수밖에 없다. 현실을 무시한 공약은 실천하기 어렵기 때문이다. 오랜 전통과 역사를 지니고 있는 서유럽 정당들의 공통점은 '현실에 바탕을 둔 비전의 제시'에 있음을 직시해야 한다.

같은 맥락에서 공약이나 정책의 구체성을 검토하는 것이 중요하다. 각 후보나 정당들의 공약이 선언에 그치고 마는 경우가 많다. 구체적 실천방안을 유보한 채 듣기 좋은 수사(修辭)적 어휘로 유권자를 기만해 온 것이 통례였다. '정치개혁'의 화두를 던져 놓고, 투명성 확보의 당위성을 외치지만 결국 정치과정, 선거과정, 정치자금 수급의 투명성 확보를 위한 구체적 방안을 제시하지 않는다면 이는 결국 공염불에 지나지 않는다. 최근 중앙선거관리위원회가 제시한 정치관계법 개정의견에 대해 각 정당과 후보들이 이렇다 할 반응을 보이지 않은 채 '정치개혁'의 소리만 높이는 것은 이해할 수 없다.

정치권은 유권자의 감정을 자극하고 감성에 호소해 지지를 얻으려 한다. 지역감정에 호소하고 계층 간 갈등을 부채질함으로써 선거에서 승리할 수 있다는 생각에서 벗어나지 못하고 있으며, 선거공약과 정책대안 또한 유권자의 이성적 판단에 의해 심판받기보다는 감성에 호소하고 있는 것이 사실이다.

이제 유권자의 차례이다. 우리나라 정치의 후진성의 진원지가 유권자가 아닌 정치권이며, 정치권을 바로잡는 것은 결국 유권자의 몫임을 보여줘야 할 때이다. 섣부른 공약과 비전 제시에 대해 날카로운 이성적 비판으로 그 허구성을 폭로해 나가야 한다. 공약과 정책의 일관성을 검토하고, 정당과 후보의 차별성을 밝혀내기 위해서는 유권자들의 보다 세심한 관찰과 노력이 필요하다. 정치권에 대한 유권자의 승리는 정치발전의 초석이며 원동력이다. 12월 대통령 선거를 유권자의 승리로 마무리 짓자. (한국일보 2002. 9. 25)

5부 신중하면서도 소신있는, 유연하면서도 꿋꿋한

감성에

호소하는 리더십은

한계를 지닌다.

합리적 이성과 논리로 설득하고

정공법으로 정국을

이끌기 위해서는

용기와

자신감이 필요하다.

품위 있는 전직대통령이 그립다

'위대한 국민, 기적의 역사'. 국무총리실 산하 건국 60년 기념사업추진기획단이 내세운 캐치 프레이즈이다. 기획단은 지난 60년을 되돌아보고 미래를 설계하는 프로그램을 연중 펼치고 있다. 국회는 지난주 제헌절 기념식을 성대하게 치렀다. 여러 학회와 시민단체가 개최하는 학술회의가 줄을 잇는다. 하지만 건국의 의미를 뿌듯하게 느끼는 국민은 많은 것 같지 않다. 현재의 삶이 너무나 부대끼고 고달프기 때문이다.

경제를 살려달라고 뽑은 이명박 정부는 출범하자마자 인사정책 실패와 조급한 미국산 쇠고기 수입 협상으로 휘청거린다. 세계 경제는 달러화 약세와 원유가 폭등으로 불안한 상태인데, 금강산 관광객이 피격되는 사건까지 벌어졌다. 엎친 데 덮친 격으로 일본은 독도 영유권을 주장하고 나서니 '건국 60년'은 뒷전으로 밀려나 있을 법하다.

지금과 같은 어려운 상황일수록 우리가 얼마나 어려운 고비 고비를 잘 넘겨왔는가 되돌아보고 자신감을 회복하는 일이 필요하지 않을까. 분단과 전쟁, 쿠데타와 시민혁명, 정치파동과 유신체제, 외환위기와 이념갈등으로 점철되었으나 모든 질곡과 파행을 이겨내고 경제성장과 민주화를 이만큼 이루어낸 나라로 성장했다.

지구촌 어느 나라 역사를 보아도 밝고 자랑스러운 역사만 지닌 나라는 없다. 어두운 역사도 소중하게 생각하고 어떻게 극복했는지 되짚어 보면서 교훈을 얻은 나라가 발전과 희망의 역사를 만들어간다.

한국정치학회는 정부수립 60년을 맞아 전직대통령이 격동의 정치 한복판에서 무엇을 느끼고 고민했는지 인터뷰해 학회 소식지에 싣고 있다. 최근 두 차례에 걸쳐 김영삼, 김대중 전 대통령과 인터뷰하면서 필자는 우리 국민이 정치지도자에 대해 지나치게 박한 점수를 주었던 점을 반성했다.

역사에 명암이 공존하듯 정치지도자 역시 장점과 단점이 있을진대, 시시비비를 논하기 전에 미리 한판승부를 결정해 놓고 일방적으로 평가하는 것이 아닌가. 소용돌이의 정치 환경에서 모든 정치현안이 대통령에게 귀속되었고, 그 결과 역시 대통령이 전적으로 책임을 져야 한다는 의식이 지나치지 않았는가. 이러한 상황에서 우리는 자랑스러운 대통령을 가질 수 없다.

노무현 전 대통령의 통치기록물 반출에 대한 논란이 법적, 정치적으로 어떻게 정리가 될지 두고 볼 일이지만, 이 논란으로 전직대통령의 위신이 또 다시 추락하고 흠집나는 일이 없으면 좋겠다. 전직대통령의 언행이 국가원로다운 품위를 유지하지 못하고 정쟁에 휘말리면 곤란하다.

1987년 이후 다섯 명의 대통령은 우리 손으로 직접 선출했다. 호불호(好不好)를 떠나 우리가 뽑은 대통령에게 최소한의 사랑과 존경심을 갖는 것은 우리 스스로의 의지를 존중하는 일이다. 외환위기를 극복하고 올림픽과 월드컵을 성공적으로 치러내고 남북 긴장관계를 완화한 주역은 물론 국민이지만, 그 앞에서 리더십을 발휘한 것은 대통령임을 부정할 수 없다.

중국과 일본에서는 전·현직 정치지도자를 훌륭한 리더로 묘사하고 존경할 만한 인물임을 강조하는 경향이 있다. 국가와 정치지도자, 그리고 일반 국민을 일체화시키려는 고도의 전략으로 볼 수 있으나, 정치지도자에 대한 국민의 존경은 곧 자중자애(自重自愛)와 자긍심으로 이어지고 국가 발전과 사회 안정의 기반이 된다.

건국 60년을 맞아 이승만 초대 대통령에서부터 노무현 전 대통령에 이르기까지 그들의 리더십과 행적을 되돌아보면 장단점과 긍정부정의 평가 속에서 나름대로 '자랑스러운 대통령'을 찾을 수 있지 않을까. '위대한 국민'은 '기적의 역사'를 머리로 인식하고 가슴으로 느낄 수 있으리라.

(동아일보 2008. 7. 22)

재보선 참패와 DJ의 숙제

10·25 재·보궐선거 이후 김대중 대통령과 민주당은 앞으로의 정국운영과 당의 진로에 대해서 고심하고 있다. 김대중 대통령은 사회 저명인사들에게 전화로 앞으로의 정국운영에 대해 의견을 구하기도 하고, 민주당은 당 쇄신과 차기 대통령 후보 조기 가시화 등을 논의하기 시작했다. 선거패배의 원인은 민심이반이었고, 민심이반은 결국 일관성 없는 경제정책을 비롯한 현 정권의 실정과 계속 불거지고 있는 비리의혹 때문이었음이 확인되었다. 민심을 돌이키지 않고는 현 정권은 금융위기를 초래한 김영삼 정권보다도 못한 점수를 받을 것 같다.

김대중 정부가 과연 민심을 수습하고 현 난국을 풀어나갈 수 있을까. 내년 대선까지 김 대통령에게 1년의 기간은 그리 긴 시간은 아니지만, 그렇다고 결코 짧은 시간도 아니다. 사실 해법은 시간의 문제이기보다 의지와 실천의 문제이다. 김 대통령의 민주화 의지와 남북관계 개선을 위한 지속적인 노력은 국내에서뿐만 아니라 전 세계적으로 인정받고 있다. 흔히들 3김 정치의 폐해를 얘기하고 있지만, 앞으로 1년 동안 김 대통령의 신선한 정치력으로 다른 2김과 차별성을 갖는 정치인으로 후세에 평가받기를 바란다. 그것은 김대중 대통령 자신을 위한 것이기도 하지만, 앞으로 1년간 김 대통령의 정치적 행보와 정치력 행사가 우리나라의 정치를 새롭게 할 수 있는 중요한 시기가 될 것이라는 믿음 때문이다.

일이 잘 풀리지 않을 때는 기본 원칙에 충실하는 것이 가장 중요하다. 야구선수가 타율이 낮아지면 우선 기본적인 스윙 폼을 점검하듯이 김대중 대통령도 정치의 기본 원칙에 충실해 왔는가를 재점검하는 것이 필요하다. 바쁠수록 돌아가라는 말도 있듯이 대통령으로서 일정이 바쁘겠지만, 지금이야말로 청남대에서 며칠 간 휴식을 취하면서 우리 사회가 지니고 있는 문제를 총체적으로 살펴보는 기회를 갖는 것은 어떨까. 서민들이 피부로 느끼는 경제상황은 어떠한지, 각종 의혹사건들의 본질은 무엇인지, 개혁정책들은 본래 의도했던 대로 방향을 잡아가고 있는지, 햇볕정책은 어느 수준까지 성과를 거둘 수 있는가 차분히 생각해 볼 때이다.

정국이 어려운 상황에 처할 때 정치인들은 종종 충격요법이나 깜짝쇼로 문제를 해결하려는 충동을 느낄 수 있다. 문제의 본질은 팽개쳐 놓은 채 껍데기를 바꾸는데 전념하거나 분위기 조성에 힘쓰는 경우를 자주 보아왔다. 당 지도체제를 바꾸든 대통령 후보를 조기에 가시화하든 그것은 당내의 의견을 수렴해서 결정할 사안이다. 하지만 그것이 단지 분위기 바꾸기 차원에서 이루어져서는 안된다. 국민의 마음을 헤아리려는 진심이 전제되지 않는다면 그것은 값싼 화장술에 지나지 않기 때문이다. 혹시라도 정계개편을 통해 정국구도를 바꾸는 것이 좋겠다든가, 남북관계를 국내정치와 연계시켜 정국을 역전시킬 수 있지 않을까 하는 유혹에도 빠지지 않아야 한다.

김대중 대통령은 이제부터 선거를 초월한 정국운영을 생각해야 한다. 큰 것을 얻기 위해서는 우선 작은 것을 버리는 자세가 필요하다. 내년의 지방선거를 승리로 이끌고 이어 대선에서 민주당이 정권 재창출을 하기 위해 어떠한 정치를 해야 할 것인가를 우선 생각하지 말고, 오로지 현재 국민이 원하는 것이 진정 무엇인가를 차분히 생각하고 이를 해결하는 정치와 정국운영에 전념하길 바란다. 정권 재창출이라는 짐에서 벗어나 정치를 자유롭게 펼쳐나갈 때 더욱 힘찬, 그리고 효율적인 정책을 추진해 나아갈 수 있다. 당적이 굴레가 된다면 그 굴레를 훌훌 벗어버리는 것도 심각하게 고려해야 한다. 단순히 선거관리의 중립성을 확보하는 차원이 아니라, 앞으로의 1년 동안 진정 국민과 민족을 위한 정치를 펼치기 위해, 여야의 초당적 협력 및 지역과 계층을 초월한 국민적 지지를 끌어내기 위해 정당의 굴레를 벗어나는 것도 하나의 대안이다. JP나 YS와는 다른 DJ 정치가 무엇인가를 보여주길 바란다. 시간은 아직 충분하니까. (경향신문 2001. 10. 29)

국민과 함께하는 개혁을

국민의 정부가 출범한 지도 벌써 2년 반이 지났다. 집권 후반기를 맞는 대통령 자신의 감회도 감회려니와 IMF 한파에 움츠렸던 국민들의 자세가 조금씩 풀려가는 것 같아 다행이다. 김대중 대통령은 집권 초기 IMF 외환위기의 극복을 위해 기업의 구조조정과 노사개혁에 힘썼고, 수평적 정권교체를 이뤄낸 정치지도자답게 민주정치의 공고화와 정치개혁을 강조해왔다. 집권 전반기 김대중 정부의 가장 중요한 성과는 역시 남북관계의 개선이다. 분단이후 처음으로 북한을 방문해 남북 정상의 만남을 성사시켰고, 역사적인 6·15 남북공동선언을 기초로 민족화해와 협력의 틀을 마련했다. 8·15 이산가족 재회를 바라본 국민들은 '준비된' 대통령의 수식어의 의미를 다시 한 번 생각했을 것이다.

그러나 IMF 체제로부터의 탈출, 그리고 남북관계의 획기적 전환이라는 가시적 성과에도 불구하고 김대중 정부의 개혁정책에 대한 국민의 기대는 충분히 채워지지 못하고 있다. 아니 오히려 그 기대를 접고 있는 국민들이 늘고 있지 않은가. 혹자는 이를 개혁 피로감으로 평가하기도 하고, 단임 대통령의 정치권력 누수현상이 이미 시작된 것으로 보기도 한다. 그러나 보다 냉정한 평가는 개혁의 실종, 즉 개혁의지의 위축과 그에 따른 개혁 정치세력 구축의 실패에서 그 원인을 찾는 것이다.

개혁의지의 위축은 종종 단기적 이해의 유혹에 굴복할 때 나타난다. 김대중 정부가 장기적인 국정운영보다 현재의 국회의원 의석수에 신경 쓰고, 국가와 민족의 미래를 위한 정책, 정치 행태, 정치제도보다 정권 재창출을 위한 전략에 집중할 때 이미 개혁의지는 퇴색된다.

김대중 정부 전반기 개혁의 실종은 개혁 정치세력 구축의 실패에 기인한다. 우선 집권정치 세력의 정체성을 뚜렷하게 하지 못했다는 점이다. 김대중 정부의 출범이 지역연합 즉 DJP 공조라는 태생적 한계를 지니고 있었지만, 이를 극복하지 못하고 오히려 지역연합의 덫에 더욱 깊숙이 빠져들고 있는 모습이다. 박태준 전 총리의 불명예퇴진 이후 또 다시 여론에 반한 이한동 총리의 등용과 4·13 총선 민의에 의한 정당구도를 교섭단체 요건완화라는 비합리적 방법으로 바꾸려는 모든 시도가 바로 DJP 연합, 민주당과 자민련의 공조, 즉 지역연합을 통한 정치세력의 구축이 갖는 폐해였다. 다음으로 개혁 정치세력의 구축과정, 아니면 근본적으로 인식과정에 오류가 있었다. 국민의 정부를 이끌어야 할 개혁 중심세력은 과거의 피억압 세력이 맡아야 하며, 그간의 차별과 억압에 의한 피해를 보상받아야 할 집단으로 스스로 개혁세력의 범주를 국한시켜 온 것이 아닌가 반성해야 한다. 더 나아가 그 세력을 특정지역과 연계시켜 생각하고 있다면 더욱 큰 문제가 아닐 수 없다.

다음으로 중요한 것은 정치과정의 중심에 누가 있어야 하는가 하는 점이다. 대통령중심제에서 대통령이 강력한 권한을 갖는 것은 자연스러운 현상이라 하더라도, 문제는 의회가 정치과정의 중심에 서 있지 못하다는 점이다. 정치경험이 풍부한 김대중 대통령도 이에 대한 인식은 부족하다. 의회를 견제와 균형의 대상으로 보기보다는 통제와 조정의 대상으로 여기고 있는 것은 아닌가. 과반수 의석이 확보되고 집권당 인사가 국회의장이 되어야 국정운영이 순조롭다는 생각은 버려야 한다. 의회가 정치의 중심이 되어야 하는 또 다른 이유는 관치경제의 심각성 때문이다. IMF 외화위기를 극복하기 위한 전략이 차질을 빚고 있는 것은 시장경제의 논리가 의회를 중심으로 공론화되지 못하기 때문이다. 공적자금의 문제, 금융개혁과 재벌, 공기업 구조조정의 경제현안도 의회에서 충분히 논의되어야 한다.

같은 맥락에서 김대중 정부의 잠재적 지지 세력이 될 수 있는 시민사회 세력이 일탈되고 있는 사실을 직시해야 한다. 노사정위원회의 사회합의의 틀에서 벗어나려는 노동과 자본, 의약분업에 따른 의료계의 분규를 단순한 집단이기주의의 표출로 평가절하해 사회로부터 고립시키는 것은 결국 현대 사회의 중요한 정치행위자들을 서서히 사장시키는 결과가 된다. 총선시민연대의 활동을 보장함으로써 그만큼 선거정치의 개혁이 진전되었듯이 집단의 자율적 이익표출을 보장하고 격려하는 것이 민주정치 공고화의 올바른 길이다. 동시에 정당, 의회, 행정부의 이익조정 기능과 이익취합 기능을 제고하는 것도 역시 중요하다.

김대중 정부 후반기의 화두도 남북관계와 개혁일 수밖에 없다. 2002년 봄까지 약 18개월 간 선거가 없는 기간이다. 모처럼 선거에 볼모잡히지 않고 민주정치의 제도화를 이룰 수 있는 좋은 기회이다. 남북관계의 개선과 정치, 경제, 사회 제 부문의 개혁은 독단적 결단에 의해서가 아니라 다양한 의견 수렴을 거쳐 진행되어야 한다. 김대중 정부 후반기에는 개혁 프로그램도 함께 추진하고 그 과실도 함께 나눌 수 있는 여당과 야당, 정부와 국민, 국가와 시민사회를 진심으로 기대한다. (국민일보 2000. 8. 24)

국민 설득 어려운 개각

오래 끌어오던 개각이 단행되었다. 계속 불거져오는 비리사건이 대통령의 처조카, 수석비서관으로 확산되면서 김대중 대통령을 압박하고 있다. 이러한 상황에서 단행된 개각이라 국민의 관심이 높을 것이라 생각했으나 별로 반응이 없다. 분개하는 시민도, 박수치는 시민도 없이 그저 시큰둥하다.

한나라당은 물론이고 대통령 후보의 국민경선제로 새로운 돌파구를 찾고 있는 민주당도 이번 개각을 보며 그리 밝은 얼굴빛은 아닌 것 같다. 동교동계와 친분이 두터운 전윤철 장관을 청와대 비서실장에, 그리고 박지원 전 수석을 정책특보에 임명한 것에 대해 민주당 내 쇄신파들은 의아해하고 있다.

이번 개각을 보면서 국민의 정부 인재풀이 소진된 것이 아닌가 생각하게 된다. 대통령과 민주화를 함께 추진했던 인사들과 오랫동안 억압받아오며 정권교체를 이룬 특정지역 인사들만으로는 국민의 정부 출범부터 인재풀이 충분하지 않았다. 그러나 지금이라도 눈을 밖으로 조금만 돌리면 인재는 많다. 요즈음 특별 검사팀이 밝혀내는 비리상황을 보면서 국민들은 이전에 수사를 담당했던 검찰을 탓하기도 하지만, 한편 이렇게 참신한 특별 검사들이 아직도 있구나 하는 희망과 안도감을 느끼고 있다. 사실 인재가 없는 것이 아니다. 많은 인재들을 제대로 발굴 못한 것이 문제이다.

장관직과 청와대 수석을 맡게 된 한 사람, 한 사람 차원의 문제가 아니라 이러한 미적지근한 개각으로 임기를 마무리하겠다는 김대중 대통령의 자세가 더욱 심각한 문제이다. 비록 초췌한 모습이었지만 연두기자회견에서 대통령이 부패척결과 국정쇄신을 강조할 때 새로운 내각의 출범에 큰 기대를 했었다. 민심을 수습할 수 있는 방법 중의 하나가 조각 수준의 개각이었기 때문이다.

이번 개각에서 국정쇄신의 기운을 느낄 수 없다. 지난 해 11월 민주당 총재직을 떠나는 결연한 마음의 연장선상에서 앞으로 1년 행정부를 제대로 챙길 진용을 짤 것으로 기대했었으나 역시 불발로 끝났다. 부패와 비리를 척결하고 깨끗한 정치를 위해 적극적으로 국정을 운영하겠다는 의지보다는 현상유지와 안정에 치중한 개각이다.

우선 국정의 안정을 기하기 위해 총리를 유임시켰다는 것도 이해하기 어렵다. DJP 공조의 상징인 이한동 국무총리가 DJP 와해 이후 총리직에 남은 것은 당시의 정치상황으로 보아 정국안정이라는 이유가 조금은 타당성이 있었으나, 현 시점에서 이 총리의 유임은 납득하기 어렵다. 조각 수준의 개각이 불가능했다면 내각의 얼굴인 총리의 교체는 마땅히 이루어졌어야 했다. 내각의 안정보다는 쇄신과 개혁으로 국민의 마음을 안정시키는 것이 더욱 중요한 시점이다. 이 총리의 유임이 확정되면서 DJP 만찬회동이 이루어지는 것도 어쩐지 개운치 않은 대목이다. 각계 지도층을 만나는 연장선상에서 이번 회동이 계획되었다고 하지만 오비이락으로 끝날지 두고 볼일이다. 정치권 일각에서 불고 있는 내각제 개헌론이나 합당의 논의로 확산된다면, 김대중 대통령이 당 총재직 사퇴 이후 표방한 정치배제의 원칙은 물거품이 된다.

김대중 대통령에게 '심호흡 정치'를 부탁하고 싶다. 김 대통령이 민주당 총재직을 떠날 때 당내의 많은 사람들이 당의 진로에 대해서 걱정했으나, 오히려 민주당은 당 개혁의 계기로 삼아 나름대로의 행보를 내디디고 있다. 그 이후 김 대통령에 대한 국민의 지지가 높아진 것도 사실이다. 훌훌 벗어버리면 더 많은 것을 얻을 수 있다. 심호흡의 원리가 그렇지 아니한가. 가슴 속의 모든 공기를 몸 밖으로 내 뿜으면 곧 새로운 공기가 가슴을 채워주는 원리이다. 앞으로 1년 한국 정치를 새롭게 탈바꿈시키기 위해서는 김 대통령이 미련 없이 버려야 할 것이 아직도 많다. 대통령 자신과 친인척, 동교동계, 민주당을 1년간만 버리면 국민의 마음은 대통령에게 다가간다. 불안할수록 심호흡을 하면 자신감이 생기고 힘이 축적된다.

이번 개각으로 중책을 맡게 된 분들에게 한 가지 부탁한다. 앞으로 1년의 임기를 단순히 지난 4년을 뒤치다꺼리 하는 것으로 생각해서는 안 된다. 김대중 정부 5년 임기 중의 1년이 아니라 진정한 한국 정치의 21세기를 여는 한 해로 생각해주길 바란다. 모두 심호흡을 하면서.

(중앙일보 2002. 1. 30)

이젠 대통령이 말할 때다

자식 자랑이 팔불출의 하나라는 것을 모를 사람이 없건만 자식이 잘되고 기특한 일을 하면 으레 자식 자랑을 하게 되는 것은 부모로서 어쩔 수 없는 일이다. 자식이 잘못을 저질러도 일단 꾸짖긴 하지만 감싸고 이해해주려는 것이 우리네 부모의 마음이다. 그것은 대통령이건 시골의 필부이건 다를 바 없다.

몇 주 전 김대중 대통령이 입원 치료를 받을 당시 그의 마음을 헤아리는 사람들은 자식 사랑의 마음 때문에 건강이 악화된 것이 아닌가 우려했다. 장남, 차남에 이어 삼남 홍걸씨의 이름까지 신문지상에 오르내리니 마음 편할 수 있겠는가. 특히 홍걸씨에 대한 김대통령의 사랑은 더욱 애틋할 수밖에 없다. 사춘기 시절에 김대중 납치사건과 연금, 그리고 광주항쟁 와중에서 충격이 컸을 막내에 대한 아버지로서의 안쓰러움도 혼재되어 있을 것이다.

그러나 세 아들과 연루되어 드러나고 있는 비리 의혹에 대해 김대중 대통령이 침묵으로 일관할 시점은 이미 지났다. 대통령의 명확한 입장 표명 없이 비리 의혹이 제대로 풀릴 것으로 믿는 국민은 많지 않다. 세 아들과 관련된 비리 의혹은 청와대, 검찰, 경찰, 아태재단, 벤처기업, 바다 건너 미국으로까지 일파만파 확대되고 있는데 대통령은 수사의 진행상황만 지켜보고 있다는 것은 옳지 않다.

특히 비리의혹을 파헤쳐야 할 청와대와 검찰, 그리고 경찰이 의혹으로부터 자유롭지 못한 지경에 이르렀다. 검찰의 정치적 중립성은 이미 시험대에 올려진 상태이고, 경찰청 수사국장은 미국으로 도피한 최성규 전 경찰청 특수수사과장과의 통화를 며칠 지나서야 보고하는 형국이다.

안타까운 일이지만 김대중 대통령과 청와대도 동일체로 볼 수 없게 되어버렸다. '최규선 게이트'를 비롯한 각종 비리 의혹에 연루되어 청와대 비서관과 직원들이 속속 구속되고 있다. 김 대통령이 입장을 표명해야 청와대도 수사에 걸림돌이 되지 않을 정도가 되었다.

김대중 대통령은 조속히 본인의 입장을 밝혀야 한다. 김 대통령이 침묵하면 할수록 상황은 더욱 악화될 소지가 크다. 검찰은 눈치보고, 경찰은 버둥거리고, 청와대는 기강이 해이지면서 국정의 틀이 흔들리고 있다. 김 대통령을 여론으로부터 보호하려는 충정이었는지, 야당에 대한 맞불작전으로 계획된 것인지 모르지만 본인이 직접 들어보지도 않은 테이프의 내용을 자신만만하게 기자회견을 통해 폭로하는 제2, 제3의 국회의원이 또 나오지 않을지 정말 걱정스럽다. 자신의 거짓말에 책임지지 않는 뻔뻔한 정치인은 정치무대에서 사라져야 한다.

김대중 대통령의 세 아들의 비리 의혹을 둘러싸고 여야 간에 오가는 언어의 수준은 온 국민을 짜증나게 한다. 모처럼 국민참여경선제로 정치에 대한 관심과 참여가 높아지고 있을 즈음 세 아들의 비리 의혹을 둘러싼 여야의 정치공방과 극한적 대립으로 국민들의 정치에 대한 애정에 찬물을 끼얹었다.

비리 의혹의 규명 없이 선거정국에 돌입하면 정국은 정당과 후보 간의 정정당당한 정책대결이 아닌 폭로전과 음해와 헐뜯기로 계속될 것이 뻔하다. 전 세계의 이목이 집중되는 월드컵 기간 중 대통령의 세 아들을 둘러싸고 정치권이 이전투구의 모습을 보인다면 참담한 일이 아닐 수 없다.

김대중 대통령은 정치적 위기에 봉착했을 때 정면 돌파의 전략을 구사해 그 위기를 새로운 기회로 전환시켜온 저력을 지니고 있다. 그것은 김 대통령 자신을 위한 기회가 되었을 뿐만 아니라 종종 우리 정치를 새롭게 하는 계기를 마련해주었다. 지난 재·보선 이후 민주당 내의 갈등을 당 총재직 사퇴로 풀었고, 그 결과 민주당은 집단지도체제와 당권과 대권의 분리, 그리고 역사상 초유의 국민참여 경선제를 채택해 당내 민주화의 초석을 놓았다. 이제 김 대통령은 결단을 내려 세 아들과 관련된 비리 의혹을 철저히 규명해야 한다. 자식 사랑을 나라 사랑의 차원으로 승화시켜 현 정국을 풀고 우리의 정치풍토와 정치문화를 바꾸어야 할 시점이다. 대통령의 가족과 측근을 둘러싼 모든 의혹은 다른 어떠한 비리 의혹보다 철저하고 투명하게 수사해 진실을 밝히는 전례를 남긴다면, 그리하여 이후 대통령의 친인척의 비리가 우리 정치에서 사라진다면 이 또한 김대중 대통령의 큰 정치적 족적으로 남을 것이라 확신한다.

김대중 대통령의 육성이 듣고 싶다. 검찰과 경찰의 엄정하고 성역 없는 수사를 대통령직을 걸고 철저하게 보장하겠다는 짧은 언

명이면 충분하다. (동아일보 2002. 4. 25)

張서리 도덕성 꼭 검증을

월드컵 4강 신화가 정말로 신화처럼 오래 전의 일로 느껴지는 것은 어쩐 일인가. 월드컵의 열기는 축구경기장으로 이어져 프로축구 K리그 경기장에는 수십만 명의 팬들이 운집하고 있고 '대~한민국'의 함성은 아직도 귀전에 머물러 있건만 김홍업씨 뇌물수수로 인한 구속과 기소, 서해교전 사태에 따른 햇볕정책에 대한 논쟁으로 '하나 됨'의 월드컵 분위기는 급속히 냉각되고 있다. 또한 선거중립내각 구성과 민심 수습 차원에서 이루어진 7·11 개각은 국민들의 속마음을 헤아리지 못한 채 표류하고 있다.

헌정 사상 처음으로 장상 전 이화여대 총장이 여성 국무총리서리에 임명된 것은 환영할 일이다. 이는 우리 사회에서 여성의 정치사회적 비중이 높아졌다는 것을 상징적으로 말해준다. 그러나 김대중 대통령이 신중한 숙고와 충분한 인사검증을 거치지 않고 장총리서리를 서둘러 임명했다는 생각이 든다. 21세기는 여성이 국운을 좌우하는 시대이기 때문에 첫 여성 총리를 발탁했다는 박지원 비서실장의 발표와는 달리 정치적 공세의 방패막이로 여성총리를 내세우려는 의도가 앞섰던 것은 아닌가. 공직 경험이 없는 장 총리서리로서 권력비리와 부패로 이반된 민심을 수습하고 서해교전 사태로 흐트러진 국정을 쇄신하기란 큰 부담이며, 대통령 선거를 5개월 앞두고 내각을 효율적으로 장악한다는 것도 벅찬 일이다. 김 대통령은 장 총리서리의 이러한 취약점을 보완하고 청와대와 총리실 간의 업무 조율을 위해 김진표 청와대 정책기획수석을 총리실 국무조정실장에 임명했으나, 실제로 이러한 인사 조치는 청와대 비서실이 총리실을 통제하려는 의도로 비춰진다.

부드럽고 무색무취의 비정치적 여성 총리를 방패막이로 세우고 내각은 청와대에서 장악하겠다는 의도로 장상 총리서리를 내세웠다면 이는 여성의 역할 증대와 지위 향상이라는 본질에 오히려 역행하는 것이다.

장상 총리서리의 국가관과 도덕심에 대한 의구심은 인사청문회에서 철저히 검증되어야 한다. 장 총리서리가 "총리가 될 것으로 생각했으면 장남의 한국국적을 포기하지 않았을 것"이라고 말한 것이나 어머니가 총리 인준을 받는데 걸림돌이 되지 않기 위해서 미국국적을 포기하고 한국국적을 회복하겠다는 아들의 효심도 어째 어색하게만 보인다. 한나라당은 이회창 후보의 손녀 원정출산 문제가 재론될 것을 우려해 장 총리서리 장남의 국적포기 문제를 어정쩡하게 넘겨버리거나 재·보선과 대선을 앞두고 여성계와 여성표를 의식해 인사청문회의 강도를 낮추어서는 안 된다.

법무부장관과 보건복지부장관 교체 과정의 정치적 의혹도 밝혀져야 한다. 송정호 전 법무부장관의 퇴임 발언에 비추어보면 대통령의 아들들 수사와 관련해 청와대 측의 선처 요구를 제대로 이행하지 않은데 따른 괘씸죄로 경질된 것으로 추정할 수 있다. 김홍업 씨와 관련한 '선처 압력설'의 진실은 과연 무엇인가.

이태복 전 보건복지부 장관이 물러나면서 제기한 '다국적 제약회사 로비설'도 국회에서 정확히 규명되어야 한다. 이 전 장관이 추진해온 제도개혁은 약값 인하 기준을 평균가에서 최저가로 바꾸고, 약품의 약효를 재평가해 약값을 낮추는 사업과 고가 약 사용을 억제하기 위한 참조 가격제 도입 등이 그 핵심이었다. 건강보험 재정 안정을 위해 중점 추진해온 보험 약가 정책에 저항해 국내외 제약사의 로비가 개각에까지 영향을 주었다면 이는 심각한 일이 아닐 수 없다. 정부 인사 정책의 투명성을 위해서라도 그 동안의 정책 추진과정과 로비 활동에 대한 명확한 사실 규명이 필요하다.

이번 개각이 민심을 진정 수습하기 위한 것이었다면 신건 국정원장과 임동원 대통령외교안보통일특보에 대해서 책임을 묻는 조치가 있어야 했다. 국정원 수장으로서 대통령의 아들에게 '떡값'을 제공한 사실에 국민들은 허탈해하고 있다.

월드컵을 지켜보면서 모든 국민이 공감한 일이지만 경기의 마지막 10분이 너무나 중요하다는 것을 알았다. 동시에 적절한 선수 교체가 승부에 결정적 역할을 한다는 사실도 배웠다. 김대중 정부의 마지막 7개월을 제대로 마무리할 선수 교체 1단계는 만족스럽지 않다. 지금이라도 주전선수를 바꾸어보는 것이 어떠할지. 끝까지 안정환 선수를 믿고 맡기는 거스 히딩크의 모습도 아름답지만 승리를 위해 과감히 홍명보 선수를 교체하는 결단력이 4강의 신화를 창조했다. 아직도 시간은 남아있다. 역전과 재역전의 드라마를 벌써 잊었는가.

(동아일보 2002. 7. 15)

대통령 사저 축소를

시작이 중요하듯 마무리 또한 중요하다. 김대중 정부가 출범할 때 국민들의 기대는 자못 컸다. 수평적 정권교체를 이룬 정부로서 지역의 균형발전과 인사 탕평책을 통한 지역주의의 종식과 새로운 정치풍토를 만들 수 있으리라는 기대와 더불어 서민들의 애환을 이해하고 감싸안는 정부를 그렸다. 김대중 정부의 지지세력은 계층적으로 소외되고 어렵게 사는 사람들이 많았기 때문이다.

김대중 정부가 IMF 외환위기를 극복하기 위한 노력의 하나로 채택한 노사정위원회도 노동자 측이 김대중 대통령을 신뢰했기 때문에 성사될 수 있었다. 적어도 김 대통령은 과거 정권들과 달리 노동자의 이익에 앞서 기업의 이익을 우선하지 않을 것이라는 공감대가 노동계 내에 형성되어 있었다. 그것은 김 대통령이 수십 년간 정치인으로서 지녀온 서민적 이미지 때문이었다.

그러나 지난 4년여에 걸친 경제정책과 노동복지정책 등을 되돌아볼 때 김대중 정부가 친 노동의 정책을 펼쳐온 것으로 평가하기 어렵고, 오히려 노동단체들은 김대중 정부의 친기업적 정책을 비판하고 있다. 그럼에도 불구하고 김대중 대통령의 서민적 이미지는 그리 손상되지 않았다. 셋째 아들이 살았다는 미국의 저택을 보면서, 둘째 아들이 근무했던 아태재단의 50평짜리 사무실의 호화로움을 보면서도 국민들은 김 대통령이 서민과 가까이 있다는 마음을 버리지 않았다.

그러나 10월 중순 완공을 앞둔 김대중 대통령 사저가 최근 언론을 통해 국민에게 비추어지면서 '서민들과 함께 하는' 김 대통령의 이미지가 퇴색되는 것 같아 안타깝기만 하다. 서울 마포구 동교동 사저 설계도에 의하면 연면적 199평에 8개의 방과 7개의 욕실, 3개의 거실, 5개의 창고, 엘리베이터, 실내정원 등으로 구성되어 있다. '사람이 밤에 누워 잘 자리는 8자 방 한 칸이면 충분하고 하루 2되의 식량이면 족하다(야와팔척 일식이승·夜臥八尺 日食二升)'는 옛 성현의 말이 새롭게 들린다. 덧붙여 임기 말 레임덕 현상 때문인지 대통령 주변에서 따끔한 충언을 해줄 인물들은 이미 다 대통령을 떠난 것이 아닌가 걱정스럽다. 총리서리로 지명되었던 장상, 장대환 씨의 부동산 취득과정에 대한 기억이 되살아나면서, 호화빌라에서 살다 이사한 이회창 후보를 떠올리면서 신축 중인 동교동 김대중 대통령 사저의 모습이 멀게만 느껴진다. 태풍으로 엄청난 수해를 입은 수재민들이 컨테이너 박스에서 추석을 지내야하는 상황과는 견주어 생각하기도 싫다. 5년 전 김영삼 대통령이 건평 100평의 사저를 개축할 때 국민의 시선은 곱지 않았다. 전두환, 노태우 두 전직 대통령은 아직도 국가에 갚아야할 돈이 상당한 액수일 텐데 큰 저택에서 살고 있는 것은 어쩐 일인지 모르겠다. 집이 낡아 거처하기가 불편해 국민들이 십시일반 돈을 모아 전임 대통령의 집을 수리해주었다는 소식이 외신으로 퍼져나가는 것을 기대하는 것은 너무나도 비현실적인 바람인가.

동교동 사저의 골격 공사는 이미 끝나 외장 공사가 진행 중이고 다음 달 중순이면 내장공사마저 끝난다고 한다. 그러나 아직 늦지 않았다. 사저 옆에 신축 중인 경호건물과 지하 3층, 지상 5층의 아태재단 건물을 포함한 소위 'DJ 타운'을 서민들과 함께하는 마당으로 꾸밀 것을 제안한다. 우선 경호건물의 건축비는 전액 청와대 경호실에서 부담하고 있기에 그 규모를 지금이라도 대폭 축소할 필요가 있다. 대통령은 퇴임 후 7년 동안 경호실의 책임 아래 경호를 받게 되어 있어 7년 후 경호실 직원들의 철수를 감안한다면 연면적 155평의 경호건물은 과도하다. 아태재단 또한 재단의 공익성을 고려하면 재단 건물의 몇 개 층은 주민들과 전문가들을 위한 도서관으로 개방해 일반인들이 쉽게 찾을 수 있도록 하는 것이 좋겠다. DJ 타운이 웅장한 건물이나 화려한 치장으로 김대중 대통령을 찾는 사람이 주눅 들게 하지 않아야 한다. 시골의 촌부도, 외딴섬의 어린이들도 마음 편하게 찾을 수 있는 소박하고 정겨운 'DJ 타운'으로 만들었으면 좋겠다.

퇴임 후 의혹과 구설수, 그리고 정쟁의 타깃에서 벗어나 국민들과 함께 생활하는 김대중 대통령의 모습을 보고 싶다. 김대중 정부에 대한 후세의 평가는 5년간의 치적이 대상이 되지만 김대중 대통령 개인에 대한 평가는 퇴임 후의 행보까지도 그 대상에 포함된다. 같은 맥락에서 퇴임 후 행보를 준비하는 마무리 단계는 매우 중요하다. 퇴임 후 김 대통령이 소외되고 어려운 사람들을 만나 함께 고민하고 걱정하는 동교동 'DJ 타운'의 소박한 모습이 외신을 타고 전 세계에 전해지는 것을 고집스럽게 꿈꾸고 싶다.

(동아일보 2002. 9. 16)

정치개혁 공감대는 확인됐다

21세기 첫 지도자로 국민은 노무현 후보를 선택했다. 어려운 역경과 우여곡절의 선거과정을 소신과 뚝심으로 견뎌내고, 유권자의 정서와 사회 저변의 변화를 제대로 읽어낸 결과이다.

이미 노무현 당선자의 일거수일투족은 앞으로 5년간의 한국 정치를 가늠하는 잣대로 비추어지고 있다. 당선 후 있었던 내외신 기자회견에서 언급한 한마디, 한마디가 무엇을 함의하고 있는가를 분석하고 앞으로의 행보에 촉각을 세우고 있는 것이 현실이다. 정치권은 물론이고, 재계, 노동계를 포함한 모든 국민, 그리고 미국을 포함한 우방 국가들의 관심도 무척 높다.

노무현 당선자는 선거운동을 통해 국민들이 무엇을 원하는지 감지했을 것이다. 정권인수를 준비하면서 우리 사회가 당면한 문제점이 무엇이고 가장 시급히 해결해야 할 과제가 무엇인지 보다 정확하게 파악할 수 있으리라 믿는다. 선거 유세기간 중 내세운 각종 공약들 가운데 무엇을 먼저 실천해야 하는가를 결정하는 것이 중요하다. 우선순위를 결정하고 완급을 조정하는 기준은 여럿이 있겠으나, 그 중 하나로 국민의 공감대 형성 여부를 들 수 있다. 북한의 핵 문제 해결과 행정수도 이전과 같은 과제는 신중하게 접근해야 한다. 국민적 공감대를 넓히기 위한 노력이 선행되지 않으면 남남갈등이 심화되고 지역갈등의 골이 깊어질 수 있기 때문이다.

반면 낡은 정치의 청산에 대해서는 국민들의 공감대가 공고화되어 있다. 노무현 후보를 지지한 유권자나, 이회창 후보에게 표를 던졌던 유권자나 모두 원하고 있는 것이 정치개혁이다. 낡은 정치의 청산 없이는 경제 정의도 사회 안정도 기대할 수 없다. 선거 막바지에 등장한 '안정과 불안,' '전쟁과 평화'의 구호처럼 이분법적 차별성과는 달리 '정권교체'와 '낡은 정치 청산'은 상호 배타적인 것이 아니라 포함관계에 있음을 직시해야 한다. 집합의 개념으로 보면 정권교체의 여망은 낡은 정치 청산의 부분집합인 셈이다. 즉 낡은 정치 청산의 대상에서 새천년민주당 역시 제외될 수 없다는 것을 뜻한다. 노무현 후보를 선택한 국민의 뜻을 민주당의 정권 재창출로 인식하는 것은 어리석다. 노무현 후보의 선거 홍보물에 '새천년민주당'의 글자를 작게 표시한 사실은 누구보다도 민주당 스스로가 잘 알고 있지 않은가. 민주당은 호남정당의 틀에서 조속히 벗어나야 한다. 90% 이상의 지지를 보낸 호남사람들도 노무현 정부가 호남에 발목 잡혀 정국운영에 어려움을 겪는 것을 원하지 않을 것이다. 한나라당 역시 환골탈태해 지역정당 구도를 타파하고 투명하고 합리적인 보수정당의 모습으로 국민 앞에 나서야 한다.

낡은 정치를 청산해야 한다는 국민적 공감대는 물론 낡은 정치를 어떻게 청산해야 하는가에 대해서도 이미 학계와 시민단체의 깊은 연구와 토론이 축적되어 있다. 이를 제도화하려는 국민의 의지는 두 달 전 국회에 제출된 중앙선관위원회의 정치관계법 개정의견에 담겨져 있었으나, 몇몇 논쟁의 여지가 있는 사안을 문제 삼아 여야는 정치개혁을 외면해 버렸다.

국민은 여당과 야당, 보수와 진보를 떠나 투명하고 깨끗한 정치를 원하고 있다. 과거에 비해 투표율이 현저히 하락한 것은 부정부패에 대한 국민의 실망감 때문이다. 정치 불신을 극복하기 위해 가장 시급한 것이 정치자금제도의 획기적 개혁이다. 정치자금 실명제를 통해 검은 돈의 투입을 차단하고, 정치자금 수급의 투명성을 높여 정경유착과 부정부패를 척결한다면 한국 정치발전의 90%는 이룬 것으로 보아도 좋다.

국민의 정치개혁 요구에 부응하는 노무현 당선자의 낡은 정치청산 의지 또한 확고하다고 믿는다. 이제 정치권의 선택만이 남았다. 지역주의에 안주하려는 정치인, 투명한 정치과정에 자신 있게 나설 수 없는 정치인은 스스로 떠날 채비를 해야 한다.

(한국일보 2002. 12. 23)

청와대, 공들여 野 설득해야

노무현 대통령의 정치실험이 계속 삐걱거리고 있다. 감사원장 후보의 임명동의안이 국회에서 부결되면서 신 4당체제는 첫걸음부터 휘청거리고 있는 상황이다. '발목잡기'와 '구태 정치연합의 횡포'라고 비판도 하고 '코드인사에 대한 적정한 심판'으로 규정하기도 하지만, 결국 임명동의안 부결의 결정적 원인은 통합신당이 민주당으로부터 분당한데 있다.

민주당이 분당되기 전이었다면 민주당은 물론 한나라당과 자민련 공히 감사원장으로서 큰 결함 없는 감사원장 후보를 거부하지는 않았을 것이다. 그러나 분당의 책임을 묻기에는 이미 늦어버렸다.

문제는 지금부터이다. 신 4당체제 하에서의 새로운 정치적 갈등, 특히 대통령과 국회의 대립과 불신을 건강한 긴장상태로 되돌릴 수 있겠는가의 문제이다. 신 4당체제의 정치실험이 갈등과 대립의 증폭이 아니라 통합의 시발점이 되려면 노무현 대통령의 현실인식이 바뀌어야 한다. 지역주의의 극복과 정치개혁의 대의를 위해서는 비록 소수파이긴 하지만 뚜벅뚜벅 올곧게 밀고 나가야 한다. 그것이 국민이 원하는 개혁의 길이기 때문이다.

그러나 주의해야 할 대목은 그 옳다고 믿는 목표를 달성하기 위해서 끊임없는 설득작업과 인내심이 필요하다는 사실이다. 개혁의 목표와 방법이 다르면 모두 반(反)개혁적 집단으로 몰아 타도와 극복의 대상으로 삼는 것은 옳지 않다. 코드가 맞는 사람만으로는 정치를 해나갈 수 없는 것이 동서고금의 현실 아닌가. 감사원장 임명동의를 앞두고 기자회견을 통해 국회의 협조를 구하는 정도로는 새로운 정치실험이 성공할 수 없다. 성실하게 다가서고 설득하고 타협하는 가운데 개혁의 가닥을 잡을 수 있고, 마침내 여론의 지지도 얻을 수 있다. 그것이 통합의 리더십이다.

동시에 노 대통령은 철저한 프로정신으로 재무장해야 한다. 새로운 정치실험을 위해서는 결단과 과감성도 필요하지만 그에 앞서 철저한 조사와 준비, 그리고 계획과 전략이 필요하다. 미국식 대통령제만 해도 그렇다. 미국의 대통령제는 엄정한 삼권분립 체제 하에서 상호 견제와 감시를 근간으로 하는 정치체제인 동시에 상호 존중과 믿음을 바탕으로 한 타협과 조정의 정치체제이다. 특히 대통령과 의회는 지속적인 대화와 설득으로 행정부의 정책을 관철시키기 위해 정당을 뛰어넘어 설득의 대상을 찾아다니지만, 그가 속한 정당이 정책기조의 튼튼한 지지자라는 사실을 전제로 한다. 대통령이 당적을 버리지도 않는다.

신 4당체제 하에서 노무현 대통령은 통합신당의 당적을 가져야 한다. 민주당 탈당은 초읽기에 들어간 것 같으니, 탈당과 동시에 통합신당의 지지를 천명하고 입당해야 한다. 열 명의 국회의원들이라도 뜻에 맞는 사람들과 함께 정치를 해나가겠다고 하지 않았던가.

통합신당 역시 대통령 당이라는 비난이 무서워, 혹은 대통령의 인기가 낮아 내년 총선에 도움이 되지 않을 것이라는 생각으로 노무현 대통령의 입당을 거부하는 것은 어색하다. 통합신당이 과거 3김 정치시대의 밀실 공작정치에 의해 만들어진 것도 아니고, 당정분리 또한 되돌릴 수 없는 대세라면 무엇이 걱정인가. 정책과 이념에 입각해 노무현 정부의 정책을 확실하게 뒷받침해주려면 노 대통령의 입당을 권유하는 편이 오히려 낫다. 예측 가능한 정치 또한 정치개혁의 중요한 덕목이기 때문이다.

정치실험은 연구실이나 실험실에서 행하는 실험과 다르다. 실패에 따른 정치비용과 희생의 폭이 크고 그 심리적 상처의 골이 깊기 때문이다. 한 번 해봐서 되면 좋고 안 되면 말고 식의 정치실험이어서는 곤란하다. 철저한 준비와 설득을 수반하지 않은 정치실험은 자칫 정치도박으로 끝날 수 있기에 걱정이 앞선다. 또 다시 국민이 정치도박의 희생물이 되어서는 안 된다. (조선일보 2003. 9. 29)

책임총리는 거저 되지 않는다

정부종합청사 통합 브리핑실의 별관 이전 문제로 불거진 총리실의 소리 없는 분노가 국정홍보처장의 브리핑실 운영방안에 대한 보고로 일단락되었다. 뒤이어 노무현 대통령이 새삼스럽게 책임총리론을 들고 나온 것으로 미루어 통합 브리핑실 이전 논란은 단순히 국정홍보처와 총리실 사이의 의사소통 문제에서 비롯된 것이 아니라, 총리실의 위상 정립이 참여정부 출범 이후 의도했던 대로 이루어지지 않고 있다는 판단에 의한 것으로 보인다. 인수위원회 때 논의되었던 책임총리제의 실체는 안개 속에 묻혀버린 듯 국정의 전면에는 노 대통령과 청와대 인사들, 그리고 몇몇 장관들만이 돋보인다.

노무현 대통령이 대선 공약으로 내세운 책임총리제는 제왕적 대통령제를 극복하기 위한 제도로서 큰 의미가 있다. 헌법에 보장된 국무총리의 권한을 실질적으로 보장해 분권적 정부형태를 실험할 수 있는 좋은 제도로서 국민들의 기대도 그만큼 크다. 오랜 제왕적 대통령제를 벗어나 분권적 대통령제를 구축하기 위해서는 보다 적극적인 노력이 필요하다.

우선 노무현 대통령은 본인의 분권 의지를 표명하는 선언적 차원에 그치지 말고 현실적으로 실현 가능한 제도적 장치를 마련하고 조속히 실행에 옮겨야 한다. 국정연설을 통해 밝힌 감사원의 회계감사 기능 국회이전의 문제도 과연 헌법 개정 없이 어떠한 방법으로 실행할지 구체적인 대안이 없어 공허해 보일 뿐이다. 책임총리제 역시 효율적인 국정 분담과 총리의 국정조정력 강화를 위한 구체적인 방법을 조속히 수립하는 것이 중요하다. 조직 확대만으로 책임총리제가 구현되는 것은 아니지만, 인수위 때부터 논의한대로 국무조정실장 아래에 차관급 자리를 신설하는 방안도 적극적으로 검토할 필요가 있다.

이에 앞서 노무현 대통령과 고건 총리의 국정운영 영역을 나누어 서로의 책임 소재를 분명하게 하기 위해서는 총리가 국정운영의 중요한 파트너로서 대통령과 충분히 논의할 수 있어야 한다. 환언하면 국무총리 국정 전반의 정책결정과정에서 소외되는 일은 없어야 한다. 책임총리는 책임만 지는 총리를 의미하지 않기 때문이다. 국가전략 과제를 노 대통령이 직접 챙긴다 하더라도 사전에 고 총리와 격의 없는 대화를 나누고 공감대를 형성할 수 있어야한다. 개혁적 코드가 맞지 않아 종종 어긋나는 일이 있을지라도 고 총리의 의견을 경청하고 존중하는 대통령의 자세가 필요하다. 그래야만 각 부처 장관들도 총리의 권위와 권한을 인정하고 조정을 받아들일 수 있다. 결과적으로 장관들의 돌출 발언과 부처 간 정책혼선도 줄일 수 있다.

동시에 권력분점의 새 틀을 제도화하기 위해서는 고건 총리의 자세 전환이 중요하다. 과거 권위주의적 리더십 하에서 길들여진 '원만한 총리' 스타일에서 환골탈태하는 모습을 보여주어야 한다. 제왕적 대통령제의 파행과 모순을 누구보다도 잘 알고 있을 고 총리는 제왕적 대통령제를 타파하고 행정부의 정치적 중립을 확립할 수 있는 호기를 놓치지 말아야 한다. 책임총리제의 확립은 행정부 내의 권한을 대통령과 국무총리가 분점한다는 좁은 의미를 넘어서 대통령과 정당, 대통령과 의회와의 균형과 견제를 향한 중요한 첫 걸음이라는 의미가 크다.

차제에 고건 총리는 '행정의 달인'에서 탈피해 정치인으로서의 역량을 발휘할 각오를 새롭게 해야 한다. 초연한 듯 뒷자리에서 사태의 추이를 바라보는 것이 아니라 앞서서 진두지휘도 하고 갈등을 해결하기 위해 흙탕에도 뛰어들어야 하며 필요하면 청와대를 향해서도 목청을 높일 수 있는 총리가 되어야 한다. '개혁 대통령-안정 총리' 구도로 참여정부의 국정운영이 조화를 이루기 위해서는 목이 쉬도록 소리쳐야 할지도 모르겠다. 대통령과의 견제와 균형을 위해서 고 총리는 정권의 '정치적 방패'가 아니라 소신 있는 '정치적 창'의 역할을 마다하지 말아야 한다. (한국시론 2003. 4. 17)

아마추어 청와대 모습 벗어라

청와대 비서실이 흔들리고 있다. 노조의 파상적 투쟁과 파업으로 뒤숭숭한 마당에 중심을 굳건히 잡고 있어야 할 청와대 비서실이 연일 뉴스거리를 만들어내고 있으니 답답한 노릇이 아닐 수 없다.

국정원 고위간부들의 모습이 실린 사진을 인터넷 신문에 유출해 전속사진사가 면직 당하는 일이 있더니, 소방헬기를 타고 가족들과 새만금 현장을 시찰한 비서관 세 명이 물러나고 말았다. 거슬러 노무현 대통령이 미국방문 중 직접 건 전화를 받지 않은 일, 그리고 5·18 광주민주항쟁 기념식 때 한총련의 시위로 정문으로 출입할 수 없었던 일도 겹쳐 떠오른다.

다른 곳도 아닌 청와대 비서실의 기강이 해이되어 있다면 이는 심각하게 짚고 넘어가야 할 사안이다. 대통령이 국정을 운영하는

데 가장 중추적인 기능을 담당하고 있는 비서실은 대통령의 분신과 같아 종종 대통령과 동일시되기도 한다.

따라서 비서실장 이하 말단 직원에 이르기까지 구성원 한 사람, 한 사람이 투철한 사명감을 갖고 직무에 임해야 한다. 가장 민감한 국정관련 고급정보를 다루는 곳이기에 철저한 보안의식을 지니고 있어야 함은 물론 누구보다도 밑바닥 민심을 헤아릴 수 있어야 하며 동시에 국민을 섬기는 겸손한 자세를 잃지 않아야 한다.

언제부터인가 청와대 비서실은 대통령 선거에서 공을 세운 사람들이 점령군처럼 진입하는 곳으로 인식되고 있다. 대통령의 국정철학을 가장 정확하게 파악하고 이를 행정부처에 가감 없이 전달하기 위해서는 소위 코드(code)가 맞는 사람들이 비서실을 채우는 것도 일리는 있다.

그러나 중요한 것은 선거운동을 하던 자세로 업무를 추진해서는 안 된다는 점이다. 대통령의 국정스타일이 후보시절과는 달라야 하는 것처럼 보좌진도 새로운 행동양식을 익혀야 한다. 비서실은 국정을 앞장서 추진하는 집단이 아니다. 국정운영을 운동차원으로 인식해 국민을 동원하여 과반수의 찬성을 이끌어 내는데 일차적인 목적을 두고 있다면 그것은 선거운동과 국정운영을 구별하지 못하는 우를 범하는 것이다.

비서실의 주된 기능은 기획과 조정이며, 행정부와 대통령을 이어주는 연계 기능이 또한 중요하다. 따라서 고도의 균형 감각이 필요한 곳이다. 과거 정부에서도 정부 출범 이후 관료출신의 청와대 직원과 정치권에서 수혈된 직원들 사이에 불협화음이 있었으나, 상호 대화를 통해 서로의 시각과 관행을 정립해왔다. 대통령과의 코드가 중요한 만큼 비서실 구성원 간의 코드(chord), 즉 상호배려를 통한 조화가 중요하다. 한 발 더 나아가 행정부와 야당, 그리고 언론과도 화음을 맞출 수 있는 비서실이 되어야 한다.

그간의 여러 문제들이 공직경험의 부족에서 불거진 것이라면 조속히 학습을 통해 시정해 나가야 한다. 아마추어 청와대를 벗어나 프로페셔널 청와대를 만들어야 하지 않겠는가. 행정관료 출신의 청와대 직원들도 이 학습과정에 동참해 그들의 경험을 나누려는 마음이 필요하다. 모두 한 식구이기 때문이다.

잿밥에만 관심이 있는 직원들, 구체적으로 내년 4월 총선 출마에 뜻이 있어 맡은 직무를 소홀히 할 가능성이 있는 비서실 직원들은 즉시 청와대를 떠나는 것이 좋겠다. 애초부터 총선을 위해 청와대 비서실 직원이었다는 이력서가 필요했던 사람들에게는 이미 타이틀은 얻은 것이 아닌가. 공연히 청와대에 남아 주위 직원들을 들뜬 분위기로 몰아가는 것은 옳지 않다.

노무현 대통령 역시 비서실이 단순히 보좌기능이라는 인식에서 벗어나 자신의 분신, 동시에 자신을 되돌아볼 수 있는 거울로 삼아 그들의 실수를 함께 자성해야 한다. 대통령 자신으로 인해 그들의 기강이 해이된 점은 없는지, 그들과의 코드만을 강조한 나머지 합리적 견제와 따가운 질책의 목소리가 청와대에서 자취를 감춘 것은 아닌지 되돌아보아야 할 시점이다. (한국일보 2003. 6. 27)

코드인사, 개혁피로 부추긴다

'공무원은 좀 튀면 안 되나요' 14일 만에 낙마한 최낙정 전 해양수산부 장관의 에세이집 제목이다. 결국 튀는 행동으로 인해 장관직을 떠나게 되었으니 아이러니가 아닐 수 없다. 변화와 개혁을 위해서는 좌충우돌하는 창조적 노력이 필요하며, 공직자들은 고정관념에서 벗어나 열린 마음으로 공직에 임해야 한다는 그의 소신에 반대할 사람은 없다. 그러나 좌충우돌과 고정관념 타파도 그 한계가 있음을 인식하지 못한 것이 안타까울 따름이다. 최 전 장관의 좌충우돌과 그 파장이 고위공직자 한 사람의 문제가 아니라, 변화와 개혁을 바라보는 노무현 정부의 시각과 그에 따른 고위직 인사의 결과라는 사실이 심히 걱정스럽다.

변화와 개혁은 우리 사회 제1의 덕목이다. 과히 시대정신이라 해도 과언이 아니다. 변화에 동참하지 못하면 곧 도태되고, 개혁의 대상이 아니라 주체로 나서야 살아남을 수 있는 것이 현실이다. 그러나 변화와 개혁의 목표와 범주, 그리고 그 방법에 대한 공감대가 형성되지 못한 상황에서 노무현 정부의 소수 코드집단이 변화와 개혁을 일방적으로 정의하고 주도할 때 국민들은 곧 개혁 피로감에 빠지고 만다. 코드집단 구성원들이 변화와 개혁을 파격과 좌충우돌로 오인할 때 문제는 더욱 심각해진다.

노무현 대통령은 최낙정 전 장관의 경질을 교훈 삼아 지금까지의 인사정책을 재점검해 볼 때가 왔다. 국정원장에 대한 국회 인사

청문회의 불가 의견, 김두관 행정자치부 장관에 대한 해임건의에 이은 감사원장 임명동의안 부결 등을 야당의 발목잡기로 규정하기 전에 코드인사와 파격인사가 남겨준 폐해를 냉정하게 저울질해야 한다. 특히 고위공직자의 코드 인사가 변화와 개혁에 도움이 되었는지 오히려 개혁 피로감만 증폭시키지나 않았는지 고민해야 한다.

노무현 대통령은 신4당 구도 하의 국정을 효율적으로 이끌기 위한 단초를 인사정책에서 찾을 수 있어야 한다. 민주당을 떠난 것이 더 넓은 마당으로 나서기 위한 것임을 인사정책을 통해 보여줄 수 있을지 관심거리이다. 우선 몇몇 마음 맞는 사람들만 있으면 개혁과 변화를 추진할 수 있다는 생각에서 벗어나야 한다. 과거 쿠데타나 혁명은 소수의 결단과 행동으로 가능했는지 모른다. 그러나 개혁은 몇몇 사람과 소수 집단에 의해서는 불가능하다. 더군다나 급속히 다원화되고 있는 우리 사회에서 변화와 개혁의 흐름은 광범위하게 설정하는 것이 필요하다. 그 안에서 함께 동참할 수 있는 개인을 널리 모집하고 집단의 외연을 넓히는 것이 개혁 성공의 필요조건이다.

덧붙여 노무현 대통령은 인사문제에 있어서 홀로 책임을 져야 한다는 강박관념이나, 인사권은 대통령의 침해할 수 없는 고유권한이라는 독단에서 벗어나야 한다. 대통령제 하에서 삼권분립은 견제를 통한 공동책임의 정신을 내재하고 있기에 국회 역시 고위직 인사충원에 있어 공동책임의 한 축이다. 국무총리 또한 대통령과 함께 인사를 논의할 행위자다. 권력집중을 권력분산으로 유도하는 것이 민주화라면 인사권 역시 예외가 아니다. 정당지도자들의 의견도 청취하고, 국무총리와도 허심탄회하게 의논해 널리 인재를 등용하는 열린 인사를 펼칠 시기다. 노 대통령만큼 인사에 자유로운 대통령도 없다. 전직 대통령들과 비교하면 정치행로에서 그리 신세진 사람들이 많은 것도 아니고 가신그룹이 있는 것도 아니다. 조금만 시야를 넓히면 역량과 자질을 갖춘 인물을 얼마든지 찾을 수 있다.

더 이상 튀는 인사(人事)는 싫다. 한두 번 튀는 인사는 신선한 충격이 될 수도 있지만, 몇 번 계속되면 신선함 대신에 불안감을 조성하기 때문이다. 튀는 공직자도 부담스럽다. 변화와 개혁의 폭을 넓게 받아들일 수 있는 공직자, 바꿀 것이 있는 만큼 지킬 것도 있다는 사실을 아는 공직자, 좌충우돌하기 전에 자신의 위치를 제대로 파악하는 공직자를 원한다. '인사가 만사(萬事)'라는 말은 진부하게 들리지만 역시 동서고금의 명언이다. (동아일보 2003. 10. 6)

정동영號, 의연한 정치를

열린우리당은 4월 총선의 선장으로 '개혁파'의 선두주자인 정동영 의원을 내세웠다. 정치입문 이후 줄곧 변화와 개혁을 주장해왔고, 2002년 민주당 대선후보 경선에 끝까지 참여해 '아름다운 패배'의 인상을 남겼던 정 의원이 여당의 대표로 등장한 것을 축하한다.

세대교체와 정치권 물갈이 요구가 거세지고 있는 마당에 젊고 개혁적 이미지의 정동영 체제는 정치권 전반에 돌풍을 일으킬 가능성이 높다. 비록 당 의장이 과거 당 총재처럼 당의 재정과 인사권, 그리고 공천권을 장악할 수 있는 상황은 아니지만 새로운 리더십은 정당의 진로에 큰 영향을 줄 수 있다.

그러나 정동영 체제가 이미지 차원이 아니라 실제로 정치를 바꾸기 위해서는 돌파해야 할 난관이 하나 둘이 아니다. 총선 승리를 위한 전술적 고민도 치열하게 해야 할 것이고, 정당정치를 한 단계 업그레이드 할 수 있는 청사진도 제시해야 한다.

물론 미시적, 거시적 차원의 과제가 반드시 상충되는 것은 아니지만 우선순위를 정하는 것 자체가 무척 어려운 일이다. 사실 그 우선순위 설정의 기준이 정치인, 정당, 그리고 한 국가의 정치수준을 결정한다.

정동영 체제의 열린우리당은 우선순위의 설정에서부터 다른 정당과 차별성을 보여주기를 기대한다. 하루하루의 전투상황에 몰두해 전쟁의 큰 흐름을 읽지 못하는 정당이 아니라, 전쟁의 큰 그림을 먼저 그려놓고 2보 전진을 위해 1보 후퇴를 선택하는 정당으로 탈바꿈하기를 원한다.

열린우리당에 대한 국민의 지지도가 10%대를 벗어나지 못하는 이유가 무엇인가. 오늘 전투에서 밀리면 내일도 밀리고 결국 4월 총선에서 패배할 것이라는 위기감 때문에 진흙탕 정치에서 벗어나지 못하고 있기 때문이다. 선거법을 포함한 정치개혁 입법을 둘러싸고 정치권의 치고받는 모습을 보고 있노라면 열린우리당이 개혁을 앞세운다고는 하지만, 당리당략의 수준을 벗어나지 못하고 있음을 알 수 있다. '다수 야3당의 야합'을 주장하지만 '소수 여당의 행패에 가까운 실력 저지' 역시 눈살을 찌푸리게 한다. 민주당으로부터의 분당 당시 최후까지 표결에 의한 결정을 주장했던 당사자들 아닌가.

정동영 체제의 열린우리당은 비록 원내 소수이지만 여당으로서 의연하고 대범한 정치를 펼칠 수 있어야 한다. 바쁠수록 돌아가라는 말이 있듯이 한 박자 쉬어가는 정치를 보여주었으면 좋겠다. 그런데도 당 의장에 선출되자마자 성급하게 총선을 겨냥한 행보를 내딛는 것 같아 안쓰럽다.

최병렬 한나라당 대표와의 1대1 TV 토론을 제안한 것은 민주당을 제치고 한나라당과의 양당구도를 만들어보려는 전술의 일환으로 보인다. 그것은 민주당에 표를 던지면 한나라당이 유리하게 될 것이라는 노무현 대통령의 발언과 맥락을 같이하는 것 같고, 총선에서 기호 2번을 사용할 수 있다고 장담하는 당직자들의 발언과 맞물려 씁쓸하기만 하다.

정동영 체제는 정치개혁을 행동으로 옮겨 정치 불신을 종식시키기를 기대한다. 정치 불신은 국민과 정치권의 상호불신을 의미한다. 국민이 정치권을 신뢰할 수 있도록 정치권이 해야 할 일이 많지만, 우선 정당이 유권자를 신뢰하는 데에서부터 해결의 단초를 찾아보면 어떨까.

과거 정당들은 유권자의 합리적 판단을 믿지 못했기 때문에 돈을 뿌리고 조직을 동원하고 지역감정을 부추겼다. 열린우리당은 솔선해 밀실공천이 아닌 투명한 상향식 공천으로, 지역대결이 아닌 정책대결로, 돈 뿌리는 선거가 아닌 깨끗한 선거를 통해 유권자의 지지를 얻을 수 있다는 강한 믿음을 갖고 총선에 임하기를 바란다.

정동영 체제가 열린우리당의 새로운 시작일 뿐 아니라 우리나라 정치의 전환점이 되기를 기대하는 마음에서 간곡히 부탁한다.

(동아일보 2004. 1. 13)

청와대 386의 도덕적 배신

온 나라가 뒤숭숭하다. 더욱 뒤숭숭한 것은 정치권이다. 노무현 정부의 출범 이후 많은 국민들이 무언가 새로운 정치를 기대했건만 어찌된 일인지 지난 1년 동안 정치적 파행은 그칠 줄 모르고 오히려 혼돈의 정치로 빠져드는 느낌이다.

3김 정치를 청산하는데 시간이 걸리려나보다 생각도 해보고 아날로그 정치를 디지털 정치로 바꾸려니 힘도 들겠거니 기다려 보았건만 별로 나아지는 기색이 보이지 않는다. 개혁은 뒷전이고 정당이나 정치인들은 물론, 대통령마저도 총선 승리를 목전의 목표로 삼고 전력 질주하는 양상이다. 여차하면 3중, 4중 충돌 정도가 아니라 다중(多重) 충돌로 이어질까 걱정이다.

노무현 정부가 이 지경에 이른 원인으로 노무현 대통령의 리더십이나 여소야대(與小野大)의 국회구도, 불법대선자금 정국의 확대 등을 들 수 있다. 그러나 또 다른 중요한 원인은 노무현 정부의 주축인 개혁세력의 붕괴이다.

돌이켜보면 노무현 대통령의 당선은 개혁세력의 승리였고, 국민들 역시 노무현 정부에 동참한 개혁세력에게 기대를 걸었다. 386세대로 대변되는 개혁세력의 역동성과 도덕성, 그리고 순수성을 믿었다. 월드컵 열기를 드높였던 붉은 악마의 역동성과 촛불시위를 주도했던 젊은이들의 순수성이 개혁의 원동력이 될 것이며, 그것을 정치권에 전달하고 정치를 바꿀 수 있는 세력이 노무현 대통령 주변에 포진하고 있음을 국민들은 다행스럽게 생각했다. 비록 국정경험이 부족해서 시행착오가 있더라도 시간이 흐르면 해결될 문제라고 낙관했고, 우선 우리 사회와 정치문화를 바꾸기 위해서는 도덕성이 가장 중요한 덕목이라고 여겼다.

그런데 노무현 대통령 주변의 개혁세력들은 국민의 기대를 저버렸다. 국민들이 순진했던 것인지 아니면 어리숙한 것인지 모르지만 그들은 기성 정치인들의 행태를 쉽게 답습해버렸다.

개혁이라는 이상을 실현하기 위해 현실과 타협할 수 있다고 스스로의 행동을 정당화하기 시작하면서 개혁세력은 그 존재의미를 상실하게 된 것이다. 목적을 위해 수단을 정당화하려는 논리는 개발독재의 이론과 무엇이 다른가.

과거의 정치인이 불법정치자금을 사용한 것은 용서할 수 없는 일이고, 개혁세력이 정치개혁을 위해 불법정치자금을 사용한 것은 불가피한 일이란 말인가. 진흙탕에서 뛰어다니다 보니 어쩔 수 없이 옷에 흙이 묻게 된 것이라는 발상은 위험하다. 더군다나 진흙탕에서 오랫동안 뒹굴어 온 기성 정치인들과는 다르지 않느냐는 주장은 설득력이 없다.

바로 이러한 이중 잣대는 개혁세력의 정체성을 약화시켰고 결국 그들의 도덕적 해이(解弛)를 가속화했다. 당선 축하금을 덥석 받으면서, 선거운동을 위해 돈을 건네면서 그들이 생각했던 것이 진정 정치개혁이었는지 묻고 싶다.

총선을 앞두고 물갈이, 판갈이를 외치는 목소리가 커지고 있다. 부패와 구태정치를 바꿔야 한다는 주장에 동조하면서도 정치 신인에 대한 유권자의 기대감이 예년과 같지 않은 원인이 무엇인지 자칭, 타칭 386 개혁세력들은 반성해야 한다. 이러한 상황을 극복하고 개혁세력의 참모습을 국민에게 보이기 위해서는 우선 이중 잣대를 꺾어야 한다. 아니면 그 이중 잣대를 거꾸로 대어봄이 어떨까. 자신의 정치행태에 대해서 느슨한 잣대를 사용하는 것이 아니라 더욱 엄격한 잣대를 사용하는 것이다. 작은 잘못이라도 개혁세력은 더욱 거센 꾸지람을 받아야한다는, 한 치의 벗어남도 용서받지 못한다는 철저한 도덕성을 확립해야 한다. 여전히 우리에게 요구하는 시대정신은 도덕성에 기초한 개혁이기 때문이다.

(조선일보 2004. 3. 9)

'김혁규 카드' 상생의 길은

탄핵 기각 이후 노무현 정부 2기 출범이 국무총리 퇴진과 지명의 혼선으로 매끄럽지 못한 모습을 보이고 있다. 각료 임명 제청권 행사를 거부한 고건 전 총리는 결국 청와대와 껄끄러운 상태로 총리직에서 물러났다.

'개혁 대통령, 안정 총리'의 균형을 강조하며 함께 호흡을 맞춰 온 고건 전 총리가 흡족한 모습으로 총리 공관을 떠나지 못한 것은 아쉽다. 소폭 개각을 계획하고 있었던 노무현 대통령의 정국 구상은 총리와의 사전 조율이라는 상식 수준의 절차를 소홀히 함으로써 실현될 수 없었다. 국무총리의 국무위원 제청권이라는 헌법의 기본 정신을 소홀히 생각했다면 이는 심각한 일이다.

문제는 지금부터이다. 신임 국무총리가 순조로운 절차를 거쳐 자리를 잡아 국정운영을 안정적으로 이끌어야 할 시점임에도 불구하고 처음부터 모양새가 흐트러지고 있다. 김혁규 카드에 대한 회의가 확산되고 있기 때문이다. 한나라당이 반대 의사를 분명히 한 것은 물론이고 민주노동당도 개혁성 부재를 내세워 불가 입장을 밝힌 바 있다. 며칠 전부터는 일부 열린우리당 의원들도 김혁규 전 경남지사의 정체성을 문제 삼아 총리로 적절치 않다는 견해를 피력하고 있다. 노무현 대통령은 17대 국회의 구도와 국민 여론의 향배를 신중히 고려해 이 문제를 풀어야 할 입장에 있다.

노무현 대통령이 김혁규 전 지사를 총리로 기용하고자 하는 데에도 명분은 있다. 지역구도를 타파하기 위해 열린우리당의 취약지인 영남 출신 인사를 중용하려는 의도를 읽을 수 있다. 개인적 차원에서 한나라당을 떠나 열린우리당으로 당적을 옮긴 결심에 대한 보상일 수도 있다. 어려운 상황에서 자신을 도와준 사람을 총리로 지명하겠다는 모습에서 사나이 세계의 의리마저 느끼게 된다.

그러나 이러한 명분의 이면에 허상은 혹 없는가. 우선 지역구도의 타파라는 명제에 반대할 국민은 없다. 그러나 김혁규 전 지사를 국무총리로 내세움으로써 지역구도를 불식시킬 수 있는가에 대해서는 이견이 있을 수도 있다. 김혁규 카드를 일찍 꺼내 들어 6월 5일 재·보궐 지방선거를 유리하게 이끌어보려는 속셈을 드러내 보임으로써 그 명분은 무척 약해졌다는 지적도 있다. '부산시장과 경남지사 재·보선에서 열린우리당이 승리하면 대통령이 큰 선물을 줄 것'이라는 김혁규 전 지사의 발언은 병살타를 날린 셈이다.

사실 지역구도의 타파를 위해 굳이 영남 출신 총리후보를 임명하려는 사고 역시 지역주의 정치문화의 소산이다. 강원도나 제주도, 경기도 출신의 총리, 남북 화해를 위해 이북 출신의 총리를 임명하는 게 오히려 적절한 것은 아닐까. 노무현 대통령이 김혁규 전 지사에 대한 고마움으로 그를 총리에 임명하고자 하는 마음을 굳혔다면 이 역시 허상이다. 한나라당의 입장에서 보면 김혁규 전 지사가 열린우리당으로 당적을 바꾼 것은 용납하기 어려운 일이기 때문이다.

이 시점에서 정국에 대한 노무현 대통령의 인식 전환이 중요하다. 63일 만에 대통령직에 복귀하면서 내놓은 대국민 담화의 골자는 안정적 국정운영이었다. 이를 위해 가장 중요한 것은 주류 정치세력으로서의 자신감이다. 국회 소수의 지지 기반만을 가져 정치를 하기 어려웠을 때에는 밀어붙이기 식의 정치나 돌파의 전략이 종종 유용할 수도 있었으나 이제 국회 과반수의 다수당을 기반으로 한 노무현 대통령은 자신감을 바탕으로 보다 유연한 전략으로 국정을 운영해야 한다.

김혁규 전 지사의 총리 지명도 같은 맥락에서 풀어야 한다. 국정 2기 초반부터 밀려서는 안 되겠다는 생각, 정국의 주도권을 잡아야한다는 강박관념에서 벗어나 상생의 정치를 대통령이 먼저 실천하고 있다는 모습을 기대해 본다. '밥그릇을 위해 이야기하는 상생은 오래 못 간다'는 조계종 성수 스님의 말씀이 귓전에 새롭다.

(동아일보 2004. 5. 29)

떳떳한 국회의원을 보고 싶다

엊그제 국회의사당 앞에서 국회 개원 59주년 기념행사가 있었다. 국회 앞뜰에 심은 금강송을 바라보며 덕담을 나누었고, 지난 1년간 의정활동 지원에 공헌한 국회 우수 직원에게 표창장을 수여했다. 내년이면 건국 60주년이고 국회 역시 환갑을 맞지만 정치의 본산인 국회를 향한 국민의 시선은 점차 싸늘해지는 듯하다.

국회의 중심적 행위자인 여야 국회의원에 대한 유권자의 기대가 실망으로 바뀌고 있다. 대선 정국의 휘몰이 바람 속에 제 갈 길을 찾지 못해 방황하는 국회의원의 모습과 검찰에 기소돼 수시로 법정에 서는 국회의원의 모습이 겹쳐 보이기 때문이다.

노무현 정부 들어서 검찰에 기소된 국회의원 수는 122명으로 김영삼 정부 시절 46명, 김대중 정부 시절 72명에 비해 크게 늘었다. 의원직을 잃은 의원도 18명으로 과거 어느 정부보다 많다. 과거보다 선거법과 정치자금법의 규정이 강화되고 검찰의 법집행 의지가 강해진 이유가 있겠지만, 법을 만드는 국회의원이 실정법을 어겨 법정에 서는 모습을 바라보는 국민의 마음은 착잡하기만 하다.

한 국가의 정치발전 수준을 측정하는 지수는 무수히 많지만, 그 중 가장 핵심적인 변인의 하나로 정치엘리트의 지적, 도덕적 수준을 꼽는다. 정치엘리트가 정치체계의 구심적 존재이기에 정치체계의 기능은 정치엘리트의 자질과 능력에 따라 달라지기 마련이다. 특히 민주정치의 본질인 자유, 평등 법치가 정치엘리트의 본성인 권력욕과 대치되는 개념임을 감안할 때, 정치엘리트의 도덕성과 능력은 정치발전에 절대적일 수밖에 없다.

17대 국회 이후 과거에 비해 선거법, 정치자금법 등 정치 관련법이 강화돼 국회의원의 의정활동을 옥죈다는 볼멘소리가 있으나, 이러한 추세는 과거 부정적 정치관행을 뿌리 뽑자는 유권자의 요구를 반영한다.

아직도 공천 과정에서 불거지는 금품수수 비리와 국회의원과 지방의회의원, 지방자치단체장 간의 유착에서 나오는 비리와 부패가 드러난 상황에서 선거법과 정치자금법은 더욱 철저히 적용해야 한다. 늘 교도소 담장 위를 걷는 기분으로 어떻게 의정활동을 할 수 있겠는가.

교도소의 담장이 보이지 않는 곳에서 떳떳하게 의정활동을 한다는 것은 개인적 또는 국회의원의 문제가 아니라 우리 사회의 도덕성과 투명성, 그리고 정치의 신뢰성을 높인다는 차원에서 더욱 절실하다. 재벌 총수의 폭력사건, 지방자치단체장과 공기업 감사의 관광성 외유행차를 바라보는 유권자는 '윗물'의 깨끗함을 아쉬워한다.

이러한 맥락에서 대통령 선거에 쏠려 있는 시선의 일부를 내년 4월에 있을 국회의원 선거로 돌리는 일이 필요하지 않을까. 대통령 중심제에서 대통령이 차지하는 비중이 크기에 대통령 후보의 능력과 자질에 대한 철저한 검증이 요구된다.

동시에 같은 비중으로 국회의원의 됨됨이가 중요하다. 대통령과 행정부를 견제하고 법률을 제정하고 국민의 대표로서 예산을 심의하는 기능을 제대로 수행하기 위해서는 국회의원의 능력과 도덕성이 담보되어야 한다. 국회의원이 스스로의 위치와 역할을 재확인하고 법의식을 확고히 할 때 선진정치를 구현할 수 있다.

12월 대통령 선거에 다걸기(올인)하는 유권자와 시민단체는 17대 국회의 마무리를 철저히 감시하고, 18대 총선에 등장할 후보자를 검증할 잣대를 마련해야 한다. 한 명의 대통령을 선출하기보다 300명에 가까운 국회의원을 선출하기 위해서는 더욱 세심한 준비가 필요하다. 내년 국회 개원 60주년을 맞이할 때는 도덕성과 능력을 겸비한 국회의원의 당당한 모습을 보고 싶다. (동아일보 2007. 6. 2)

'콩밭'에 간 장관, 끝이 깔끔한 장관

절름발이 오리를 뜻하는 '레임덕(lame duck)'이라는 정치적 수사(修辭)가 언제부터 어떠한 의미로 사용되었는지 정확한 기록을 찾기 어렵지만, 영국의 무능한 정치인들을 꼬집는 표현에서 유래했다는 것이 통설이다. 일반적으로 포괄적 권력누수 현상을 레임덕이라 칭하나, 미국에서는 좁은 의미로 재선에 실패했거나 재선에 임하지 않은 대통령과 의원들의 힘 잃은 모습을 뜻하기도 한다. 즉 11월 선거 이후 1월 중순 새 대통령이 취임하고 1월 초 새 의회가 구성되기 전까지의 대통령과 의회를 묘사하는 용어이다.

힘을 잃어가는 정권, 권력의 뒷자락으로 물러가는 정치인들의 뒤뚱거리는 불안정한 모습이 안쓰럽지만, 역설적으로 레임덕이라는 정치적 수사가 낯설지 않게 된 것은 우리나라 민주정치가 그만큼 발전했다는 증거이기도 하다. 평화적 정권교체가 불가능했던 수십 년간의 헌정사에서 벗어나 문민정부, 국민의 정부, 참여정부, 그리고 이명박 정부를 출범시킨 국민의 힘이 있었기에 정권교체를 전제로 한 레임덕 현상을 논할 수 있게 되었다. 쿠데타와 혁명에 의한 정치권력의 단절 속에서 레임덕이라는 정치적 수사는 존재 의미가 없기 때문이다.

그러나 동시에 비정상적인 절름발이 오리를 그대로 방치할 수는 없다. 권력누수를 최소화하면서 안정적으로 정권을 이양하고, 순조롭게 정부를 인수하기 위해서는 정치행위자들의 더욱 책임 있는 자세가 필요하다. 특히 격변의 정권교체기에 중심을 잡고, 국정의 연속성을 확보하려는 고위직 공무원의 뚝심이 절실하다.

선출직인 대통령과 국회의원들도 임기 말 책무를 다해야 하지만, 임명직인 정무직 고위 공무원들은 신정부 출범 전까지 임무를 성실히 수행해야 한다. 노무현 정부와 자신이 속한 부처가 추진했던 정책의 기조가 하루아침에 바뀌고, 그간의 성과가 묻혀버리는 상황에서 일할 의욕을 잃을 수 있다. 그러나 그러한 상황일수록 권력누수를 담아낼 최후의 보루는 행정부처라는 사실을 직시해야 한다. 임기 말 정치권력의 누수는 어쩔 수 없다 해도 정치권력의 공백을 막고 정책의 안정성을 확보하기 위해서는 행정부처와 그 수장들이 올곧게 역할을 다해야 한다.

위기에 처했을 때 인물의 됨됨이를 알 수 있다던가. 정치권과 거리를 두면서 꿋꿋하게 맡은 임무를 다하고 있는 장관, 자신의 거취보다는 행정부처의 현안을 제대로 마무리하려는 장관을 보면 마음이 든든하다. 한편 행정부처 수장들이 부처의 일은 나 몰라라 하고 자신의 정치적 행보만을 챙기는 모습은 볼썽사납다. 그렇지 않아도 신정부의 행정조직 개편안으로 뒤숭숭한 마당에 부처의 일은 제쳐두고 4월 총선을 겨냥해 이리저리 뛰어다니는 장관들의 행태는 부처 구성원들에 대한 예의도 아니고, 국민의 공복으로서의 자세는 더더구나 아니다.

한 달 후면 5년 임기의 이명박 정부가 출범한다. 5년에 비해 한 달의 기간이 짧아 보이지만 결코 그렇지 않다. 한 달을 어떻게 마무리하느냐에 따라 앞으로 5년간의 정책 방향이 결정된다. 정부 수립 이후 60년간 고위 행정 관료들에 대한 국민의 평가는 크게 둘로 나뉜다. 높은 행정능력으로 경제성장을 주도했다는 긍정적 평가와 정치권력의 시녀로서 제 갈 길을 추스르지 못한 수동적 자세에 대한 부정적 평가이다.

행정부처 고위직의 경험을 정치권 진입의 발판이나 생활의 방편으로 삼으려는 마음을 잠시 접어두면 어떨까. 한 달을 꿋꿋한 마음으로 마무리하고 그간의 행정 경험과 업적에 대한 평가를 조용히 기다리다 보면 국민은 그들을 또 원하게 될지 모른다. 더 큰 일을 부탁하지 않을까. (동아일보 2008. 1. 26)

대통령, 마음 열고 인재풀 넓혀야

김태호 국무총리 후보와 2명의 장관 후보 낙마를 바라보는 시각은 다양하다. 그러나 청와대로 눈을 돌려보면 참으로 안타깝다. 국정 전반을 총괄할 국무총리 후보와 장관 후보를 내세우는데 청와대는 진정 최선을 다했는지 묻고 싶다. 며칠간의 인사청문회로 무너질 인사를 총리와 장관 후보로 지명했다는 사실은 크게 자성할 일이다. 여당은 여당대로 야당은 야당의 논리로 인사검증 라인에 있는 인사의 문책을 주장하고 인사검증시스템의 개선을 요구하고 있다. 일견 타당한 요구이다.

그런데 인사검증시스템의 절차와 점검리스트를 찬찬히 살펴보면 제도상의 문제점으로만 돌릴 수는 없다. 국정원과 국세청, 경찰청의 전방위 도움을 받고 지명자로부터 100여개의 자기진술을 받아 철저하게 점검하면 부적절한 후보자를 걸러낼 수 있는 것 아닌가. 문제는 흠결을 찾아내지 못한 시스템의 실패라기보다는 적격과 부적격의 엄격한 기준을 정하지 못했거나, 기준은 정했지만 냉정하게 적용하지 못했다는 점이다.

우선 기준의 설정에 있어 청와대의 기준은 국민이 요구하는 기준을 따라잡지 못하고 있다. 행정능력과 경력, 평판, 그리고 도덕성의 상대적 중요성을 가늠하는 잣대가 국민의 눈높이에 못 미치고 있음을 직시해야 한다. 상대적 중요성을 판단해 적격과 부적격의 잣대를 마련하는 것은 전적으로 청와대의 몫이다. 능력이 도덕성보다 더욱 중요한 덕목이라고 판단할 수도 있다. 그 판단 역시 청와대가 해야 한다.

상대적 중요성의 잣대는 시대정신과 연계되어 있다. 그것은 결국 국민의 시대적 요구이기에 청와대는 국민의 기대수준을 지금이라도 정확히 파악해야 한다. 자녀교육을 위한 위장전입과 투기로 의심받을 수 있는 부동산 거래 등에 대한 국민의 정서를 제대로 헤아려야 한다. '공정한 사회'를 집권 후반기 국정운영 기조로 삼겠다는 현 정부의 공언이 호소력을 가지려면 엄격한 도덕성의 잣대가 필요한 것 아닌가.

잣대를 준비했으면 다음 단계는 기준의 냉정한 적용이다. 이 단계에서 중요한 것은 이명박 대통령과 청와대 인사 라인의 강력한 의지이다. 인사 검증팀은 검증된 존안자료를 바탕으로 임명권자와 허심탄회한 소통을 할 수 있어야 한다. 대통령의 의중을 살피는데 급급한 인사 라인은 잣대를 제대로 적용하지 못한다. 인사 검증팀은 대의를 내세워 줏대 있게 실무적 판단을 대통령에게 전달해야 한다. 신재민 후보가 여러 차례 위장전입한 상황과 이재훈 후보가 쪽방촌에 투기한 사실을 알고 있었다면 부적격 의견을 강하게 피력했어야 한다.

대통령 또한 인사 라인이 객관적으로 잣대를 적용할 수 있도록 마음을 열어놓는 것이 중요하다. 제한된 인사를 대상으로, 대통령의 선호에 따라가다 보면 결국 그 나물에 그 밥으로 끝나게 되고 기준의 냉정한 적용은 물 건너가게 되기 때문이다.

이러한 맥락에서 이명박 대통령이 국무총리와 장관 후보 인선의 폭을 넓히는 결단력이 필요하다. 한나라당과의 소통뿐만 아니라 사회 원로와 야당 정치인들과의 만남을 통해 인재풀을 넓힐 수 있는 계기로 삼는다면 오히려 세 후보자의 낙마가 전화위복이 될 수 있지 않겠는가. 소통과 상호 협력을 통해 국정의 공백을 메우고 '공정사회 구현'의 진정성을 국민에게 보여줄 수 있는 적절한 방법이기 때문이다.

'인사가 만사(萬事)'라는 말은 여전히 유효하다. '나누면 더욱 큰 것을 가질 수 있다'는 언명 역시 마음에 새겨야 한다. 인사청문회의 후유증을 치유하고 한국 정치의 수준을 한 단계 더 높이기 위해 새로운 마음으로 다시 시작해야 한다. 국민 모두가 환영할 수 있는 총리 후보를 기대한다. (문화일보 2010. 9. 2)

손학규 대표에 바란다

민주당호(號)가 새 선장으로 손학규 대표를 내세웠다. 정기국회 회기 중, 국무총리 인사청문회와 국정감사 일정 속에서 치러진 민주당 전당대회가 국민적 관심을 기대만큼 이끌어내지는 못했지만 국민들은 조용히 그 절차와 과정을 주시하고 있었다.

선장을 바꿔 변화를 선택한 민주당이 과연 새 모습으로 국민 앞에 나설 수 있을까, 아니면 구태를 벗어나지 못한 채 지지부진한 불임야당 그대로 남아있을 수밖에 없을까. 그것은 오로지 민주당의 몫이다. 손학규 신임 당 대표와 최고위원들, 당 소속 국회의원과 당원 각자가 당의 변화를 주도하는 주체로 나서야 한다.

우선 민주당은 변화의 방향과 속도에 대한 당내 공감대를 이루어내는 것이 필요하다. 민주·민생·평화의 원칙을 어떻게 지켜나가야 할지, 어떠한 모습으로 당을 일신(一新)해야 할 것인가 큰 그림을 그리는 것이 중요하다. 진보세력과의 통합과 당의 대여(對與) 선명성 부각을 위해서나, 2년 뒤의 집권전략을 세우기 위해서라도 변화의 큰 그림과 틀을 우선 마련해야 한다.

결국 큰 그림은 국민의 마음을 얻을 수 있어야 한다. 민주도 민생도 평화도 국민을 감동시킬 수 있는 변화의 큰 그림에 녹아 들어가야 한다. 민주당이 집권전략의 대상으로 삼아야 할 것은 정당과 정파, 정당인이라기보다는 국민 대중이다.

김대중, 노무현 두 전직 대통령의 지지세력을 민주당의 본류로 되돌려 하나로 만드는 작업도 중요하겠지만 그 원칙과 과정이 정당의 올바른 모습을 벗어난다면 국민의 신뢰를 얻을 수 없다. 결국 그 결과는 과거 실패의 반복일 따름이다. 이왕에 민주당이 변신을 꾀한다면 정치실험 차원의 정당 개혁을 모색하는 것이 어떨까. 결코 과도한 주문이 아니다. 민주당이 되살아나 제1야당의 위상을 되찾고, 더 나아가 수권정당의 모습을 갖추려면 반드시 거쳐야할 관문이기 때문이다.

이러한 맥락에서 주시해야 할 부분이 선장 손학규 대표의 리더십이다. 당의 주도권을 어렵사리 잡았으니, 강력한 대권주자로 스스로를 부각시키고 싶은 유혹이 클 것이다. 이참에 정체성 시비도 이참에 조속히 잠재우고 당의 변화를 제대로 보여주고 싶은 마음이 앞설 것이다. 그러나 서두르면 일을 그르치기 쉽다. 바쁠수록 돌아가라고 하지 않던가.

과거 서너 번의 대통령 선거에서 유권자들이 보여준 권리행사는 정당의 그랜드 비전에 대한 갈망이었다. 그러나 그럴듯한 비전의 진정성이 훼손되면 즉시 지지를 철회하는 것이 냉철한 유권자들이다. 손학규 대표는 민주당이 진정성이 있는 비전을 국민들에게 보여주도록 리더십을 발휘해야 한다. 진보와 보수, 좌와 우를 넘어 신뢰를 쌓아가는 것이 중요하다.

손학규 대표의 과거의 정치행적을 살펴보면 조심스럽지만 기대되는 대목이다. 2006년 '100일 민심 대장정'에 이어 2007년 한나라당 탈당 후 다시 '제2차 민심 대장정'에 나서 피부로 느낀 우리 사회의 자화상, 그리고 지난 2년간 춘천 근처에서 칩거하면서 일반 시민의 시각으로 바라보았던 숨김없는 우리 모두의 모습을 잊지 않길 바란다.

손학규 대표는 자신을 던져버리는 자세로 당 대표직에 임하길 바란다. 자신과 민주당, 그리고 우리나라 정치를 위해서 그렇다. 그것이 민주당 전당대회가 손 대표를 선장으로 내세운 뜻임을 명심해야 한다. 우선 대권주자의 꿈은 일정기간 접어두는 것이 좋겠다. 오로지 민주당을 올바른 변화의 길로 이끄는 방향타를 잡기 바란다. 외연을 넓혀 세를 과시하기에 앞서 민주당이 제1야당으로서 국민들의 신임을 획득할 수 있는 토대를 마련하면 당의 외연은 자연스럽게 확장된다.

민주당의 변화가 제대로 작동하면, 한나라당의 변화를 이끌 것이며 결국 우리나라의 정치가 바뀌게 된다. 그것이 순리다.

(한국일보 2010. 10. 9)

金 총리가 해야 할 일

김석수 국무총리 임명 동의안이 지난 5일 국회에서 통과됨으로써 86일간 지속돼 온 총리 공백상태를 마감하게 됐다. 국회는 인사청문회를 통해 이틀간 김 총리지명자를 상대로 각종 의혹을 추궁하고 국정능력을 검증한 결과, 도덕성에 일부 문제점이 있으나 부결시킬 정도의 결격 사유는 아니라는 공감대가 형성되었다. 그러나 김석수 총리가 총리직을 성공적으로 수행하기 위해서는 많은 걸림돌을 극복해야 한다.

'국민의 정부' 국정을 안정적으로 마무리하고 12월 대통령 선거를 공정관리할 총리는 과연 어떠한 리더십을 발휘해야 할 것인가. '마무리'와 '대선관리'라는 외피적 이미지와 김 총리 과거 경력의 접점에서 신임총리는 수동적이며 소극적인 총리직을 수행할 것으로 예측하는 사람이 많다. 그러나 국민의 정부를 마무리하고 대선정국을 공정하게 관리하기 위해서는 강력한 총리가 필요하다. 대선정국의 바람이 거세면 거셀수록 꿋꿋한 소신이 중요하며, 국정의 공백을 메우고 마무리를 제대로 하기 위해서는 능동적이고 적극적인 리더십이 필수적이다. 김석수 총리는 헌정 사상 처음으로 국회

인사청문회를 거쳐 과거 어느 총리보다도 높은 84.3%의 찬성을 얻어 총리로 임명되었음에 자신감을 가져야 한다. 그동안 소홀했던 수해복구에 힘쓰고 중산층과 서민생활 안정을 위한 대책 마련과 급변하는 국제질서와 남북관계에 적극적으로 대응하는 리더십을 발휘해야 한다.

대통령 선거를 앞두고 선거에 영향을 줄 수 있는 정책결정에 신중을 기하는 것은 옳은 일이지만 지나친 몸조심으로 국정을 그르쳐서는 안 된다. 모든 현안을 대선과 연결시키려는 정치권의 의도를 감안한다면 여야를 자극하지 않고 선거에 영향을 끼치지 않는 사안만 마무리한다는 것은 중요한 국정은 모두 차기정부로 넘겨줘야 한다는 이야기가 아닌가. 경의선과 동해선이 이어져 준공식을 갖게 된다면 얼마나 기쁜 일인가. 국민들이 그렇게도 기다리던 남북 간 철도 연결을 축하하기 위해 김대중 대통령과 대통령 후보들이 나란히 서 있는 모습을 보는 것은 가슴 벅찬 일일 것이다.

북한 김정일 국방위원장의 답방 시기에 대해서도 지레 걱정할 필요가 없다. 만약 김 위원장이 답방을 원한다면 우리 정부는 그 시기의 조정을 위해 국민과 정치권의 여론을 적극적으로 수렴해 대처하면 된다. 열린 자세로 국민과 정치권의 공개적인 논의를 거쳐 결정해 나간다면 큰 갈등과 문제는 없다. 4·13 총선을 불과 며칠 앞두고 남북정상회담을 발표한 정부의 얄팍한 생각이 오히려 민주당의 선거 전략에 악영향을 끼친 것이 아닌가.

동시에 김석수 총리는 현 정부에 대한 국민의 의혹을 철저히 규명하는데 최선을 다해야 한다. 여야의 정치적 공방에 휩싸여, 또는 12월 대선에 영향을 줄 수 있다는 주장에 밀려 사건의 진상을 밝히라는 국민의 요구를 외면한다면 '국민의 정부'를 마무리 지어야 할 국민의 총리로서의 임무를 저버리는 일이다. 이회창 후보 아들의 병력비리에 대한 공방, 현대상선에 대한 4,000억대 출금의 행방, 서해교전의 징후에 대한 보고의 묵살 등 김석수 내각이 엄정하게 밝혀내야 할 의혹이 너무나도 많다. '국민의 정부'의 공적과 함께 잘못한 점도 모두 깨끗이 정리하는 것이 진정한 마무리임을 명심해야 한다. 김석수 총리가 '국무총리'라는 직책이 탐나 험난한 인사청문회에 나선 것은 아니라고 믿는다. 신중하면서도 소신 있는 총리, 유연하면서도 꿋꿋한 총리의 모습을 기대한다.

(세계일보 2002. 10. 7)

대통령의 言行

웃음과 박수 속에 치러졌어야 할 노무현 정부의 '백일잔치'가 어쩐지 어수선하고 침체된 분위기 가운데 지나가 하객들의 발걸음마저 무거워 보였다.

새 정부의 출범에 큰 기대를 걸었던 만큼 참여정부의 국정수행 능력에 대한 실망의 목소리가 높아지고 있는 가운데 대통령 지지도는 40%대로 추락했다. 100일을 갓 지난 노무현 정부를 향해 너무나 많은 것을 요구하고 있다는 주장도 있지만, 5년의 단임 정부에서 첫 100일은 국정의 기본 방향을 정하고 통합의 리더십을 확립하는데 참으로 중요한 시기이기에 기왕에 터져 나온 비판과 요구를 겸허하게 수용하는 것이 필요하다.

그러나 안타깝게도 노무현 대통령 자신과 정부는 100일에 대한 국민의 평가를 제대로 수용하고 있지 못한 것 같다. 청와대 홈페이지에 올린 '이기명 선생님에게 올리는 글'을 읽으면서 노 대통령의 국정 운영 스타일에 변화가 있어야 함을 절실하게 느꼈다.

특히 언론과 정치인과의 관계는 긴장 속에 있어야 한다는 사실과 언론은 본질적으로 칭찬에 인색하고 비판의 목소리를 높이는 속성을 지니고 있음을 노무현 대통령 자신도 잘 알고 있으리라. 특정 언론이 부정확한 정보로 인권을 침해했다면 그에 대해 정공법으로 대처하는 것이 필요하다. 공언한대로 정정보도를 요구하고, 명예훼손으로 고발하는 편이 낫다. 언론을 우회해 국민에게 직접 호소하는 것은 최후의 수단으로나 고려해야 할 방법이다.

감성에 호소하는 리더십 또한 한계를 지니고 있음을 인식해야 한다. 선거유세 당시 감성에 호소하는 방법이 제 몫을 톡톡히 했다 하더라도 국정수행을 위해서는 합리적 이성과 논리로 설득하고 방향을 잡아가는 것이 필요하다. 논리로 설득하고 정공법으로 정국을 이끌 수 있기 위해서는 자신감을 잃지 않아야 한다. 노무현 정부는 과거 김영삼, 김대중 정부와는 달리 좋은 환경에서 출범했다.

김영삼 정부는 3당 합당으로 인한 태생적 한계를 지니고 있었고, 김대중 정부 역시 정책공조라는 미명하에 JP와 손을 잡았지만 결국 지역연합을 통한 정책공조는 김대중 정부의 족쇄로 작용했다. 그에 비하면 노무현 정부는 어느 정부보다도 자유로울 수 있는 정부이다. 선거 전날 정몽준 후보의 공조파기로 위기에 처했으나, 오히려 그것이 대선 승리는 물론 노무현 정부의 자율성을 확보해 주는 좋은 계기가 되었다.

노무현 대통령은 자신감을 바탕으로 통합의 리더십을 발휘해야 한다. 노 대통령의 지지 세력의 반발에도 불구하고 북한의 핵개발 공언과 냉엄한 국제질서 하에서 한미공조의 강화를 현실적 요구로 받아들이고 대처한 것은 자신감의 표출이며 통합적 리더십의 좋은 예이다.

그러나 아직도 동일한 코드의 인재만을 찾고 내 사람만을 감싸려는 자세를 버리지 못하고 있는 것 같아 안타깝다. 현재 문제가 되고 있는 주변 인물들에 대한 의혹은 빨리 해소하면 할수록 좋다. 대통령 자신과 관련된 문제가 있으면 있는 대로 국민들 앞에 자신 있는 자세로 밝히는 것이 정공법이며, 합리적 이성과 논리에 호소하는 리더십이며, 동시에 통합적 리더십의 완성이다. 주변의 문제를 참여정부 초기에 털어 내지 않으면 산적한 국정현안을 어떻게 헤쳐 나갈 것인가. 그렇지 않아도 어수선한 북핵 문제, 경제침체 속에 '국민 노릇 해먹기 어려운' 상황에서 시원한 청량제와 같은 대통령의 리더십이 필요하다.

(세계일보 2003. 6. 10)

'386' 조급증 벗어나라

민주당 정대철 대표와 당 중진들이 노무현 대통령 주변의 386세대 참모진에 대해 불편한 심기를 표출하고 인사 조치를 요구하면서 386세대의 정치적 입지에 대한 공방이 뜨거워지고 있다. 노 대통령도 386세대 참모들에 대한 애정을 확인하면서도 더 이상 386세대 참모들을 둘러싼 공방이 비생산적이라는 견해를 표명했고 곧이어 386세대 참모들은 움츠리는 자세를 보였다.

음모론의 실체는 있는 것인지, 386세대의 집단적 목표는 무엇인지 확실하지 않은 상황에서 386세대에 대한 더 이상의 공방은 현재 정치권이 직면한 문제의 핵심을 희석시키지 않을까 우려된다. 국민들이 원하는 것은 대선자금 조달과 사용에 불법이 있으면 이를 투명하게 밝혀내라는 것이지 그것이 여권 내의 권력투쟁의 결과인가, 386세대 참모들의 음모론에 의한 것인가에 큰 관심이 없다.

그러나 386세대로 대변되는 정치인들과 노무현 대통령의 젊은 참모들이 현 정치상황을 어떻게 인식하고 있는가 하는 것은 여전히 중요한 사안이다. 386세대를 둘러싸고 논쟁이 불거진 이상 386세대 정치인의 진솔한 정치인식의 표출이 필요하다. 집단적 목표가 필요하다고 공감하고 있으면 그것을 공론화하는 것이 오히려 낫다. 그 목표가 정당하고 대다수 국민이 원하는 것이라면, 그 목표를 향해 정정당당하게 나가는 것이 옳다. 애써 목표를 감추고 일을 은밀하게 추진하는 것은 386답지 않다. 세대혁명론이나 음모론, 또는 사무총장대망론의 빌미를 제공해 스스로 매몰되어서는 안 된다.

이를 위해 우선 386세대의 공감대를 만들어 나가는 것이 필요하다. 청와대의 이광재 국정상황실장, 서갑원, 박범계 비서관, 윤태영 대변인 또는 안희정 민주당 국가전략연구소 부소장 등 몇몇 사람들이 공유하는 공감대를 의미하는 것이 아니다. 여야를 넘어서, 정치권을 뛰어넘어 386세대가 우리 사회에 제시할 수 있는 시대정신이 무엇인가에 대한 공감대를 만들어가는 것이 필요하다. 그 과정을 거치면서 정치권의 386세대들이 그 공감대를 제대로 대변하고 리드해나가고 있는지, 오히려 뒤처져 있거나 궤도에서 벗어나 있는지 점검하는 것도 중요하다.

386세대는 과거 우리나라 정치사에서 나타난 4·19세대나 6·3세대와는 다르다. 4·19세대와 6·3세대가 정치권에 국한된 의미로 받아들여졌다면, 386세대는 정치, 경제, 사회, 문화, 교육의 여러 방면에 걸쳐 폭넓게 변화를 이끌어 온 세대로 인식되어 왔다. 민주변혁과 몇 차례의 정권교체를 경험하면서 좌절을 맛보기도 했고 환희를 느끼기도 했을 것이다. 어느새 386세대는 더 이상 기성세대를 비판하는 것으로 그 책임을 다했던 시기를 벗어나고 있다. 따라서 이상주의와 감성주의, 그리고 저돌성으로 국민을 걱정시키는 세대가 아니라 스스로 책임감을 지니고 우리 사회의 제 현상을 냉철하고 객관적으로 바라볼 수 있는 세대임을 보여줘야 한다. 사회에 책임 있는 세대로, 중심 잡힌 세대로 나서기 위해서는 실력과 전문성, 그리고 그를 바탕으로 한 자신감이 필요하다.

특히 정치권에 몸담고 있는 386세대는 변혁과 운동, 그리고 동원의 논리에 앞서 설득과 합리성의 논리를 터득해야 한다. 논리를 터득하는데 그쳐서는 안 되고 그것을 체화하도록 노력해야 한다. 변혁에 의해 일거에 많은 것을 얻어낼 수 있는 시기는 지나갔다. 오히려 시간이 걸리더라도 합리적 논거를 바탕으로 설득을 통해 확실한 결과를 얻어내는 것이 결국 시간을 단축하는 것이다. 386세대는 조급증에서 벗어나 하나씩 개혁해 나가야 한다. 그 개혁이 자신들의 이익이나 정파적 이해를 위한 왜곡된 개혁이 아니라 우리 사회를 위한 진정한 개혁일 때 국민의 지지는 늘 함께 있을 것이다. 그것이 386세대의 집단적 목표가 되어도 흠이 될 이유가 없다. 아직도 개혁은 우리 사회의 시대정신이기 때문이다.

(세계일보 2003. 8. 1)

6부 희망이 보인다

대화와 타협을 통해
갈등을 통합으로
이끌어내는 것이 정치다.
그래서 정치를
지고(至高)의 예술이라
하지 않는가.

로벤 섬의 '진실과 화해'

로벤 섬(Robben Island)은 남아프리카 공화국 케이프 타운에서 얼마 떨어지지 않은 곳에 있는 작은 섬으로 넬슨 만델라 전 대통령이 18년 동안 복역했던 곳이다. 인종차별정책에 항의했던 많은 사람들이 수년 길게는 수십 년 동안 복역했던 그 섬에는 아직도 억압과 고통의 흔적이 고스란히 남아있어 찾는 이의 마음을 숙연케 한다. 그런데 정작 섬의 형무소에서 만델라와 함께 수감 생활을 했다는 안내자는 밝은 모습으로 이곳저곳을 소개하고 과거의 아픈 경험을 웃음을 곁들여 차분히 설명하고 있다.

국가정체성 논쟁의 연장선상에서 최근 '진실'과 '화해'가 정치권의 화두(話頭)로 등장하고 있다. 노무현 대통령은 의문사진상규명위원회의 제반 활동과 결정 논란에 대해 의문사위의 손을 들어주었다. 한발 더 나아가 의문사위의 활동 범주에 한계가 있었다는 점을 강조하면서 과거사를 포괄적으로 다룰 국가적 사업의 필요성을 밝혔고, 열린우리당은 즉시 일제, 냉전, 독재시절의 역사를 총체적으로 재규명할 수 있는 '진실과 화해, 미래위원회' 구성을 공론화해 화답하였다. 의문사위의 활동과 판단으로부터 촉발된 국가정체성 논쟁이 결국 의문사를 넘어 과거사 청산의 문제로 확산되어 되돌아온 셈이다.

'진실과 화해, 미래위원회'는 넬슨 만델라 대통령 집권 이후 인종차별 정책에 대한 진상규명 작업을 위해 1994년에 설치한 '진실과 화해위원회'를 그 모델로 하고 있다. 그러나 중요한 것은 위원회의 명칭이 아니라 그 제도와 운영을 이끌어 온 정신이다. 진정한 화해와 역사 바로 세우기를 원한다면 남아공의 '진실과 화해위원회'의 정신을 제대로 접목하는 것이 절실하다.

'진실과 화해, 미래위원회'는 그 구상 단계에서부터 초당파적 논의와 합의가 전제되어야 한다. 현실적으로 야당을 배제한 위원회는 처음부터 불가능한 것이 아닌가. 일방적으로 구상하고, 발표하고, 공론화한다고 실현될 수 있는 사안이 아니다. 이를 잘 알고 있는 여권이 이를 밀어붙이듯 서두르는 것은 그 구상 자체가 정략적이라는 오해를 받을 수 있다. 열린우리당이 과반수 의석을 차지했으니 지금이야말로 주도적으로 과거사를 바로 잡을 수 있는 호기라고 생각해서는 곤란하다. 역사는 어느 정당이나 정파의 전유물이나 쉽게 재단할 수 있는 대상이 아니기 때문이다. 일제와 냉전, 독재의 역사는 우리 모두가 공유하는 아픈 역사이며, 따라서 함께 고민하고 풀어나가야 할 과거사인 것이다. 더군다나 과거사 청산 문제를 '유신회귀와 미래지향', '민주와 반민주', '보수와 개혁', 그리고 '우파와 좌파'의 대립구도로 만들어 돌파와 승리의 과제로 삼는다면 이는 참으로 위험한 일이다. 이념적 갈등과 지역적, 계층적 갈등이 중층적으로 나타나고 있는 현 상황에서 과거사를 포괄적으로 다루려는 의도가 자칫 분열로 이어질까 걱정스럽다. 초당파적 자세를 견지하지 못하면 국론은 분열되어 혼란만 가속화될 것이고, 결국 정략적 과거사 청산으로 추락하게 될 수밖에 없기 때문이다.

같은 맥락에서 과거사를 재조명하는데 더욱 중요한 것은 초정치적 덕목이다. 초정치적 덕목이란 바로 로벤 섬 안내자의 웃음이 보여준 용서와 사랑의 마음이다. 과거의 잘못을 단죄해야 한다는 증오에 찬 굳은 얼굴이 아니라, 과거를 용서할 수 있는 밝고 평화로운 모습이다. 남아공의 경우 억압받던 다수의 흑인들이 가해자인 소수의 백인을 용서하는 마음과 여유를 가졌기에 진실 규명과 화해가 가능했다. 힘의 논리로 화해는 물론 진실 규명도 어렵다. 화해와 용서, 그리고 사랑의 초정치적 덕목이 정치권에 확산되는 가운데 그 형식과 제도, 명칭에 상관없이 역사적 진실은 밝혀지고 바로 잡혀지는 것이다. 로벤 섬의 이름 모를 안내자와 넬슨 만델라 전 대통령의 온화한 모습이 참으로 닮아 보였다. (중앙일보 2004.8.4)

정부수립 60년의 역사인식

환갑(還甲)잔치! 요즘 좀처럼 들어보기 어려운 말이다. 평균수명이 80세에 육박하는 상황에서 60세가 되었다고 잔치를 벌이는 것이 쑥스러운 일인지도 모른다. 그러나 불과 십수 년 전만 해도 잔칫상을 앞에 놓고 자식, 손주들과 함께 흐뭇하게 웃으며 찍은 환갑기념 사진을 쉽게 볼 수 있었다. 60년의 경륜이 서려 있는 할아버지, 할머니의 모습과 앞으로 그만큼의 세월을 더 살아 나가야 할 천진한 손주들의 모습이 꽤나 잘 어울리는 사진이다.

시간의 마디마디는 무수한 의미를 지니고 있지만, 동양철학의 60년 주기는 또 다른 특별한 의미를 지니는 듯하다. 한 세대의 경험을 현 세대는 물론, 그 다음 세대로 이어주는 길목이기에 그간의 회한과 오늘의 걸림돌, 앞으로의 희망이 혼재되어 있기 마련이다.

정부수립 60돌 무자(戊子)년을 맞아 우리나라 또한 지난 세월의 역동적 변화 속에서 축적한 경험을 다음 세대로 넘겨주어야 할 시점에 서 있다. 기억하기 싫은 과거도 많지만, 자랑스럽게 내세우고 싶은 업적도 꽤 많다. 쭈글쭈글한 얼굴의 모습에 역경의 흔적이 있지만, 은은한 미소에는 여유와 의연함이 묻어난다.

60년 헌정사를 되돌아보면 우리나라는 질곡과 파행의 과정을 끊임없이 겪어왔다. 전쟁과 쿠데타, 유신과 독재정치, 광주민주항쟁과 외환위기, 최근에는 사회경제적 불안정과 이념적 갈등이 우리를 옥죄고 있다. 우리나라는 이러한 어려움 속에서도 세계경제의 중심으로 진입했고, 절차적 민주주의를 이루어내는 역량을 과시했다. 서울올림픽, 월드컵 대회 개최로 국가이미지를 높일 수 있었고, 여수 엑스포 유치의 기쁜 소식도 들린다.

2월 말 출범하는 이명박 정부는 노무현 정부 5년을 인수하는 것이 아니라 60년 헌정사를 이어받는다는 역사 인식을 가져야 한다. 새 정부의 밑그림을 그리는 대통령직 인수위원회 역시 헌정사의 큰 흐름을 읽을 수 있어야 한다. 좌파 정권의 실패만 들추어낼 게 아니라, 과거 보수 정권의 일탈도 꿰뚫어 보아야 한다. 노무현 정부의 실패가 단순히 정책실패가 아니라, 설득과 포용의 실패였다는 사실을 직시하는 것이 무엇보다 중요하다.

설득과 포용의 실패, 편 가르기는 흑백논리나 과거 보수 독재정권의 일방적인 밀어붙이기와 다름 아니며, 언제나 국민적 저항을 받을 수 있다는 사실을 반증한다. 절대빈곤 퇴치와 독재타도를 외치던 시절에도 설득과 포용이 결여된 경우 성과를 거둘 수 없었다. 권력을 쟁취한 개인이나 집단은 그 권한을 자의적으로, 독단적으로 사용하려는 경향이 있다. 정치권력을 국민으로부터 일정 기간 위임받았다는 사실을 망각하는 순간 파행의 정치가 움튼다.

규제 완화를 통한 효율성 제고의 원칙 또한 마찬가지다. 경쟁을 유도하고 자율성을 높이면 시장기능에 의해 적절하게 자원이 배분될 것이라는 주장은 설득력이 있다. 그러나 규제 완화가 풍요로운 국민의 삶으로 이어지려면 책임성과 투명성이 확보되어야 한다. 금산분리와 출자총액제한, 부동산세제 등의 규제가 왜 필요했는지 신중하게 되짚어보는 것도 필요하지 않을까.

단지 좌파 정권의 치기에 의한 규제나 평등주의적 정책으로 치부해 버리기보다 과거 60년 규제와 규제 완화의 사이클을 먼 발치에서 바라보는 것이 필요하다. 규제 완화의 필요조건은 무엇이며, 조건이 충족되지 않을 때 예상하지 못한 부작용이 나타날 가능성은 없는지도 꼼꼼히 살펴야 한다.

정부수립의 환갑을 맞는 우리 사회는 의연하고 여유 있는 정치, 신중함과 균형감각을 갖춘 정책을 보여주어야 한다. 이명박 정부의 숙제이며 동시에 국민 모두의 숙제다. (한국일보 2008. 1. 17)

로비 허용하되 투명하게

백두사업 관련 로비 의혹에 이어 고속전철 차량 선정과정에도 막대한 로비자금을 사용한 불법적인 로비활동이 전개되었다는 의혹이 증폭되고 있다. 로비의 대가로 받은 사례금의 불법적 해외반출 과정에 대한 검찰의 수사는 로비의 주체와 대상, 그리고 결정과정의 왜곡과 위법성으로 확대될 가능성이 높다.

한 국가가 주요사업 추진에 외국정부나 기업의 압력이 치밀하고도 조직적으로 이루어지고 있다는 것은 어제 오늘의 일이 아니다. 외국로비는 모든 국가에서 일상적으로 일어나는 현상이다. 세계경제의 지구촌화를 따르듯, 정치도 지구촌화로의 기세가 급속히 번지고 있다. '국경 없는 경제'라는 지구촌화의 논리는 '국경 없는 정치'로 연장되고 있다. 즉 개인, 기업, 집단들의 로비활동의 무대가 국내정치과정에 국한하지 않고 타국의 정책결정과정으로 확산되고 있다는 것을 의미한다.

냉전 이후 국제정치경제질서 변화의 두드러진 특징은 상호의존의 증대, 비정부 행위자의 부상, 경제중심주의의 심화라 할 수 있다. 정치행위자들은 정부 간의 정식외교채널을 통한 노력뿐만 아니라, 타국의 대외경제·군사원조·무역·관세정책·인권정책 등을 그들의 이익에 유리한 방향으로 전환, 지속시키기 위해 막대한 자금을 사용해 법률회사, 컨설팅회사, 광고회사 및 유력인사 등을 로비스트로 고용함으로써 타국의 정책결정과정에 직간접으로 영향을 미치려고 노력하고 있다.

외국로비가 가장 활발하게 진행되고 있는 곳은 미국이다. 제2차 세계대전 이후 미국은 국제정치경제의 중심지로 등장했으며, 미국의 제반정책이 타국의 정치·경제상황에 큰 영향을 끼치게 됨에 따라 미국의 정책결정에 영향력을 행사하려는 외국의 노력은 계속되고 있다. 상호의존의 국제질서 속에서 모든 국가와 행위자들은 상호 영향력 행사의 사슬구조의 일원이 되었으며, 우리나라도 예외일 수 없다. 우리나라를 대상으로 서방 선진국뿐만 아니라 제3세계 국가, 그리고 다국적 기업들은 다각적인 방법으로 영향력을 행사하고 있다.

현재 국내에 진출해있는 외국기업, 은행, 보험회사의 직원, 전직 주한외교관, 해외동포들이 그들과 관련이 있는 기업과 정부의 이익을 위해서 활동하고 있다. 이제 외국로비를 일상적 정치현상으로 받아들이고 이에 대한 대안을 마련하는 것이 필요하다. 로비는 음침하고 불법적인 것으로 인식하고 이를 규제하고 단죄해야 한다는 주장은 시대착오적 발상이다. 불법적 로비가 가능한 것은 정책결정구조의 폐쇄성과 비민주성 때문이다. 따라서 불법 로비가 발 디딜 수 없도록 정책결정을 투명하고 공정히 하는 것이 급선무다.

다음으로는 법·제도적 장치의 마련이다. 외국로비의 현실을 기정사실로 받아들인다면 우리 정부는 가칭 '외국로비스트 등록법'을 제정해 음성적이고 불법적 외국로비를 양성화시키도록 해야 한다. 미국의 경우 1946년 국내 로비스트의 활동을 규제하는 '연방로비규제법'을 제정하기에 앞서 이미 1938년 '외국로비스트 등록법'을 제정해 외국정부나 기업의 이익을 대변하는 로비스트의 활동을 규제했다. 외국로비스트들의 활동을 양성화하면 무절제한 행동으로 우리의 정책결정과정이 흔들릴 것이라는 염려도 있을 수 있으나, 이는 효율적인 법적 규제조치로써 예방할 수 있다. 즉 외국로비스트가 의회와 행정부의 공직자를 접촉하면서 누구의 이익을, 언제, 어떻게 대변하고 있는가를 밝히도록 해 항상 활동상황을 주시할 수 있는 제도적 장치가 마련되면 불법적 선전, PR 활동, 뇌물수수 등을 미연에 방지할 수 있다.

외국로비를 양성화하고 제도화함으로써 정책결정의 효율성을 높일 수 있다. 외국로비스트들에게 공정한 경쟁의 장을 마련해 주어 유용한 정보를 얻을 수 있는 기회가 되는 것이다. 우리 정부는 로비의 대상이라는 수동적 자세에서 벗어나 로비가 제공하는 유익한 정보를 수집하고, 대립되는 양측의 견해를 수렴해 나름대로의 정책방안을 수립하려는 능동적 자세를 가져야 한다.

동시에 우리 기업과 정부도 타국의 정책결정과정에 적극적으로 참여해 국익을 극대화하도록 노력해야 한다. 로비의 대상에서 로비의 주체로 스스로를 승격시키는 것이 필요하다. 과거에는 미국이 주 대상이었으나, 우리나라의 위상이 높아지고 상호의존이 심화되면서 전방위로비를 수행할 수 있는 인력이 요구되고 있다. 외국 로비스트의 불법적 활동으로 인해 외국로비의 냉정한 현실을 눈감아 버리거나 회피해서는 안 된다. 합법적 대응과 적극적 참여로 국익을 극대화시켜야 한다. (문화일보 2000. 5. 11)

與野共助의 '룰' 만들자

총선 후 여야의 영수(領袖)가 그간의 갈등을 종식시키고 협조와 대화의 길로 들어선 것은 진정 환영할 만한 일이다. 여야 간의 정책협의회가 가동되고 양당 대변인은 비방을 삼가며 필요한 경우 공동으로 기자들에게 브리핑을 하겠다는 의견 표명까지 있었다. 최근의 여야 공조 분위기가 상생의 정치, 생산적 정치로 이어졌으면 한다. 이번 여야공조가 또 다시 '혹시나' 하는 기대로 시작되어 '역시나' 하는 조소로 끝나서는 안 된다.

남북정상회담의 성공적 실현을 위해서, 그리고 총선의 결과 나타난 의석분포도로 보아 여야의 협조무드는 당분간 지속될 것으로 보인다. 그러나 외생적 요인에 의해 강요된 억지춘향의 여야공조는 기초가 튼튼하지 못하다. 불쑥불쑥 튀어나오는 정치인들의 구태적 발언은 단지 개인의 목소리가 아니라 아직도 상대를 대화와 협력의 대상으로 보지 못하는 여야 정치인들 마음가짐의 표출인 것 같다. 따라서 여야공조를 바라보는 국민의 눈빛도 싸늘하다.

그러나 모처럼 시작된 대화정치와 여야공조를 보다 공고히하여 우리의 의회·정당정치를 한 단계 높일 수 있는 계기로 만들어야 한다.

공조를 위해서는 공존이 전제되어야 한다. 정치에는 상대가 있고 그 상대는 상이한 의견을 갖고 있을 때 존재의 의미가 있다는 상식이 통용되어야 한다. 상대방을 억누르고 파괴할 대상으로 보는 것이 아니라 대화와 협상의 파트너로 인식하는 것이 공조의 첫 걸음이다. 이러한 공존의 상식을 토대로 여야 간의 신뢰구축이 필요하다. 어느 공동체든지 유기적인 삶을 영위하기 위해서는 구성원들 간의 상호 신뢰구조가 존재해야 함에도 불구하고 우리의 정치권에는 신뢰구조가 파괴되어 있다. 여야 간의, 당 수뇌부와 국회의원, 당원 간의 신뢰가 깨져있다. 특히 여야 간에는 일방적인 주장과 갈등만 존재할 뿐 상호불신으로 인해 타협과 협상을 통한 쟁점 해결이 어려웠다.

여야공조를 위해서는 여야 간 대화의 채널을 넓게 펼쳐야 한다. 총재회담이나 원내총무회담은 물론이고 국회의 상임위나 소위원회, 개별 의원들과 일반 당원들도 당 조직의 여러 수준에서 당면 문제들을 허심탄회하게 논의할 수 있어야 한다. 총재회담이 더 이상 뉴스거리가 되지 않을 정도로 여야 영수도 자주 만나 국정을 논의해야 한다.

대화의 채널을 넓히는 동시에 말을 아끼는 대화가 여야 공조에 필요하다. 쉽게 약속하고 쉽게 파기하는 정치행태에 국민들은 식상해 있다. 경선불복, 개헌약속의 파기 등 헤아릴 수 없는 말 바꾸기에 국민들은 분노를 넘어서 정치를 외면하고 있다. 충분한 대화로 도출된 합의는 반드시 이행하는 관행이 중요하다.

다음으로 중요한 것은 누구를 위한, 무엇을 위한 여야 공조인가 하는 점이다. 국민의 뜻을 도외시한 여야의 공조는 정치야합이다. 정치개혁을 추진하고, 민생문제 해결과 남북정상회담의 초당적 협조를 위한 여야 협력은 절실하다. 그러나 여야의 서로 덮어주기식 협조는 이미 여야공조의 틀을 벗어난 것이다. 병역비리와 선거부정의 문제가 여야 화해와 공조의 미명하에 눈감아주기 식으로 끝난다면 여야공조는 결국 불발로 끝날 뿐만 아니라 국민의 저항을 초래할 것이다.

어찌 보면 한국정치는 이제 막 대화정치의 초보적 단계에 진입한 것으로 보인다. 이제부터 여야 공조를 위한 룰과 관행을 만들어

나가야 한다. 과거 헌정사를 돌이켜볼 때 진정한 여야공조의 틀 속에서 정치가 이루어진 적이 드물다. 상생의 대화정치, 여야공조를 위해서는 대통령을 비롯한 모든 정치인들의 굳은 의지와 인내심이 필요하다. 남북한 정상회담을 위해 우리 측이 보여준 인내와 포용의지가 여야 간에도 동일하게 필요한 것이다. 국회의 원구성을 둘러싼 여야 간의 갈등이 공조의 틀 속에서 원만하게 해결되길 바란다.

대화와 타협을 통해 갈등을 통합으로 이끌어내는 것이 정치다. 그래서 정치를 지고(至高)의 예술이라 하지 않는가.(조선일보 2000. 5. 12)

南北, 善意의 체제경쟁을

주변 4강과 동북아의 세력균형이 남북관계를 어떻게 규정하고 있는가의 기존 논의구조를 벗어나 남북한 간의 관계변화가 동북아 주변 국가들의 국가이익과 외교 전략에 어떠한 영향을 끼칠 것인가를 논의할 수 있게 되었다는 사실 자체만으로도 이번 남북정상회담은 큰 의미를 갖는다. 환언하면, 종속변수였던 남북관계를 독립변수로 전환시킨 쾌거라 할 수 있다.

남북정상의 성공적 만남은 남북한 사회의 질적 변화를 추동할 수 있는 독립변수로 작용할 것이 분명하다. 이번 공동선언으로 남북한은 단절과 적대관계로부터 교류 협력과 공존의 시대로 진입하게 되었다. 남북한이 상대방의 존재를 인정하고 존재이유에 대해서 더 이상 시비를 걸지 않겠다는 약속이다. 공동선언 이후 휴전선을 사이에 두고 상호비방의 구호와 선전이 멈추었다는 것이 이를 상징적으로 보여준다.

평화공존의 선언은 상대방에게 자신의 체제우월성을 강요하지 않겠다는 의지의 표현이다.

남북은 자신들의 체제가 우월하다는 사실을 선전과 강압에 의해서가 아니라 선의의 자유경쟁을 통해서 현실로 보여주어야 한다. 본격적인 체제경쟁은 이제부터 시작되었다고 해도 과언이 아니다. 물론 체제경쟁이 남북한 서로를 대상으로 하는 체제우월의 경쟁을 뜻하는 것은 아니다. 보다 보편적인 민주적 가치의 창달과 우리 민족의 발전을 위한 경쟁을 의미한다. 인권과 복지, 경제적 풍요와 환경보존, 민족문화의 전승과 복원 등의 가치를 더욱 확보할 수 있는 체제로의 전환 경쟁이다. 서로의 좋은 점을 자율적으로 배우고 닮아가는 것이 체제경쟁의 본질이며 통일의 지름길이다.

이러한 의미에서 남북한 간 평화 공존과 교류 협력의 시대를 맞아 우리의 현실을 되돌아보는 좋은 계기로 삼아야 한다. 평상심으로 돌아와 우리 주변의 문제를 차분히 개혁하는 것이 중요하다. 남북협력과 화해무드가 우리 사회의 부정적 모습을 덮어버릴 수는 없다. 오히려 우리의 모습을 새롭게 고쳐나가려는 노력이 필요하다. 정치, 경제, 사회, 문화 각 부문을 개혁하고 발전시켜 우리의 모습을 북한의 동족에게 당당하게 보여주어야 한다.

남북경협의 흥분으로 기업의 구조조정이 늦추어져서는 안 된다. 인간의 얼굴을 한 자본주의의 모습을 찾기 위해 천민자본주의적 요소는 제거되어야 하며, 경영과 시장원리의 효율성이 사회복지로 이어지는 제도적 장치도 보완되어야 한다. 의약분업 등 사회 각 분야의 이익분쟁이 충분한 의견조율과 조정과정을 거치지 않고 일방적이며 강압적 방법으로 처리되어서는 안 된다.

또한 우리의 정치체제가 갖고 있는 장점을 살려나가면서 개혁과제를 착실히 수행해 나가야 한다. 역시 우리 사회의 강점은 다양성과 투명성이다. 총화단결의 구호가 다양성의 인정을 전제로 하지 않으면 독재와 강압으로 흐른다는 것을 우리는 역사를 통해서 잘 알고 있다. 남북관계 변화에 대해서도 여러 목소리가 다양하게 표출되는 것이 좋다.

남북정상회담이 총선 전에 있었더라면 여당이 압승했을 것이라는 아쉬움을 풍자한 만평이 있었다. 그러나 역으로 총선 후 여야의 공조가 절실한 가운데 이루어진 남북정상회담이었기에 성공적일 수 있었으며, 야당의 적절한 견제 하에 앞으로의 남북관계가 안정적으로 개선될 것이라는 논리가 더욱 설득력 있는 것이 아닌가?

앞으로 상호주의, 주한미군 철수와 국가보안법 문제 등이 정치적 쟁점이 될 것이다. 강요나 몰아붙이기 식의 정치행태는 남북한 사이에서 뿐만 아니라 여야 간에도 적절치 않다. 정치권은 남북한 정상회담 이후의 상황변화를 우리 정치행태 변화를 추동하는 독립변수로 삼는 동시에 우리의 정치행태 변화가 남북한 관계 변화를 바르게 이끌 수 있는 독립변수임을 명심해야 한다. 국민 모두에게 희망과 감동을 준 남북정상회담의 화해와 협력의 정신이 우리 정치권에 그대로 흡수되어 '통 큰 정치'가 실현되길 기대한다.

(조선일보 2000. 6. 20)

'날치기' 원천무효화 해야

서영훈 민주당 대표가 현 정국과 정치권을 개판이라 평가한 이후 견공들이 명예훼손 운운하는 거센 항의가 있었다는 웃지못할 농담이 회자되고 있는 판에 국회운영위원회에서 몸싸움과 욕설이 난무하는 날치기 사태가 벌어졌다. 이 무슨 어이없는 작태인가.

과거에도 심심치 않게 있었던 변칙 통과였지만 이번 국회운영의 파행은 정치에 대한 국민의 불신을 더욱 증폭시켰을 뿐만 아니라 이로 인해 앞으로의 한국정치가 먹구름의 정치로 치닫게 되는 전초가 되지 않을까 우려된다. 교섭단체의 구성요건을 완화하는 안건에 대한 여야의 정쟁과정에서 파생된 문제로 국한시켜 보기에는 너무나 큰 심각성이 내재했다.

목적과 수단, 민주성과 효율성의 우선순위를 판단하는 준거점이 흐트러지고 있으며 이로 인한 정치적 판단의 혼돈을 혼돈으로 인식하지 못하는 여당과 집권층의 리더십에 그 심각성이 있다.

국회 운영위원회의 파행은 대야관계의 전술적 미숙으로부터 기인한 것이 아니라 여당 수뇌부와 청와대가 현재의 정치상황을 총체적으로 오판하고 있기 때문이다. 국내정치보다 남북관계를 우선하는 인식의 팽배가 문제이다.

북한 언론이 이회창 한나라당 총재와 김영삼 전 대통령을 비난했을 때 보여줬던 여권 수뇌부의 태도에 많은 국민들이 의아해했다. 야당 총재에 대한 배려보다 김정일과 북한 언론의 반응에 촉각을 세우는 모습은 여야 관계는 물론 종국적으로는 남북관계에도 좋지 않은 영향을 끼친다. 당연히 남북관계 개선은 중요하다.

그러나 이산가족의 재회와 경제협력으로 민족화해의 길을 닦기 위해서는 이를 추진할 수 있는 여야의 정치적 협력이 우선되어야 한다. 아니 그보다도 국민의 공감대 형성이 필수적이다. 국민의 공감대를 형성하기 위한 정치를 바탕으로 여야의 협력이 창출되고 그 바탕 위에 남북관계 개선의 정치가 성공적으로 수행될 수 있다는 점을 간과해서는 안 된다.

또한 이번 사태가 남북정상의 성공적 만남으로 김대중 대통령과 여당 수뇌부가 정국운영의 자신감을 갖는 단계를 넘어서 만용과 오만의 자세에서 기인하고 있다면 이는 불행한 일이다.

1970년대 초반 남북한 간의 대화가 있은 후 박정희 대통령은 북한사회의 폐쇄성과 획일적인 지도체계를 혼란스럽고 비조직적인 남한의 사회상과 견주어 우리 사회를 유신독재체제로 전환시켰다. 민주적 가치보다는 효율성을 앞세운 조치였다. 당시 일사불란한 북한의 체제가 효율적 체제로 비춰졌을지 모를 일이다. 물론 현 상황을 70년대의 유신과 비교할 수 없다. 그러나 효율적인 정국 운영을 꾀한다는 미명 하에 민주적 절차를 무시하고 국민이 만들어 놓은 양당구도를 또 다시 지역연합의 어정쩡한 구도로 바꾸려는 비민주적 발상은 30년 전의 그것과 별반 다르지 않다.

이번 국회 파행이 김대중 대통령의 지시나 암묵적 동의에 의한 것이 아니었다면 이 또한 큰 문제가 아닐 수 없다. 2년 반의 임기가 남은 대통령의 권한이 벌써 누수되고 있다는 징표인가. 공무원사회가 무소신, 무행정으로 치닫고 있고 공권력에 대한 국민의 불신이 커지고 있는 것도 같은 맥락에서 우려된다. 국회의원 공천권을 행사할 수 없는 당 총재는 정치의 중심에서 멀어져간다고 생각하는 여당의 국회의원이 많다면 안타까운 일이다. 대통령의 권력 누수현상을 막고 강력한 리더십을 발휘할 수 있는 정치 환경을 위해 자민련을 교섭단체로 만들려는 민주당 수뇌부의 전략은 무리수다. 지나친 우려일지 모르나 이번 국회의 파행으로 최근 국회에서의 헌법 개정 논의가 대통령 임기 4년과 중임의 범주를 벗어나 지속적인 남북관계 개선의 추진을 위한다는 명분하에 권력연장을 위한 내각책임제, 통일대통령, 외교, 국방권을 분리하는 이원집정제 등의 논의로 확산된다면 이는 국론을 분열시키고 정국을 파국으로 치닫게 할 수 있다.

화순(和順)의 정치적 덕목이 더욱 중요한 시점이다. 운영위원회의 날치기는 조속히 원천무효화 하는 것이 순리다. 그 후 여야는 대화로 경색 정국을 풀어나가야 한다. 국민의 걱정거리를 풀어주는 정치가 되어야지 언제까지 국민이 걱정하는 정치로 남아있어야 하는가. 상생의 정치로 무더위로 찌든 국민들의 마음을 시원하게 해주는 정치권의 모습을 진정 기대한다. (세계일보 2000. 7. 28)

'정치자금 實名制' 도입하자

정치가 외면당하고 있다. 두 차례의 '국회의원 꿔주기'를 바라보면서 쓴웃음마저 사라졌고, 함께 불거진 안기부 자금 총선 유입수사를 둘러싼 여야의 공방을 보면서는 짜증과 불신을 넘어 냉소적 무관심의 상태로 진입하고 있다. 증오보다 더 무서운 것이 무관심이라 하지 않는가. 민심으로부터 멀어져가는 정치, 이것이야말로 위기상황이다.

현재 우리 정치의 총체적 위기는 정치 불신에 기인한다. 정치 불신을 유발시킨 여러 이유가 있겠으나 가장 핵심이 되는 것은 부단히 밝혀지고 있는 엄청난 규모의 음성적 정치자금 때문이다. 개발 군사독재, 급속한 경제팽창, 파행적 정치변동을 거치면서 정치 부패와 음성적 정치자금은 먹이사슬처럼 구조화되었다. 1,000억여 원의 안기부 자금과 20억+α의 문제만 해결되면 정치가 깨끗해지리라고 믿는 국민은 아무도 없다. 수 천 억의 선거자금과 통치자금으로부터 자유로운 정치인이 과연 몇 명이나 될까. 언제까지나 정치권을 검은 정치자금의 사슬로 묶어 놓은 채 정치를 혐오하고 불신하고 외면할 수 없다. 위기상황일수록 자조적 태도에서 벗어나 냉정하게 정도(正道)를 찾아야 한다.

신뢰를 회복할 수 있는 근본적인 해결책이 필요하다. 천문학적인 돈이 드는 정치를 종식시키고 정치자금의 흐름을 투명하게 하지 않으면 안 된다. 이것이 실현되지 않는 한 제2, 제3의 정치자금 의혹은 계속될 수밖에 없고, 정치권은 서로의 발목을 잡은 채 뒤뚱거릴 수밖에 없다.

제도개혁의 방향은 자명하다. 정치자금의 투명성 확보를 위해서는 정치자금 실명제가 필요충분조건이다. 즉 정치자금의 수입과 지출시 선관위에 미리 신고한 예금계좌를 통해서만 가능하도록 하며, 정당·후원회 등이 제출하는 회계보고의 정확성을 제고하고 회계보고의 실효성을 확보하기 위해서는 선관위가 회계보고 조사와 관련해 자료제출을 요구할 대상을 확대해야 한다.

투명성만 확보된다면 정치자금의 많고 적음이 큰 문제가 되지 않을 수 있으나, 보다 효율적이고 국민의 신뢰를 얻을 수 있는 정치를 위해서는 선거구제의 개혁도 추진해야 한다. 현행 소선거구제하에서 국회의원은 지역구 조직활동에 치중할 수밖에 없다. 대선거구 비례대표제를 채택하면 개인별 선거비용을 비롯한 정치자금 수요가 줄어들게 된다. 국회의원과 원외 지구당 위원장이 쓰는 정치비용의 대부분은 지역구 관리와 선거비용으로 추산되는데, 대선거구제에서는 선거 때는 물론 평상시 지역구 조직을 관리하는 것이 무의미하다. 정치비용을 대폭 줄일 수 있다는 측면 외에도 지역주의 정당체계를 약화시키고 정책정당체계로 전환할 수 있는 필요조건이 된다는 점도 간과해서는 안 된다.

문제는 이러한 제도개혁의 방향에 동의하더라도 과연 누가 주도할 수 있는가 하는 점이다. 시민사회의 강한 정치적 요구가 우선되어야 하겠지만, 동시에 정치권의 자성이 요구된다. 김대중 대통령이 정권 재창출의 욕심을 버리고 구조조정과 정치개혁을 추진해야 한다는 논리는 이회창 총재를 비롯한 모든 정치지도자들에게 동일하게 적용되어야 하며, 동시에 모든 국회의원, 정치인들도 기꺼이 기득권을 버릴 수 있어야 한다.

다음 선거에서 승리를 포기하더라도 고효율의 정치체계를 만들어보겠다는 개혁지향의 정치집단과 어떻든 현상유지가 더욱 중요하다는 수구적 정치집단 간의 갈등이 자연스럽게 정계개편으로 이어지기를 기대할 수는 없을까.

어정쩡한 여권의 공조회복과 개혁입법의 처리과정을 바라보면서 진정한 개혁정치 세력의 역할과 연대의 필요성을 느낀다. 기득권을 과감하게 버리는 자가 결국 더 큰 힘을 갖게 된다는 인식이 널리 확산되길 기대한다. (조선일보 2001. 1. 13)

'이익정치' 제도화를 위한 제언

최근 한국교총이 정치활동위원회를 설립하고 정치

과정과 선거과정에 참여하겠다고 선언한 것을 계기로, 의사협회를 비롯한 몇몇 단체들의 정치활동 움직임도 본격화되고 있다. 몇 달 전 환경단체들이 내년 지방선거에 후보를 내세우겠다고 밝히기도 했다.

이러한 상황에 대해 우리 사회에서는 비판과 환영, 우려와 격려의 목소리가 뒤섞여 나타나고 있다. 우려를 표명하는 측은 "그렇지 않아도 시끄러운 정치판이 '이익정치'의 분출로 더욱 혼탁해지지 않을까" 우려한다. 교총과 의사협회를 선두로 다른 이익집단들이 모두 로비를 벌이고 선거에 적극 참여할 경우 집단이기주의가 갈등을 증폭시켜 정치가 제자리를 못 잡을 것이라고 예측하고 있는 것이다.

그러나 이제는 '이익정치'의 본질을 함께 생각해 볼 때다. 이익집단들의 활발한 정치활동은 정치발전의 지표이며 결과물이라는 사실을 직시해야 한다. 다원적 이익표출을 집단이기주의로 치부해 버리는 것은 위험한 일이다.

오랜 기간 동안 우리나라의 국가권력은 각종 제도적·법적·행정적 장치들을 이용해 이익집단들의 조직과 활동양식을 통제하고 대중동원의 수단으로 활용해왔다. 그러나 1980년대 중반 이후 민주화 과정을 거치면서 양적, 질적으로 성장한 이익집단들은 권위주의적 정치체제 하에서 표출하지 못했던 정치, 경제, 사회적 이익들을 정치과정에 활발히 쏟아놓게 되었다.

'이익정치'는 자연스러운 정치현상이다. 어느 정부도, 정치권력도 '이익정치'를 되돌릴 수 없다. 앞으로의 과제는 이러한 이익집단들의 이해들을 정치적 의사형성 과정에서 어떻게 자유롭고 공정하게 참여하도록 하는가 하는 제도화의 문제다.

동시에 '이익정치'에 대해 새롭게 인식해야 할 필요가 있다. 우리나라 국민들은 '이익'을 부정적으로 생각하는 경향이 있다. 모두가 자신들의 정치, 경제, 사회적 '이익'을 극대화하기 위해 노력하면서도 그 '이익'을 부정적으로 생각하는 것은 이율배반이다.

일전에 설문조사를 위해 약사회를 방문한 적이 있었는데, 관계자는 약사회가 '이익'집단이라는 사실을 쉽게 받아들이지 않았다. 민주노총의 전신이었던 전노협도 이익집단보다는 정치집단으로 비춰지기를 바라고 있었다. 약사회가 국민의 건강증진에 기여하고 있다는 사실을 부정하거나, 과거 전노협이 민주화에 일조했다는 사실을 축소하려는 것이 아니라, 본질적으로 두 단체는 노동자계층과 약사들의 이익을 극대화하기 위한 '이익집단'이라는 점은 부정할 수 없다. 사적이익을 공적이익보다 하위의 이익으로 인식하는 것은 역설적이게도 민주화에 역행한다. 지금부터라도 '이익'을 떳떳하게 생각하고 정치과정에 당당하게 투입하는 것이 중요하다.

'이익정치'가 제대로 자리 잡기 위해서는 집단들이 표출하는 이익을 적절하게 집산하고 조정할 수 있는 정치행위자, 즉 정당, 의회, 그리고 행정부처의 능력이 높아져야 한다. 김영삼 정부 초기 포퓰리즘적 개혁을 추진할 때는 시민사회를 동반자로 삼다가, 이익집단들의 이익표출을 제대로 수용하기 어렵게 되자 "집단이기주의야말로 신한국 건설의 최대 걸림돌"이라고 여론을 호도했다.

지금도 별로 다르지 않다. IMF 경제위기와 김대중 대통령의 리더십으로 사회조합주의 모델의 실험인 노사정위원회를 출범시켰으나, 이러한 실험에 부합되는 정치, 경제, 사회적 조건이 성숙되지 않아 난항을 겪고 있다. 서구 사회조합주의의 발전은 장기간에 걸친 다원주의적 경험이 바탕에 깔려있었기에 가능했다는 점도 고려해야 하지만, 정당, 의회, 관료집단들이 이에 부응하는 노력을 해왔는지를 먼저 반성해야 한다.

의회나 정당이 적극적인 이익표출과 압력의 대상이 아니라 대체로 청원과 민원활동의 창구로 이용되고 있으며, 정당이나 의회도 이익집단을 동등한 정치적 행위자로 보기보다는 선거과정의 동원·관리대상으로 간주하고 있다.

정당과 이익집단의 정치적 기능이 이익표출과 이익집산의 균형하에 제도화되어야 한다. 행정 관료들도 과거 이익집단을 행정지도의 대상이나 정책수행의 통로 정도로 생각하는 자세에서 벗어나 민의를 표출하고 생생한 관련 정보를 제공하는 귀중한 정치행위자로 여겨야 한다.

'이익정치'는 민주화로 얻어낸 소중한 성과물이다. 깨끗하고 투명한 이익정치로 이끌어야 할 과제는 우리 모두의 몫이다.

(내일신문 2001. 12. 4)

법인세 1%의 '힘'

전경련이 합법적 정치자금만을 지원하겠다고 공식 선언한데 이어 진념 부총리가 법인세의 1%에 해당하는 세금을 정치자금으로 지원해 선거공영제를 시행하겠다는 방안을 제안한 것은 환영할 만한 일이다.

6월 지방선거, 8월 국회의원 재·보선, 12월 대통령 선거를 앞두고 과도한 정치자금의 수급이 이제 회생 기미를 보이고 있는 경제의 발목을 잡지 않을까 우려하던 차에 선거공영제 제도화의 공론화는 반가운 소식이다. 중앙선거관리위원회는 이미 수년 전 정치자금의 투명화를 위해 연간 3억 원 이상 법인세를 내는 기업들이 법인세의 1%를 의무적으로 기탁하도록 하는 안을 내놓은 바 있다.

정치권은 '법인세 1% 정치자금화'의 공론화를 계기로 진정한 선거개혁, 정치개혁에 힘써야 한다. 현재 정치활동을 하고 있는 어느 정치인도 불법 정치자금으로부터 자유로울 수 없다. 여야를 막론하고 수십 년 동안 정치를 해오고, 선거를 수차례 치른 정치인들은 모두 음성적 정치자금으로 정치활동을 해왔다고 해도 과언이 아니다. 고비용 정치의 폐해를 누구보다도 잘 알고 있는 정치권은 과거의 정치 행태에 대해 자성의 자세를 보이고 돈 선거의 척결에 솔선해야 한다. '법인세 1% 정치자금화'는 또 다른 형태의 국고보조금이기 때문에 선거공영제의 인정범위를 확대하려는 데 관심을 기울여서는 안 된다. 오히려 텔레비전이나 인터넷을 이용한 선거운동을 확대하고 선거운동원에 의한 조직 활동을 줄여나감으로써 저비용, 고효율의 선거운동 방식을 정착시켜야 한다.

법인세 정치자금화에 대해 여야의 입장에 차이가 있으나, 여야는 역지사지(易地思之)의 자세로 이 문제에 접근해야 한다. 여야는 선거공영제의 확대가 올해 선거에 어떠한 결과를 초래할 것인가라는 목전의 유불리에 집착하지 말고, 이것을 정치개혁의 실타래를 푸는 시작으로 삼아야 한다.

기업 총수들이 정치권의 정치자금 부탁을 피해 타의로 외유에 나서는 코미디 같은 일은 다시 있어서는 안 되며, 동시에 기업들도 '줄서기', '보험 들기', 특정 정치인이나 정치세력과의 '짝짓기'의 관행을 스스로 종식시켜야 한다.

전경련이 합법적 정치자금만을 지원하겠다고 공식 선언한 이후, 한 언론은 이를 '정치자금 독립선언'이라 보도했다. 공교롭게도 전경련이 공식 선언한 2월 8일은 3·1운동의 씨앗이 되었던 동경유학생들의 독립선언이 있었던 날이다. 정경유착으로부터 정경분리, 즉 정치로부터 독립해야겠다는 의지가 반드시 실천으로 이어져야 한다. 재계는 과거에도 선거를 앞두고 유사한 선언을 한 적이 있으나 대선 주자들이 결정되고 선거전이 뜨거워지면 흐지부지된 전례가 있다.

이제 정치자금이 민주정치체제의 필수적인 운영비이며, 정치의 확대재생산을 위한 정치투자라는 인식의 전환이 필요하다. 정치자금을 부정적이고 불필요한 것으로 보는 것은 옳지 않다.

역설적일지 모르지만 정치활동에 많은 돈을 쓴다는 그 자체를 누가 비난할 수 있겠는가. 정당과 정치인들이 정책개발이나 의정활동을 위해 정당하게 쓰는 정치비용이라면 많으면 많을수록 좋다. 전제는 그 정치비용이 떳떳하게 충당되어야 한다는 점이다. 정치자금의 투명성 확보는 다수에 의한 소액의 정치자금 조달과 밀접한 관계가 있다. 진성 당원이 1%에 못 미치는 상황에서 당비에 의한 정당 활동이나 자발적 정치 후원금에 의한 정치활동을 가까운 시일 내에 기대하긴 어렵지만, 다수에 의한, 밑으로부터의 정치자금 수급이 확대되어야 한다. 정치자금을 제공하는 것이 유권자의 자발적인 정치참여의 한 형태로 받아들여질 때 건전한 민주정치가 자리 잡을 수 있다.

선거공영제 논의를 시작으로 투명한 정치자금, 열린 정치과정을 위한 정치개혁의 목소리가 커지길 바란다. 정치가 바로 서야만 무한경쟁의 국제경제질서, 탈냉전과 패권적 논리가 혼재되어 있는 국제정치질서 속에서 우리를 지켜나갈 수 있다. (세계일보 2002. 2. 27)

국회의장 자유 투표를

오늘 역사적인 2002 월드컵이 우리 땅에서 시작된다. 수십 억 전 세계인의 시선이 앞으로 한 달간 우리나라에 머물게 될 것이다. 요즈음 시민들이 웃으면서 여유 있게 나눌 수 있는 대화 소재는 단연 월드컵 게임이 1순위다. 최근 우리나라 국가대표팀의 선전과 눈부신 경기력 향상으로 16강의 벽을 넘어 8강으로의 진입도 가능할 것이라는 희망을 안겨주었다. 월드컵을 통해 IMF 외환위기를 이겨낸 우리의 자신만만한 모습을 전 세계인에게 보여줄 수 있는 기회로 삼았으면 좋겠다.

그러나 세계인들의 시선이 혹시나 우리 정치권에 쏠리지나 않을까 걱정스럽다. 당리당략과 기득권에 얽매여 구태의 정치를 벗어나지 못하고 있는 정치권의 모습이 정성스럽게 준비한 월드컵에 누를 끼치지 않을까 조바심이 난다. 16대 국회 후반기 원구성 법정시한인 25일을 넘기고, 30일 후반기 임기 개시일도 맞추지 못해 국회의장단과 상임위원장이 없는 식물국회가 되어버렸다. 국회가 작동을 멈춘 가운데 6·13 4대 지방선거를 치르게 되었다.

정치권이 월드컵의 성공적 개최를 위해 정쟁중단을 선언한 것은 바람직한 일이다. 그러나 정쟁중단이 정치방학이나 정치공백을 의미하는 것은 아니다. 정치권은 월드컵을 빌미로 한숨 돌려놓고 보자는 정략적 계산으로 국회를 뇌사상태로 방치해서는 안 된다. 정치는 하루도 멈출 수 없다. 오히려 정치권은 정상적이고 모범적인 정치 행태를 보임으로써 국민을 안심시켜야 한다. 월드컵의 열기로 국민의 관심이 모두 축구장으로 쏟아진다 할지라도 국회와 정치권은 제 할 일을 제대로 해야만 한다.

원구성을 둘러싼 한나라당과 민주당의 정치싸움을 보노라면 월드컵 예선 탈락감이다. 한나라당은 원내 제1당으로서 국회의 운영을 자신들이 주도해야 한다는 '다수당 중심' 논리를, 민주당은 김대중 정부의 정책을 적극적으로 추진하기 위해서 여당적 지위를 고수해야겠다는 '정책여당'의 논리를 내세우고 있으나 양자 모두 설득력이 없다. 지난 2월 여야합의로 개정된 국회법에 의하면 국회의장은 초당적인 국회 운영을 위해 소속당을 떠나게 되어 있다. 따라서 국회의장은 3권 분립의 정신에 따라 국회를 대표하고 공정하게 운영할 덕망 있는 의원을 선출하면 족하다.

제왕적 대통령과 제왕적 당 총재를 통렬하게 비판해왔던 여야 국회의원들은 지금이야말로 국회의 독립성을 높이고 정치를 원내로 끌어들일 호기를 맞았다. 그 동안 관례적으로 실시되었던 당 후보를 위한 당론투표를 끝내고 국회법에 규정된 대로 의원들이 정당 소속을 넘어서 불특정 후보를 상대로 소신 있게 투표할 수 있는 자유투표제를 실시해야 한다. 한나라당과 민주당의 초재선 의원들이 자유투표제 실시에 적극 동조하고 있다는 사실은 고무적이다.

국회의 원구성을 지방선거 이후로 넘겨 장기공전 시키려는 의도는 축구경기에 빗대어보면 퇴장감이다. 지방선거 결과에 따라 정치 지평의 변화와 정계개편을 예상하고 그 이후로 원을 구성하겠다는 발상은 국회를 국민의 대표기관으로 생각하지 않고 한낱 정당과 국회의원들의 세력다툼 장으로 여기는 것이다. 얼마나 많은 민생법안이 정치싸움의 볼모로 잡혀있는지 국회의원들은 알고 있는가.

현재 법사위에 계류 중인 법안이 19개이며, 정부가 올해 안에 처리되길 원하는 법안은 140여 개에 이른다고 한다. 예금보험기금

채권 차환발행 동의안, 사채업자의 고금리 횡포를 막기 위한 대금업법, 주택건설촉진법 등 민생 관련 법안들이 산적해있다. 예금보험기금채권 차환발행 동의안 처리가 지연되면 우리나라의 대외 신인도가 하향 조정될 가능성도 있다. 부동산투기 현상으로 실수요자들의 고통을 해결해 줄 주택건설촉진법 개정안도 시급한 법안이다.

월드컵은 국민 모두가 힘을 모아 성공적으로 치러내야 할 지구촌의 축제다. 그러나 월드컵 분위기에 들떠 우리 사회의 제반 기능이 소홀히 작동된다면 이는 국가적 손해다. 국회부터 우선 제 기능을 충실히 수행해야 한다. 국회의원들도 합숙시켜 강훈련을 받도록 해 우리나라 축구 수준이 향상된 만큼 정치의 수준도 향상시킬 수 있으면 좋겠다는 농담을 농담으로 받아들일 수 없는 현실이 안타깝다.

조속히 국회 후반기 원구성을 마무리해서 산적한 민생법안을 처리해야 한다. 들뜬 월드컵 분위기에도 불구하고 차분히 법안을 심의하는 국회의원들의 모습이 보고 싶다. (동아일보 2002. 5. 31)

테크닉 정치는 안 된다

온통 월드컵 이야기이다. 직장에서, 학교에서, 거리에서 16강의 열망을 8강의 신화로 승화시킨 우리 축구팀에 대한 이야기가 그치질 않는다. 해방 이후 가장 감격적이라는 한 시민의 술회는 단순히 개인적 경험의 차원이 아니라 국민적 체험으로 받아들일 수 있다.

4강 진출에 총력을 다 하고 있는 우리 대표팀의 강점은 역시 지칠 줄 모르고 뛸 수 있는 체력과 상대의 개인기를 무력화시킨 조직력이다. 우리 대표팀을 처음 맡으면서 히딩크 감독은 우리에게 부족한 것은 기술이 아니라 오히려 체력과 조직력임을 지적했다.

6·13 지방선거 이후 내홍을 겪고 있는 민주당의 사정을 보고 있노라면 문득 체력과 조직력을 강조한 히딩크 감독의 통찰력이 새롭게 느껴진다. 지방선거에서 참패한 이후 노무현 후보의 사퇴론이 불거지고, 박근혜, 정몽준 의원을 영입해야 한다는 목소리도 들린다. 당무회의에서 노무현 후보와 한화갑 대표 등 최고위원단을 재신임해 일단 급한 불은 껐으나 8월 재·보궐선거 이후 대통령후보 재선출을 위한 경선여부 등에 대한 불씨는 여전히 남아 있다. 국민참여 경선제로 노풍을 일으켜 새로운 희망의 불을 지폈던 민주당이 이 지경에 이른 것은 무엇 때문인가. 대책은 없는가.

아무래도 묘책은 없다. 묘책을 찾기보다 결국 기본에 충실하는 것이 확실한 길이다. 우선 지방선거에 나타난 민심을 겸허하게 받아들여야 한다. 주류와 비주류, 동교동계와 청와대 중 누가 더 책임이 큰가 논쟁할 단계가 아니다. 김대중 대통령 아들들의 권력형 비리를 참패의 원인으로 떠넘김으로써 민주당의 부담을 줄이려는 발상은 짧은 생각이다. 오히려 김 대통령의 잘못과 실책을 함께 짊어지고 가는 모습이 당당하지 않은가. 지방선거에서 참패한 것은 남의 탓이 아니라 바로 '내 탓' 임을 노무현 후보에서부터 한화갑 대표와 당직자, 민주당의 국회의원, 그리고 일반 당원에 이르기까지 모두 인정하고 자성해야 한다.

테크닉의 정치가 아니라 체력과 조직력을 갖춘 정당정치로 탈바꿈해야 한다. 정당의 체력과 조직력이 살아나지 않으면 테크닉의 정치는 곧 한계를 보이기 마련이다. 대통령 후보를 재선출하기 위해 경선을 다시 치르고, 재·보궐선거에 다시 한 번 배수진을 친다고 제2의 노풍이 불어올 것 같은가.

정당의 체력은 열정적인 당원으로부터 나온다. 우리 정치의 변화와 개혁을 꿈꾸며 국민참여 경선제에 참여했던 유권자들을 하나로 묶어내지 못한 것이 참패의 원인이다. 민주당 소속 국회의원들과 지구당위원장들은 변화를 원하는 이 잠재적 세력들을 조직화하지 못했다. 벌써부터 차기 국회의원 선거의 상향식 공천을 대비해 기존의 지구당 조직을 확대하는데 급급한 모양이다. 변화와 개혁을 원하는 자발적 진성당원의 확대가 아닌 묵종적이며 수동적인 당 조직의 확대로는 당의 체력을 결코 강화할 수 없다.

노풍을 제도화하지 못한 데에는 노무현 후보의 테크닉 정치도 한 몫 했다. 노무현 고문이 새천년 민주당의 대통령후보로 확정된 후 시동을 건 정계개편의 경우도 정공법이라기보다는 테크닉의 정치에 가까운 것이다.

우리의 정치를 한 단계 발전시키기 위해서 지역대결 구도를 정책대결 구도로 전환해야 한다고 주장하면서도 노무현 후보가 부산시장 후보를 김영삼 전 대통령이 점지해 줄 것을 부탁하는 대목에서 오히려 구태의 지역주의 망령이 되살아나는 것 같았다. 지지도 하락의 전환점이었다.

노무현 후보와 기존 당내 세력의 융화와 조화의 문제도 조직력 강화를 위해 뛰어넘어야할 산이다. 조직력 강화를 위해 우선 정당의 정체성과 후보의 색깔을 조화시키는 작업이 필요하다. 노 후보의 정치적 견해가 정당의 정책으로 구체화되고, 노 후보 특유의 정치 스타일이 '튀는' 럭비공이 아니라 '예측 가능한' 신선함으로 자리 잡을 때 당의 단합과 조직력이 살아날 수 있다.

민주당이 제자리를 잡아야 12월 대선까지의 정치가 의미를 준다. 일방적인 게임은 관중이 외면하기 때문이다. 체력과 조직력의 히딩크호가 순항하듯 우리의 정당정치도 곧 16강에 도전할 수 있기를 기대한다. (중앙일보 2002. 6. 21)

대선거구제로 정치개혁 단초 열자

8·8 재·보궐선거의 승리를 위한 각 당의 선거운동이 본격화되고 있는 가운데, 정치권 일각에서는 헌법 개정에 대한 논의가 무르익고 있고, 재·보궐선거 이후 민주당의 새로운 진로 모색과 신당 창당을 포함한 정계개편의 시나리오가 부상하고 있다. 헌법도 필요하면 개정해야 하는 것이고, 정치적 이해에 따른 정계

개편을 부정적으로만 해석할 수는 없다. 그러나 이 모든 정치권의 움직임이 우리나라의 정치발전을 위한 대의에서 출발한 것이 아니라, 12월 대통령 선거에서 유리한 고지를 차지하고 결국 정권쟁취를 위한 전략, 전술의 차원이라면 안타까운 일이다.

우리나라의 정치를 월드컵 4강 수준으로 높이기 위해서는 헌법개정이나 인위적 정계개편보다 의회의 위상을 높이고 정당정치를 새롭게 할 수 있는 선거법, 정치자금제도, 정당제도에 대한 정치개혁이 더욱 시급하다. 대선후보 선출을 위한 국민참여 경선제가 새로운 정치의 가능성을 열어준 좋은 예다. 재·보궐선거의 후보선출 과정과 과열된 선거운동의 현실을 보며 국회의원 선거구제의 획기적 개선이 필요하다고 느꼈다.

지역분할 정치의 극복, 국회의원의 자질 향상, 정당의 정체성 확보, 그리고 돈 덜 드는 정치의 구현과 정치부패의 청산을 위해서 현행 소선거구 다수대표제를 대선거구 정당명부식 비례대표제로 전환할 것을 제안한다.

대선거구 정당명부식 비례대표제는 대선거구별로 정당이 후보를 순위를 정해 공천하고 선거구에서의 득표율에 따라 의석을 차지하는 방법이다. 선거구민은 후보 개인에게 투표하는 것이 아니라 정당의 정책과 정치노선, 그리고 후보자 명단을 살펴본 후 정당정책과 후보들의 합치도, 원내 진출 후 정당의 정책구현 가능성 등을 숙고한 후 정당에 투표하는 제도이다. 경기도를 남북 두 광역 선거구로 나누거나, 강원도를 영서, 영동으로 분할하고 서울을 5개 권역으로 나누는 정도의 광역화를 의미한다.

대선거구 비례대표제가 채택되면 의석의 편차는 여전히 크다 하더라도, 복수의 정당이 당선자를 낼 가능성이 높아 한 정당이 특정 지역을 독식하기 어렵다. 같은 맥락에서 민주노동당과 같은 소수 이념정당의 원내 진출이 가능해져 선진적 정책정당체계를 갖게 된다. 현행 소선거구제 하에서는 소수 정치세력의 정치적 견해를 원내로 수렴할 수 없어 정치세력화가 어려운 소수 그룹들은 원외 재야세력으로 남아 있을 수밖에 없다.

이러한 선거구제의 전환을 통해 국회의원을 포함한 정치권 인사들의 경쟁구조가 획기적으로 바뀔 것이며, 정치활동의 질적 변화를 유도할 수 있다. 소지역구로부터 자유로워진 국회의원은 지역구의 경조사, 지역구민의 인사 청탁, 선거를 위한 지구당 조직의 관리와 운영, 의정 보고회와 당원 단합대회 등에서 벗어나 국정감사, 법안심의, 청원심사, 정책대안 마련에 전력을 다하게 된다.

대선거구 정당명부식 비례대표제를 채택하면 개인별 선거비용을 비롯한 정치자금 수요가 대폭 줄어들게 된다. 국회의원과 원외 지구당 위원장이 쓰는 정치비용의 대부분은 지역구 관리와 선거비용으로 추산되는데, 대선거구 비례대표제 하에서 선거를 대비한 지역구 관리와 선거구민을 상대로 한 선심공세가 불가능하게 된다. 또한 선거구민 개개인의 사적 부탁도 줄어들 수밖에 없다. 경제적 부담에서 벗어난 정치 신인과 전문 지식인들이 자신의 정치적 정향을 뚜렷이 하고 정강, 정책에 따라 정당을 선택해 정계로 진출하게 될 것이다.

이 제도가 유권자와 국회의원 간의 유대를 약하게 할 것이라는 지적이 있을 수 있다. 그러나 선거구민과 국회의원 간의 유대감은 지방자치제가 정착되어감에 따라 점차 선거구민과 지방의회 의원 또는 단체장과의 유대감으로 대체되어 국민의 심리적 공백은 채워질 수 있다. 사실 현재 국회의원과 선거구민과의 유대감은 민주정치적 발전의 기반이 되는 정책적이고 이념적 유대감이 아니라 지연과 혈연적 유대감에 지나지 않는다. 선거구제 전환에 대한 진지한 논의를 통해서 우리나라 정치의 문제를 풀어 나갈 수 있는 단초를 마련하기를 바란다. (내일신문 2002. 7. 30)

떳떳한 국정원이 되려면…

20여 년 전 유학을 떠나 첫 발을 디딘 곳이 미국 중서부에 위치한 캔사스시티 공항이었고 그곳에서 마주친 'KCIA'라 쓰인 간판을 보고 일순간 우리나라 중앙정보부를 떠올렸던 씁쓸한 추억이 있다. KCIA가 캔사스시티국제공항(Kansas City International Airport)의 약자인 것은 곧 알아차렸지만. 또한 그 곳 대학의 캠퍼스에서 공공연히 미국 중앙정보국(CIA) 요원의 충원을 위해 안내장을 나누어주던 CIA 홍보팀과 취업 설명회에 서슴없이 참여하는 학생들을 보고 의아해 했던 기억도 새롭다. 그 후 우리나라의 정보기구에 대한 부정적 인식도 상당부분 불식되었고, 요즈음 우리 대학 졸업생들에게 국가정보원은 인기 있는 직장이다.

한편 '날던 새도 떨어뜨린다'던 중앙정보부는 문민정부, 국민의 정부를 거쳐 그 명칭을 두 번씩이나 바꾸어 새롭게 태어나는가 했더니, 국민의 기대와는 달리 정권이 바뀌면 인사태풍이 몰아치는 힘 빠진 정보기관으로 전락하고 말았다. 마침내 도청의혹으로 불거진 여야의 갈등은 국정원의 존폐문제로까지 비화되고 있다.

한나라당 이회창 후보와 민주당 노무현 후보 모두 국정원의 대폭적인 개혁을 주장하고 있다. 구체적인 방안에서는 차이점을 보이고 있으나, 공히 국정원의 국내정치 관여를 종식시킨다는 것이다. 이 후보는 불법도청을 정치관여 금지대상으로 하도록 국정원법을 개정하겠다고 언급했고, 노 후보는 국정원의 해외 및 대북파트를 '해외정보처'로 바꾸고 수사파트는 분리해 별도 기구로 만들 생각인 듯하다.

그러나 국정원의 개혁을 대선 공약으로 내세우기 전에 국정원이 제대로 기능하지 못한 근본 원인을 밝히는 것이 중요하다. 그것은 역대 대통령들이 국정원을 국내정치를 위한 정보제공의 중요한 원천이라는 인식에서 완전히 벗어나지 못했기 때문이다. 김영삼 정부는 안기부법을 개정해 국가보안법의 불고지죄와 고무찬양죄에 대한 수사권을 폐지하는 한편, 국회에 정보위원회를 신설해 문민통제를 강화했다. 김대중 정부 역시 국가권력기관 이미지에서 벗어나려는 노력의 일환으로 부(部)의 명칭을 국정원으로 바꾸었다. 그러나 김영삼, 김대중 대통령 역시 통치권 행사를 위한 정보의 원천으로서 정보기관의 기능을 쉽게 버리지 못했다. '정보가 곧 힘'이라는 단순한 진리를 절실히 느끼는 순간 대통령은 정보의 독점을 통한 통치의 유혹을 뿌리치기 어렵다. 즉 국정원의 개혁을 위해서는 집권 후 대통령이 국정원의 막강한 정보력을 포기하겠다는 굳은 의지가 선결조건이다.

국정원의 조직을 개편하고 기능과 운용을 개혁하는데 앞서 더욱 중요한 것은 국가정보원의 정치적 중립을 확립하는 일이다. 정권이 바뀔 때마다 살생부가 나도는 국정원은 하나의 정치권력기관일 뿐 더 이상 국가의 안보와 관련된 정보를 수집하고 분석하는 정보기관이 아니다. 국정원이 정치적 중립을 확보하기 위해서는 국정원장 또한 정치적 행위를 삼가야 한다. 정부의 효율적인 외교·안보·군사·통상정책에 필요한 정보를 수집, 분석해 국가이익을 위한 정보의 생산을 총괄하는 국정원장은 정책결정자도 아니고 더구나 정책집행자도 아니다. 대북 관련 정보의 총책임자가 햇볕정책 전도사의 역할을 자임할 때 이미 대북 관련 정보는 정치화되고 왜곡될 수밖에 없다. 한 국가의 정보를 총괄하는 책임자가 정책집행의 현장에 직접 나서는 것을 보는 것은 극히 드문 일이다.

이제 국정원 스스로 위상을 재정립하려는 노력이 필요하다. 국정원은 과거 억압적 폭력으로 민주인사를 탄압하던 조직도, 간첩사건을 조작하고 관제정당을 만들던 중앙정보부도 아니다. 그러나 아직도 집권자의 입맛에 맞는 정보를 만들어 내기 위해 도청을 하고 국내정치에 개입하고 있다면 참으로 개탄할 일이다. '음지에서 양지를 위해' 일한다는 구호는 이미 지난 구호가 되어버렸지만, 국가와 국민을 위해 일한다는 초심을 되살려야 한다. 국정원을 흔들려는 정치권에 자신 있게 대응하기 위해서는 우선 스스로 떳떳해야 하지 않겠는가. (동아일보 2002. 12. 4)

판도라의 상자 열어라

산 넘어 산이라더니 노무현 정부의 갈 길이 어디인지 가늠하기 어려울 정도다. 첩첩산중에 날은 어둑해지는데 불빛마저 보이지 않는 형국이라고 한다면 지나친 비유일까.

북한의 핵무기 개발 조짐 소식으로부터 유괴, 납치 등 강력 범죄 증가에 이르기까지 사회 전반에 위기감이 고조되고 있는 가운데 반가운 소식 하나 건지기가 쉽지 않다. 얼마 전 어느 민족종교 대표자가 노무현 정부는 초년 고생을 거쳐 후반에는 잘 풀려나갈 운명이라는 덕담 아닌 덕담을 했다는데, 그 말이라도 믿어보고 싶은 심정이다.

현재 정치권의 폭풍의 눈으로 다가오고 있는 대선자금 문제를 어떻게 처리하는가에 따라 노무현 정부의 운명이 결정된다고 해도 과언이 아니다. 정대철 민주당 대표의 대선자금 발언을 계기로 의혹과 책임 공방이 증폭되더니, 희망돼지저금통의 모금 액수마저도 거짓 선전되었던 것으로 알려져 국민의 실망감이 커지고 있다. 다행스럽게도 노무현 대통령이 여야 모두 대선자금을 소상히 밝혀 검증받자는 제안이 돌파구가 될 수는 있을 듯하다.

그러나 이번 대선자금 문제를 여야의 문제나 민주당 내 신당파와 구주류, 청와대와 정대표, 혹은 정치권과 검찰의 대결로 치환해 그들 사이의 타협 정도로 문제를 풀어나가려 한다면 문제를 더욱 어렵게 할 따름이다. 정대철 대표를 비롯한 몇몇 정치인을 희생양 아닌 희생양으로 삼아 문제를 축소하려 한다거나, 현행 정치자금제도의 탓으로 돌려 문제를 호도하려 한다면 이는 문제의 심각성을 제대로 인식하지 못하고 있다는 증거다.

노무현 정부는 국민의 기대를 저버려서는 안 된다. 국민들이 노무현 정부의 출범 이후 몇 개월 안 되는 기간에 수많은 시행착오를 보면서도 그래도 참여정부는 과거 정부와 다를 것이라는 기대를 갖고 있었던 것은, 이 정부가 깨끗하고 투명한 정치를 구현할 수 있다는 믿음 때문이다. 대북송금 문제나 노동, 재벌정책에 대해 국민들 사이에 갈등적인 견해가 존재하는 것과는 달리, 투명한 정치에 대한 국민의 여망은 노무현 대통령에 대한 지지여부에 상관없이 한결같다는 사실을 직시해야 할 것이다.

노무현 대통령은 대선자금 문제를 정국전환의 기회로 삼을 수 있다는 자신감을 갖고 결단을 내려야 한다. 정면 돌파로 난관을 헤쳐 나가는 것이 노 대통령의 장기 아니었던가. 그러나 경계해야 할 것은 대선자금 문제로 기존 정치권을 흔들어 자신에게 유리한 정치권의 새로운 밑그림을 그리고, 정치개편을 통해 내년 총선을 겨냥하는 수준의 정국전환을 의미해서는 절대로 안 된다. 정면 돌파해 대선자금 문제뿐 아니라 정치자금 전반의 문제, 정경유착과 정치부패 문제, 나아가 정치인들의 의식전환에 이르기까지 정치문화와 제도적 차원의 근본적인 개혁을 이끌어내야 한다. 정국 전환을 위한 정면 돌파가 아니라 한국정치의 방향을 바로 잡는, 그리하여 국민의 사랑을 받을 수 있는 정치로 전환하기 위한 정면 돌파가 절실하다.

이를 위해 가장 선행되어야 하는 것이 이미 불거진 대선자금에 대한 철저한 진상규명이다. 모든 것을 밝히면 정치권이 공황에 빠질 것이기에 적당한 수준에서 덮어야한다는 일면 협박성, 일면 동정 유발성 발언에 국민들은 더 이상 속지 않는다. 투명하게 밝히지 않고서는 국민을 설득할 수 없다. 노무현 대통령을 비롯한 모든 정치인과 여야 정치권은 양심고백을 통해 대선 자금이 어떻게 조달되고 어떻게 사용되었는지 스스로 밝히려는 자세가 필요하다. 검찰 또한 성역 없는 수사에 나서 국민의 검찰로 다시 태어나는 계기로 삼아야 한다. 중앙선관위도 허위, 부실 신고를 밝혀내고 정확한 대선 자금 수급내역을 도출하기 위해 최선을 다해야 한다.

모든 것이 밝혀지면 당사자들은 국민에게 용서를 구하고 그 후에 비현실적인 제도를 바꾸는 수순을 밟아야 한다. 화를 복으로, 위기를 기회로 삼는 지혜와 결단으로 이제 초년고생에서 벗어나야 하지 않겠는가.

(동아일보 2003. 7. 16)

이젠 검찰이 해내야 한다

검찰이 뜨고 있다. 송광수 검찰총장이나 안대희 대검 중수부장이 검찰을 대표하는 것은 아니지만, 두 사람 앞으로 격려 편지가 쇄도하고 어느 시민은 햅쌀을 보내 힘을 북돋았다고 하니 과거에는 생각할 수도 없는 일이 벌어지고 있는 셈이다. 여하튼 반가운 소식이다.

국민에게는 억압적이고 정치권력에는 종속적인 모습으로 비춰졌던 검찰이 국민들로부터 격려 편지를 받게 되었다는 것은 결코 작은 변화가 아니다. 한나라당의 특검 법안에 민주당과 자민련이 즉각적인 지지를 보내지 않고 있는 것도 검찰에 대한 국민의 관심과 기대가 과거와 다르다는 것을 감지하였기 때문이다.

사실 국민으로서는 어느 한군데 마음 부칠 곳이 없는 상황이다. 불쑥 재신임 카드를 내놓은 대통령으로부터 대선자금 의혹 공방에서 전혀 자유로울 수 없는 여야 정치인 면면에 이르기까지, 동시에 정치자금을 제공하고 어김없이 비난의 대상이 되고 마는 정경유착의 한 축인 기업인들에게도 손을 선뜻 내밀 수 없는 것이 국민들의 마음이리라.

여야 정치권과 청와대는 정치자금에 대한 공개와 제도개혁을 소리 높여 이야기하고 있으나 반응이 신통치 않다. 국민들의 정치 불신은 이미 최고조에 달해 있어서인지 어느 정치인이 어떠한 발언을 하든 별 관심도 없는 듯하다. 눈물로 사과하고 비통한 얼굴로 용서를 비는 정도로 국민의 마음을 움직일 수 없다. 국민들이 진정 알고싶어 하는 것에 대해서는 짐짓 외면하면서 아직도 정치권은 기 싸움에서 밀려서는 안 된다는 강박관념에서 벗어나지 못하고 있지 않은가.

검찰에 대한 국민의 기대는 중층적이며 복합적이다. 국민들은 지금이야말로 검찰의 정치적 중립과 정치자금 수급의 투명성 확보, 더 나아가 정치문화와 정치제도를 획기적으로 전환시켜 한국정치 발전의 기틀을 마련할 수 있는 좋은 기회이며, 그 중심에 검찰이 있음을 인지하고 있다. 검찰은 이를 잘 헤아려 방향을 정확하게 설정해야 한다.

우선 검찰은 이번 대선 자금과 관련한 국민의 의혹을 철저히 파헤침으로써 검찰의 위상을 새롭게 정립해야 한다. 과거의 어둡고 음울한 검찰의 모습을 벗어버리고 밝고 자신 있는 검찰로 다시 태어날 수 있는 절호의 기회다. 이 기회를 절대 놓쳐서는 안 된다.

일본의 검찰도 76년 록히드 사건을 계기로 국민의 신뢰를 회복할 수 있었다. 일본 검찰은 제도적으로는 정치권력으로부터 독립되어 있었으나, 실제 정치관련 문제나 특히 정경유착에 관한 사건에 대해서는 적극적인 수사를 펼치지 못해왔다. 그러나 록히드 스캔들과 관련된 다나까 전 수상을 전격 구속하고 성역 없는 수사를 함으로써 일본 검찰은 다시 태어날 수 있는 계기를 마련했다.

검찰은 정치자금 전반에 대한 성역 없는 수사를 펼침으로써 스스로 정치적으로 자유롭다는 사실을 보여주어야 한다. 노무현 대통령과 여야 정치권이 모든 정치자금에 대한 수사의 필요성을 피력한 마당에 여야의 구별은 의미가 없다. 특히 불법 정치자금을 제공한 기업에 대해서도 성역 없는 수사를 단행해야 한다. 과거 정치자금에 대한 수사가 기업으로 확대될 때면 어김없이 국가신인도와 어려운 경제상황과 기업환경 등을 거론하면서 검찰수사에 제동을 걸어왔다.

그러나 이번만은 달라야 한다. 대통령이 기업에 대한 사면을 미리 거론하는 것도 적절하지 않다. 검찰은 정경유착에 의한 검은 돈의 흐름을 속속들이 파헤치고, 그 사용처를 낱낱이 밝혀 우리 정치의 어두움을 함께 반성할 수 있도록 해야 한다. 유권자들에게 뿌려진 검은 돈이 있다면 국민들도 함께 반성할 각오를 해야 한다.

우선 성역 없이 수사하여 투명하게 밝히는 것이 절실하다. 모든 것이 밝혀지면 모든 정당과 정치인이 빅뱅으로 빠져들 것이라는 협박, 그렇지 않아도 어려운 경제가 더욱 어려워져 청년실업이 심각하게 될 것이라는 협박에 넘어갈 국민이 아니다.

검찰을 믿고 싶다. 한 국가의 국정이 바로 서기 위해서는 흔들림 없는 검찰권이 필수적이다. 국정이 비틀거리고 국론이 분분한 상황에서 검찰권의 확립이 더욱 절실하다. 정치권력을 비호하는 검찰에서 정치권력의 폐부를 도려내는 검찰로, 국민에게 위압적인 검찰에서 국민을 협박으로부터 보호해 줄 수 있는 검찰로 변신하길 기대한다. 더 이상 정치권이 특검 운운하지 않도록 해야 하지 않겠는가.

(문화일보 2003. 11. 3)

그들만의 정치개혁안

불법 대선자금 정국의 코너에 몰린 여야 정치권은 앞다투어 정치개혁안을 내놓으며 발빠른 선점경쟁을 벌이고 있다. 각 당 총무들과 당 대표의 회동도 계속되면서 오랜만에 여야가 손잡고 웃는 모습도 볼 수 있다. 여야의 손잡은 모습이 언제까지 계속될지 모를 일이지만 서로 할퀴고 으르렁거리는 모습보다는 훨씬 좋은 일임에 틀림없다. 그러나 그 웃는 모습이 국민들이 원하고 있는 정치개혁을 위한 합의의 웃음인지, 그들만의 잔치를 위한 담합의 웃음인지 의문이 앞선다.

요즈음 정치권이 제시하고 공론화시키고 있는 정치개혁안을 찬찬히 들여다보면 그 내용과 우선순위, 그리고 전제조건의 충족에 큰 문제가 도사리고 있음을 발견할 수 있다. 정치권에 대한 국민들의 싸늘한 시선을 잠시 무디게 해보려는 방편의 일환으로 보이는 측면도 있다. 그동안 시민단체와 학계가 요구해왔던 정치개혁안을 대폭 받아들이고 있는 것처럼 보이지만, 정치개혁의 기본정신과 기본방향에서 크게 벗어나 있다.

지구당 폐지, 후원회 폐지, 완전선거공영제 확립 등을 내세우고 있으나 그것이 정치권을 새롭게 할 것이라는 믿음을 주지 못하는 것은 어쩐 일인가.

우선 지구당 문제의 경우, 그것이 돈 먹는 하마가 된 까닭은 제왕적 지구당위원장에 의해 독단적으로 움직여왔기 때문이다. 따라서 지구당 운영의 민주성을 확보하기 위한 지구당위원장 제도의 개선을 논하는 것이 옳다. 서너 명의 공동대표가 지구당을 운영해 지구당 위원장의 사조직화를 막고 그 지역의 민심을 파악하고 정당인들이 토론할 수 있는 장소로 전환하는 것이 보다 합리적이다. 지구당을 폐지하면 공조직을 대신할 사조직이 성행해 검은 돈의 흐름이 일상화될 것이라는 생각을 지울 수 없다.

완전선거공영제의 문제도 마찬가지이다. 현재 우리나라의 선거공영제는 서구 선진국가에 비해 결코 뒤지지 않는다. 지난 총선에서 보고된 선거비용의 72%인 553억을 국고에서 지출한 바 있다. 완전선거공영제의 주장에 앞서 정치권은 스스로 선거운동 방식에 대한 개선을 합의해야 한다.

후원회 폐지도 법인세 1% 정치자금화로 정치자금을 안정적으로 확보하려는 얕은 꾀로 비쳐지는 것은 지나친 우려인가. 정치자금의 수요를 줄이고 절약하려는 생각보다는 정치자금주머니를 크게 하려는 생각이 앞선 것 같아 씁쓸하다.

국민들이 진정 원하는 정치개혁은 검은 돈의 차단과 고비용 정치의 청산이다. 깨끗한 돈으로 절약하며 정치하는 정당과 정치인의 모습을 보고 싶은 것이 국민들의 소박한 희망이다. 따라서 최우선으로 손봐야 할 제도는 정치자금제도인 셈이다.

앞으로 어느 정치인이나 정당도 검은 돈을 흥청망청 쓰면서 정치를 할 수 없는 제도, 불법정치자금에 손을 대었다가는 아예 정치를 포기할 수밖에 없는 제도가 필요하다. 투명한 정치자금의 수급을 위해 단일계좌를 이용하고 수표와 신용카드로 지급하도록 하는 외에 선거자금을 포함한 정치자금의 사용 내용을 추적할 수 있도록 중앙선관위가 계좌조사권을 갖도록 해야 한다. 또한 정치자금법을 위반한 경우 공소기간과 공무담임권제한 기간을 대폭 늘여야 한다. 이러한 국민의 요구를 정치권이 솔선해 받아들인 이후 법인세 1%의 정치자금화를 요구해도 늦지 않다.

정치권이 과거 정치관행을 성찰하고 기득권 포기를 행동으로 실천하고 있는지, 말로만 사과하고 그럴 듯한 대안 제시로 여론을 호도하고 있는 것은 아닌지 촉각을 세워야 한다. 과거 정치 관련법의 개정 과정에서 정치권은 자신들에게 필요한 부분만을 발췌, 통과시켜 개혁 아닌 개악으로 끝난 경우가 많았기 때문이다.

모처럼의 기회다. 정치권이 내놓은 카드를 신중히 검토해 정치개혁의 주춧돌이 될 수 있는 카드만을 제대로 뽑아내야 한다. 우리 모두의 몫이다. (한국시론 2003. 11. 10)

'파국의 드라마' 막으려면

어디까지 가려는가. 아침에 펼친 신문 정치면에 오늘은 또 무슨 일이 터져 나올지 누구도 예상하기 어렵다. 너무도 지루하게 끌어오고 있는 불법 대선자금 정국인지라 눈길도 주기 싫건만 하루도 거르지 않고 돌발적인 상황이 전개되는 바람에 눈길을 돌릴 수도 없다.

지난 수개월 동안 불법 대선자금을 둘러싸고 여야 정치권이 국민들에게 보여준 정치행태는 파격과 엽기의 연속극이었다. 측근 비리에 도덕적 책임을 지겠노라고 국민투표를 통해 재신임을 받겠다는 노무현 대통령의 폭탄선언에 이어 측근 비리를 특검을 통해 규명해야 한다는 야권의 의기투합이 있었고, 대통령은 3분의 2가 넘는 국회의원들의 의결을 거부권행사로 제동을 걸었다. 이에 질세라 한나라당 최병렬 대표는 단식으로 대응했고, 그 결과 의정사에 기리 남을 거부권 재의결로 한고비 넘기는가 했다.

이라크파병 등 국정현안을 논의하기 위한 여야 당대표들의 청와대 회동에서 노무현 대통령은 다시 한 번 대통령직을 거는 경솔한 발언으로 국민들을 경악시켰다.

대본에도 없었던 발언을 불쑥불쑥 내던져 관객을 당혹하게 만드는 것은 무슨 심보인가. 이른바 '10분의 1' 발언은 드라마의 본질과 동떨어진, 내용의 줄거리에서 너무나도 빗나간 대사였다. '11분의 1'은 괜찮으니 대통령직을 수행할 수 있다는 이야기인지 어지간해서 이해하기 어렵다.

주연배우인 대통령이 스스로 조건을 내놓고 여차하면 그만두겠다는데, 주변에는 이러한 대사를 마구 쏟아내어도 한마디 따끔하게 충고해줄 사람들이 없단 말인가. 믿었던 참모들마저 하나, 둘씩 구속되고 있으니 참으로 답답한 형국이다. 결국 엽기의 드라마는 외면당하고 파국의 드라마로 치닫고 있다.

시청자들이 텔레비전을 완전히 꺼버리려는 것을 눈치 챘는지 드라마 각본을 바꿔 정상적인 드라마로 바꿔보려는 조짐이 약간 보이는 것 같아 다행이다. 이회창 전 대통령후보는 기자회견을 통해 본인이 책임을 지겠다는 결의를 보이고 곧바로 검찰에 자진 출두했다. 노무현 대통령도 반성의 정치를 제시하며 부끄러운 심정을 토로했다.

그러나 이 또한 국면전환의 한 장면으로 끝나서는 안 된다. 정치권은 현재 정치상황의 심각성을 정치게임의 차원에서 접근하려는 자세에서 벗어나야 한다. 특히 내년 총선을 유리하게 이끌기 위한 정치게임으로 불법 대선자금 정국을 이용하려 한다면 파국의 드라마는 훨씬 앞당겨질 수 있다.

한나라당 최병렬 대표는 단식하던 마음으로 되돌아가 자체조사를 통해 아는 대로 모든 것을 먼저 밝히고 사법당국의 수사에 능동적으로 협조하고 국민의 심판을 겸허하게 받아들여야 한다. 사실상의 여당인 열린우리당도 노무현 대통령에 대한 따가운 비판의 목소리를 아끼지 말아야 한다. 대통령의 언행을 무조건 옹호하면 할수록 열린우리당은 대통령 당으로 전락할 것이며, 결국 신당 창당의 존재의미를 잃게 된다.

시청자들이 드라마가 정상궤도로 진입할 수 있다는 일말의 희망을 갖고 있는 것은 검찰의 수사에 대한 기대 때문이다. 대통령이 어떠한 발언을 하든, 야권에서 무슨 시비를 걸든지 국민과 함께 하는 자세로 불법 대선자금 수사에 최선을 다해야 한다.

특검에 맡겨도 별다른 결과가 나오지 않을 정도로 철저히 수사해 더 이상 특검의 필요성이 거론되지 않도록 해야 한다. 공안검찰, 정치검찰의 오명을 벗어버리고 국민의 검찰로 다시 태어날 수 있는 호기가 아닌가. 검찰의 엄정한 수사가 드라마를 침울하게 만들 수는 있지만 시청자들을 완전히 떠나게 하지는 않을 것이다. 정치권이 사고치고 국민들이 수습하는 드라마는 이번으로 마지막회가 되길 바란다. (세계일보 2003. 12. 18)

'깨끗한 정치' 이제 시작이다

불법정치자금과 결부된 정치부패의 척결이 정치개혁의 알파이며 오메가인 사실은 이미 자명해졌다. 노무현 정부 출범 이후 현 시점까지 불법 대선자금과 관련한 신문기사는 하루도 거르지 않고 있으며, 노무현 대통령 측근 비리 역시 정치자금 불법수수의 연장선상에 있다.

줄줄이 구속되고 있는 정치인들을 바라보면서 정치자금의 문제를 근본적으로 해결하지 않으면 정치발전은 물론 우리나라의 국운을 새롭게 할 수 없다는 공감대가 커지고 있다. 요즘 같아서는 동북아시아 거점국가로의 도약과 2만 달러 시대의 개막은 뜬구름 같은 얘기이며 오히려 제2의 경제위기로 치닫지 않을까 걱정이다. 그만큼 정치안정이 중요하고 정치개혁의 제도화가 시급한 실정이다.

국회 정치개혁특위가 지난주 기업의 정치후원금 제공을 법적으로 전면 금지할 것을 합의한 것은 일단 환영할 일이다. 불법정치자금의 대부분이 기업으로부터 조달되었다는 측면에서 기업과 정치권의 연결고리를 원천 봉쇄하는 것은 과감한 수술이다.

그러나 이러한 대수술이 우리나라의 병든 정치를 치유하고 건강한 정치로 이끌기 위해서는 엄정하고 치밀한 후속 조치가 필요하다. 후유증을 최소화하고 조속히 정상궤도를 찾기 위해서는 제도적 개혁과 아울러 의식의 전환이 필요하며, 이는 정치권과 재계뿐만 아니라 유권자의 몫이기도 하다.

정치권이 기업으로부터 정치자금을 받지 않겠다는 것은 곧 정당에 대한 국고보조금과 개인 후원금에 의해 정치를 꾸려나가겠다는 의지의 표현이다. 중요한 것은 정치자금의 수요와 공급의 어느 차원에서 문제해결의 후속조치를 찾는가 하는 점이다.

우선 정치비용을 줄이는 조치가 병행되어야만 이번 수술의 효과를 볼 수 있다. 중앙당 축소와 지구당 폐지 정도로 정치자금의 수요를 줄일 수 있다고 생각하는 것은 안이한 발상이다. 지구당이라는 공조직 대신 눈에 띄지 않는 사조직이 늘어나면 음성적 정치비용은 더욱 늘어날 수밖에 없다. 선거운동 방식 또한 개선하지 않으면 정치비용 삭감은 공염불이 될 것이다.

정치비용의 거품을 거두어 절약형 정치를 한다는 가정 하에 이루어야 할 다음 단계는 안정적으로 정치자금을 공급하는 것이다. 주요 정당의 당비가 전체 당 재정의 1%에 미치지 못하고 있는 상황에서 개인의 소액다수 후원금이 어느 정도 도움이 될지 예측하기 어렵다. 정치자금의 공급이 어려워질 때 또다시 음성적 정치자금의 유혹은 커질 수밖에 없다. 정당이나 개별 정치인의 은밀한 요구를 거절하기 힘든 것이 기업의 또 다른 고민이다.

이 단계에서 유권자의 역할이 중요하다. 정치자금 수요를 줄이고 안정적으로 정치자금을 공급해야 할 주체로서 유권자들은 우선 정치자금에 대한 부정적 인식에서 벗어나야 한다. 상상할 수 없는 많은 불법정치자금이 음성적으로 조달되어 왔고 정경유착의 접착제 구실을 해 왔다는 점에서, 국민들이 정치자금에 대해 부정적 시각을 갖는 것은 어쩌면 당연한 일이다.

그러나 정치자금이 민주정치체제의 필수적인 운영비라는 점을 인정해야 한다. 정치활동을 하기 위해서는 정치자금이 필요하며 정치자금이 정치의 확대재생산을 위한 정치투자로 인식되어야 하지 않을까. 정치자금 그 자체를 불필요하다고 주장하거나, 과도하게 정치자금을 대폭 줄이는 것을 우선적 목표로 삼는 것은 오히려 정치활동을 위축시켜 정치개혁을 역행하는 결과를 초래할 수 있다.

결국 기업의 정치자금 제공 금지로 시작한 정치자금제도에 대한 수술은 정치비용의 절약, 안정적 정치자금의 공급이라는 후속 조치로 마무리되어야 한다. 동시에 정치자금의 흐름을 투명하게 파악할 수 있는 제도가 마련되어야 한다. 수술의 과정은 고통스럽지만 그것은 건강한 몸을 되찾기 위한 최선의 방법이다. 내친김에 우리의 정치체질을 바꿀 수 있는 기회가 되기를 기대한다.

(한국시론 2004. 2. 2)

국민 우습게 아는 탄핵 충돌

과거 우리나라를 찾는 외국 관광객이 가장 불편하게 느꼈던 것이 화장실이었다고 한다. 재래식 화장실이 수세식으로 바뀐 후에도 우리나라 화장실은 그리 좋은 이미지를 갖지 못했다. 공중 화장실의 경우는 더욱 그러했다.

그런데 몇 년 전부터 지방자치단체들의 경쟁적 노력으로 공중 화장실 개선 붐이 불면서 이전에는 상상할 수 없었던 깨끗하고 쾌적한 화장실로 변모하고 있다. 몇 주 전 고속도로 휴게실에서 어떤 노인 한 분이 화장실을 이용한 후 다시 한 번 화장실을 찬찬히 둘러보며 "이제 정치권만 바뀌면 정말 살기 좋은 나라가 될 텐데" 하고 독백하는 것을 들었다.

탄핵 정국을 보면서 불현듯 그 노인의 독백이 생각나는 것은 어쩐 일인가. 우리 사회에서 가장 뒤진 부문을 지적하라면 대다수의 국민들은 주저 없이 정치를 꼽을 것이다. 어려운 상황에서도 사회, 경제, 문화, 스포츠 각 부분에서 최선을 다하고 있건만 정치인들은 무슨 생각들을 하고 있는지 참으로 안타까울 뿐이다. 정치의 진정한 본질을 망각한 채 불나방이 불을 좇듯 맹목적으로 돌진하는 것이 정치라고 생각하는 것 같다.

노무현 대통령 탄핵을 둘러싼 여야의 대치를 보고 있노라면 1950년, 60년대 제임스 딘 류의 영화를 관람하고 있는 느낌이다. 흔히들 치킨 게임이라 일컫는 겁쟁이 게임의 하이라이트는 영화 종반부에 두 명의 경쟁자가 서로 자동차를 몰고 마주보고 돌진하든지, 절벽을 향해 나란히 질주하는 장면이다. 부딪히는 것이 두려워 핸들을 돌리거나, 절벽을 향해 달리다 멈칫하는 경우 그는 패배자가 되어 퇴장하는 것이다. 물론 승자는 그 옆에서 기다리고 있던 멋진 여인과 차를 타고 사라지게 된다.

현재의 탄핵 정국은 수십 년 전의 정치 수준을 벗어나지 못하고 있다. 마주 달리는 자동차를 운전하는 정치인들은 그들의 행동이 얼마나 무모하고 위험한 일인지 모르고 있다. 관객인 국민들이 그 게임을 즐기고 있다고 오해하고 있는 것은 아닌지. 우리나라 국민들의 영화 관람 수준을 우습게 알고 있는 것 같아 불쾌하기 짝이 없다. '실미도'와 '태극기 휘날리며'에 박수를 보내고 있는 국민들인데 아직도 치킨게임 정도로 관객을 모을 수 있다는 발상부터 바꾸어야 한다.

정치의 본질은 타협이다. 사회의 여러 갈등을 풀기 위해 숙고하고, 대화하고, 토론하고, 타협하는 것이 정치다. 도저히 풀 수 없어 보이는 얽힌 실타래를 한 올 한 올씩 풀어 나가는 것이 정치이기에 정치를 지고(至高)의 예술이라고 하지 않는가. 그러나 현 우리나라의 정치를 보고 있으면 예술은 커녕 저질 영화에도 못 미친다는 생각을 지울 수 없다. 4월 총선에서 좀 더 많은 의석을 차지하는 것 외에는 보이는 것이 없는 것 같다.

사전 선거운동은 아니었다 할지라도 중앙선거관리위원회가 지적한 선거관리의 불공정성 문제는 노무현 대통령이 겸허하게 받아들이는 것이 당연하다. 대통령의 정치활동 범주에 대한 논의는 그 후에 해도 늦지 않다. 특별기자회견을 통해서도 선관위의 지적을 겸허하게 받아들이겠다는 자세보다는 그 지적을 납득할 수 없다는 마음을 강하게 내보여 정말 답답하다. 사과를 패배로, 타협을 굴종으로 인식해선 안 된다.

야권 역시 대통령 탄핵이라는 카드를 그렇게 쉽게 빼어 들만큼 다급했는지 자성해야 한다. 민생과 국가경제, 그리고 국가 위신도 생각하는 여유를 찾아야 한다. 총선에 그렇게도 자신이 없단 말인가.

하루쯤 냉각기를 갖고 노무현 대통령과 여야 정치인, 국회의원 모두 버스를 함께 타고 고속도로 휴게실의 화장실을 한번 들러보고 천만 관객을 넘어선 '실미도'나 '태극기 휘날리며'를 단체 관람할 것을 간곡하게 권한다. 그 정도 비용은 비록 적은 교수 월급이지만 선뜻 내놓을 마음도 있다. 탄핵정국의 파국을 막을 수만 있다면.

(한국시론 2004. 3. 12)

슬그머니 돌아온 감성정치

정치가 갈수록 거칠어지고 있다. 참여정부 2기 출범으로 산적한 민생문제가 하나, 둘 차분하게 풀려갈 것으로 기대하고 있었는데 어찌된 일인지 여기저기 삐거덕거리는 소리가 커지더니 마침내 정치권 모두 '돌격 앞으로'의 자세를 취하고 있는 것 같아 불안하기만 하다. 여야는 물론 여권 내부에서도 배수진을 친 격돌의 양상이 일상적으로 나타나고 있다.

정치인이 자신의 정치적 견해를 강하게 피력하는 것은 당연한 일이다. 특히 정책 사안에 대하여 뚜렷한 자신의 소신을 밝히고 그것을 관철시키기 위한 노력을 다하는 것은 바람직한 일이다. 그러나 단호한 의지를 보여주기 위한 것일지라도 계급장 운운하며 한판하자는 식의 정치는 곤란하다. 검찰총장마저 대검 중앙수사부를 지키겠다는 일념에서인지 정제되지 않은 언어를 사용하여 파문을 일으켰다.

문제는 이러한 일방주의적 밀어붙이기식 정치행태가 권위와 질서를 폄하하고 있다는 사실이다. 언제부터인가 우리 정치사회에서 권위주의의 극복이 권위의 부정으로 이어지기 시작했고, 평등이라는 이름으로 질서의 근간이 흐트러지고 있다. 그렇다. 권위를 내세워 독재를 일삼았고 질서를 앞세워 절대 권력을 휘둘렀던 정치를 분명히 기억하고 있기에 이러한 반작용은 어쩌면 자연스러운 현상이다. 그러나 이러한 상황을 방치하면 정치권뿐만 아니라 사회전반에 걸쳐 권위와 질서가 힘을 잃게 됨을 잊어서는 안 된다. 위계타파를 앞세운 무질서의 광풍은 과거 절대 권력의 횡포와 견주어 그 폐해가 결코 다를 수 없다.

무질서의 광풍 속에 정치언어는 폭력화하고 있다. 예전에는 정당의 대변인들이 상호 비방의 악역을 맡아 거친 언어를 나누어 눈살을 찌푸리게 하더니 요즈음은 너도나도 서로 감정적이고 자극적인 언어를 마구 사용하고 있어 거친 조폭 영화를 보는듯한 기분이다. 지난 수년간 조직폭력을 소재로 한 영화가 인기를 누리더니 사회 분위기를 잘못 넘겨짚은 전략인지, 인격적 그릇이 그 정도 밖에 안 되는 것인지 안타깝다.

더욱 심각한 문제는 밀어붙이기식 정치와 언어폭력이 손을 잡으면 이성적인 정치가 어려워진다는 사실이다. 개혁정치 추진하는데 있어 특히 이 점을 유의해야 한다. 과거를 극복하고 새로운 변화를 추구하는 과정에서 과거의 잘못된 점만을 개선하는 것이 아니라 과거 자체를 부정하는 우를 범해서는 안 된다. 개혁의 문제점을 지적하는 사람을 수구라는 틀에 묶어 소외시켜서도 안 된다. 거친 정치언어와 배수진을 친 정치의 조합이 감성정치를 부추기고 있다. 합리적이고 이성적 판단에 호소하기 위해서는 꾸준한 노력이 필요하지만 감성에 호소하기 위해서는 원색적인 언어와 과장된 제스처 정도로 충분하다. 결국 정치를 쉽게 할 수 있다. 그러나 자극적인 감성의 정치는 그만큼 오래가지 않는다. 조폭 영화의 인기가 쉽게 시들해진 이유와 같다.

새로운 질서를 구축하고 진정한 권위를 회복하기 위해서는 사회 구성원 모두의 성찰이 필요하지만 우선 정치권의 자성이 필요하다. 노무현 대통령부터 정제된 정치언어를 차분히 사용함으로써 새로운 권위를 구축하도록 최선을 다해야 한다. 단호한 의지를 표명하기 위해 또 다시 대통령직이나 정부의 명운을 쉽게 운운하지 않는 것이 좋다. 당정관계나 당청관계에도 조속히 새로운 질서와 권위를 복원해야 한다. 당정협의가 과거처럼 대통령이 정당을 압도하는 상황으로 전개될 수도 없고, 전개되어서도 안 된다. 그러나 청와대와 열린우리당, 그리고 행정부처가 주요 정책 사안에 대해 일관된 비전을 국민들에게 제시할 수 없다면 이 또한 심각한 문제다.

국민들은 품위 있는 정치를 원한다. 원색적인 언어를 사용해 감성을 자극함으로써 단기간의 주목을 받는 정치가 아니라 곰삭은 청국장의 언어를 구사하는 중후한 정치를 보고 싶다.

(한국시론 2004. 6. 18)

개혁세력의 '담합'

서프라이즈. 글자 그대로 놀라운 일이다. 노무현 대통령을 지지하는 대표적 인터넷 매체인 서프라이즈의 전 대표 서영석씨 부인의 교수 임용 청탁에 문화관광부 차관이 직접 나서게 된 경위는 아직 소상히 밝혀지지 않았으나, 장관이 취임하기도 전에 장관과의 친분을 내세워 인사 청탁을 할 수 있었다는 사실만으로도 놀라운 일이다. 불과 몇 달 전 대우건설 대표가 한강에 투신한 것이 바로 청탁과 관련해서 일어난 일이라는 것을 누구보다도 잘 알고 있을 이 정부의 차관과 친노 인터넷 매체의 대표가 인사 청탁의 중심에 있었다는 사실 역시 놀랍다.

더욱 우리를 놀랍게 하는 것은 개혁의 전도사로 알려진 유시민의원마저 그 정도의 부탁은 일상적인 일인데 지나치게 부산스럽게 일을 확대하고 있다는 투로 반응했다는 사실이다. 청와대 신문고에 진정서를 낸 교수를 정치적 의도가 있다고 몰아세우면서 또 다시 보수언론의 탓으로 넘겨버리려는 것인지 답답하다. 사안의 심각성을 제대로 읽지 못하고 있는 것인지, 노무현 대통령을 지키려는 투신의 자세인지 궁금할 뿐이다.

개혁은 분명 혁명보다 어렵다. 소수의 주도로 과거를 청산하고 사회 변혁을 급격하게 도모하는 게 혁명이라면, 개혁은 미래의 청사진을 제시하고 사회 구성원의 동의를 얻어 수행해야 하기에 인내심이 필요하다. 김대중 정부가 출범할 당시 어느 노학자가 김대중 대통령에게 개혁의 어려움을 조목조목 설파한 일이 있다. 개혁은 긴 시일이 필요하고, 그 과정에 개혁세력과 반개혁적 세력이 뒤섞여 양자를 선명하게 구분하기 어렵다는 지적이었다. 그리 개혁적이지 못한 세력이 개혁의 탈을 쓰고 개혁의 선봉에 서지만 결국 단맛만 빼어 먹는 통에 개혁을 좌초시킬 수 있다는 쓴 소리였다.

이는 그대로 노무현 대통령에게도 적용된다. 노무현 정부 출범 후 1년 동안은 대통령 측근들의 비리가 불거져 노 대통령의 운신의 폭을 좁게 하더니, 2기에 들어서자 개혁세력의 내부에서 반개혁적 언행이 불거져 이 정부의 개혁이 휘청거리는 상황이다. 개혁을 성공적으로 이끌려면 개혁세력의 외연을 넓히고 조직화해야 한다.

그러나 개혁세력을 넓히는데 치중하다보면 옥석을 가리지 못하는 우를 범할 수 있다. 지지와 칭찬의 목소리가 당장 듣기 좋은 것은 당연하다. 그러나 개혁세력의 진정한 덕목은 끊임없는 상호견제와 비판정신임을 잊어서는 안 된다. 서프라이즈라는 인터넷 매체는 노무현대통령의 지지기반을 넓히는데 큰 공헌을 해 왔다. 노무현대통령 역시 서프라이즈 창간 1주년을 기해 기고문을 보내 화답했을 정도이다. 개혁을 위해서는 네트워크가 필요하다. 그러나 네트워크를 확장하고 공고화하기 위해 무조건적 지지와 협조가 필요하다고 생각할 때 끼리끼리 문화의 폐해는 증폭될 수밖에 없다. 개혁을 위한 단합을 앞세우면서 서로 밀어주고 감싸주고 허물을 덮어주며, 더 나아가 과거 기득권 세력들이 누리던 특권의 단맛에 취하기 시작할 때 이미 그 단합은 담합으로 추락하게 된다.

국회의원의 특권을 과감하게 줄여나가겠다고 하는 약속과는 달리 동료의원의 체포동의안에 반대한 것 역시 무언의 담합이었다. 17대 국회의 다수당을 차지한 열린우리당의 지지가 연일 하락하고 있는 것은 담합에 대한 국민의 심판이다. 개혁이 단지 주장으로 그칠 때 허탈하다. 개혁을 소리만 높이고 행동은 반개혁적일 때 좌절감을 준다. 그 반개혁적 행동을 끼리끼리 집단을 이루어 거리낌 없이 자행할 때 개혁은 절망적이다.

지금이라도 늦지 않았다. 노무현 정부와 열린우리당은 개혁을 내세우는 집단 안에 숨어있는 반개혁적 세력을 용기 있게 솎아내고, 개혁을 진심으로 원하는 비판세력의 쓴 소리를 고맙게 경청하는 자세를 보여주어야 한다. 민심은 여전히 개혁의 편에 서 있다.

(동아일보 2004. 7. 8)

개혁독점 시대는 끝났다

며칠 전 열린우리당이 국가보안법, 과거사규명법, 사립학교법, 언론관계법 등에 대한 당론을 확정하고 이를 '개혁'의 이름으로 관철시킬 것을 거듭 다짐했다. 문민정부와 국민의 정부에 이어 참여정부로 들어서면서 언제부터인가 개혁이라는 어휘의 신선함이나 가슴떨림이 사라진지가 오래되어서 별로 쓸모가 없어 보이는데도 열린우리당이 '개혁' 입법 운운하며 개혁에 집착하는 것을 보면 아직도 개혁이 우리 사회에서 유용한 덕목임에 틀림없는 것 같다. 바꾸어 새롭게 하겠다는 개혁에 반대할 국민이 어디 있는가.

그러나 중요한 것은 무엇을 어떻게 바꾸어야 국민들이 좀 더 편안하고 안정된 일상생활을 할 수 있겠는가의 문제다. 잘못 바꾸어 불편해지고 불안하다면 이는 개혁이 아니고 개악인 셈이다. 따라서 4대 쟁점사안에 대해서는 다양한 의견이 존재할 수밖에 없다. 열린우리당이 당론을 확정하면서 개혁입법으로 설정한 것이 개혁독점의 발상에서 나온 것이 아니길 바란다. 그들만의 주장이 개혁이고 '그들의 개혁'에 반대하면 반(反)개혁의 딱지를 붙이겠다는 생각이라면 이야말로 개혁의 대상이다.

개혁을 내세워 대결구도를 만들고 이를 돌파해 승리하는 것이 정치라고 생각해서는 안 된다. 국민의 다양한 의견을 강제로 압축해 대결구도로 만들어 옥죄어서도 곤란하다. 쟁점이 되고 있는 4

개 법안은 국가안보, 인권, 교육, 언론, 정체성과 정통성에 이르기까지 우리 사회의 근간을 떠받치고 있는 법안이기에 다양한 의견이 존재할 수밖에 없고 첨예한 대립이 불가피한 사안이다. 이러한 문제를 다루는 집권당은 진정 '열린' 모습을 보여주어야 한다.

국가보안법의 문제만 해도 그렇다. 국가보안법 폐지보다는 개정을 통한 존속을 원하는 국민이 70~80%에 이른다면 이러한 견해를 수렴하고 따르는 것이 순리다. 국가보안법 조항 중 인권침해의 가능성이 있는 조항은 과감히 삭제하되 우리의 안보에 위협이 될 수 있는 여지를 주어서는 안 되겠다는 것이 일반 국민의 공통된 의견이 아닌가. 북핵문제에 대한 우려가 불식되고 남북관계 개선과 북한의 변화에 대한 일반 국민의 인식이 충분히 달라질 때 완전 폐지를 공론화해도 늦지 않다는 여론을 애써 무시하려는 의도를 모르겠다. 대법원과 헌법재판소, 그리고 사회원로그룹의 의견도 반개혁의 목소리로 몰아세울 셈인가.

'열린' 자세는 자신감의 표출이다. 국정감사기간에 서둘러 당론을 결정하고 발표하는 모습이 왜 그리도 초초해보이고 여유가 없어 보이는지 안타깝다. 총선에서 의석 과반수를 차지하고 탄핵 정국이 마무리되었을 때 노무현 대통령과 열린우리당이 보여주었던 자신감을 찾아보기 어렵다. 아직도 열린우리당이 스스로를 소수 비주류라고 생각하고 있는 것이 아닌가 하는 의구심이 들 정도다.

열린우리당은 국민이 원하는 바가 무엇인가 헤아리는 시간을 충분히 갖고 고쳐서 새롭게 할 것과 보존하고 지켜나가야 할 가치를 분명하게 판별하는 것이 중요하다. 지금 당장 해치워야겠다는 강박관념에서 벗어나 야당과 국민의 의견을 수렴하고 타협을 끌어내려는 신중한 자세를 보일 때 여론은 반전될 수 있다.

쟁점 법안은 정기국회 이후로 미루어 놓고 정기국회 동안에는 경제 살리기에 총력을 기울이는 것도 좋은 방안이다. 정기국회 일정으로 바쁘겠지만 주말을 이용해 '경제 살리기 철야 의원총회'라도 열어야 진정 집권당의 모습이 아니겠는가. 당장 의도하는 바를 얻지 못하더라도 국민의 지지와 신뢰를 되찾을 수 있고 추후 더 많은 개혁을 추진할 수 있는 포석이다.

더 이상 밀어붙이기 정치는 통하지 않는다. 그것이 개혁이라는 이름하에 추진된다 해도 국민들은 용납하지 않을 것이다. 개혁독점 시대는 이미 끝났기 때문이다. (한국시론 2004. 10. 20)

신당이 박수 받을 수 있을까

한국시리즈가 삼성의 승리로 막을 내렸다. 시리즈 전적 4승 1무 1패로 한국시리즈 2연패의 위업을 달성했으니 참으로 대단한 일이다. 그런데 삼성의 높은 벽을 넘지 못한 한화에 더 큰 박수를 보내고 싶은 것은 어쩐 일일까. 아마도 매 경기에 최선을 다해 세 차례나 연장전 승부를 펼치며 혼신의 힘을 다한 선수와 김인식 감독의 무게감 때문이리라.

10월 25일 재·보궐선거에서 완패함으로써 네 번 연속 패배를 맛본 열린우리당으로 눈을 돌려 보면 양상은 전혀 다르다. 격려의 박수 소리는 어디서도 들을 수 없다. 질책과 냉소만이 있을 뿐이다. 혼신을 다하는 모습은 볼 수 없었고, 더군다나 경기가 끝난 뒤에도 패배의 원인을 파헤치고 반성하기는커녕 서로 자기 살기에 급급한 형상이니 누가 격려의 박수를 보내겠는가.

요즘 열린우리당에서 들려오는 목소리는 오래 전부터 거론된 신당 창당, 통합신당, 재창당의 주장이다. 열린우리당 간판을 내려야겠다는 이야기다. 바닥을 치고 있는 지지도를 끌어올리기 위해서는 무엇이라도 해야 할 판에 신당을 차리는 편이 낫다는 주장이 당 내에서 힘을 얻는 것 같다. 그러나 국민참여 경선제를 채택한 것 자체가 정당의 정체성을 이미 잃어버렸다는 증거인 이상 창당 정신과 열린우리당의 정치적 정체성은 물거품이 되어버린 셈이다.

문제는 이런 상황을 타파하기 위한 신당 창당, 열린우리당을 대체할 새로운 정당이 어떤 의미를 지닐 수 있을지에 대해 고민하는 모습이 보이지 않는다는 점이다. 열린우리당이 국민의 신뢰를 잃어 더는 설 자리가 없어져 신당 창당이 불가피하다고 주장하기 이전에 왜 국민의 마음이 떠나갔는지를 성찰하는 것이 순서가 아닐까.

10%대로 떨어진 지지도의 근본 원인이 무엇인지 절실한 마음으로 스스로 밝혀낼 수 있어야 한다. 스스로 책임을 통감하고 사죄하는 모습이 선행되어야 한다. 북한의 핵실험과 전시 작전통제권 환수 논의로 인한 국가 안보 위기, 부동산 정책의 파국과 경제침체,

그리고 무엇보다도 국민을 이런저런 사안으로 편 가르기 한 결과에 고개 숙여 사죄해야 한다. 사죄를 국민이 받아들인 후에야 재창당이나 신당 창당의 논의가 의미 있다.

과거 헌정사를 되돌아보면 나름의 대의나 명분 속에서 정당의 생성과 소멸이 있었던 경우를 발견할 수 있다. 거창민간인학살 사건이나 국민방위군 사건을 졸속 처리하는 여권에 반대하고, 사사오입 개헌에 대한 불만을 계기로 이합집산이 이루어졌다. 한일조약 비준의 내용과 방법을 둘러싼 강온노선의 대립으로, 12대 총선을 앞두고 정치활동 규제에서 풀려난 정치인이 야권의 재편을 위해 신당을 추진한 사례는 대의와 명분이 있어서 국민이 납득할 수 있었다.

그러나 노태우 정부 시절의 3당 합당 이후 계속된 분당과 합당, 그리고 신당 창당은 특정 정치세력의 생존전략 차원에서 이루어졌다. 3당 합당의 한 주체였던 당시 통일민주당의 김영삼 대표가 정권 창출에 성공함으로써 목표 달성의 여부로 이합집산을 합리화하는 선례를 남겼다. 결국 여권과 야권을 넘나드는 무분별한 헤쳐모여 식 정치행태의 폐해가 이어지고 있다.

대통령과 함께 나타났다 사라지는 정당, 어려운 상황을 신당 카드로 교묘히 피해가려는 정치세력, 민주정치의 본질이 책임정치임을 망각한 정치지도자를 바라보는 국민의 마음은 무겁다. 야구팬이 한국시리즈 내내 야구장을 꽉 채우며 열광했던 이유를 아는지 그들에게 묻고 싶다. 선수과 감독이 일치해 보여 준 진지함과 팬을 위해 몸을 아끼지 않는 헌신과 역동성이 있었기에 박수와 격려는 지금도 계속되고 있다. (동아일보 2006. 10. 31)

열린우리당 폐업, 반성 한마디 없나

안타까운 소식뿐이다. 장마와 게릴라성 호우에 이어 찜통더위로 잠 못 이루는 열대야가 계속되는 가운데, 전해오는 소식마다 우울하기만 하다. 아프가니스탄에 억류된 인질들, 홍수로 큰 피해를 보았다는 북녘 동포들, 가짜 학위와 과대포장 학력을 양산해 온 한국 사회의 일그러진 자화상에 가슴이 답답하다. 정치권으로 눈을 돌리면 더 짜증이 난다. 네거티브 폭로전으로 점철된 한나라당 대통령 후보 경선은 물론, 이리저리 몰려다니는 범여권 철새 정치인들도 꼴불견이다. 그 가운데 별로 시선도 끌지 못한 채 문을 닫아버리게 된 열린우리당의 운명은 씁쓸한 느낌을 준다.

대다수 국회의원이 몇 차례에 걸쳐 탈당한 상황에서 당을 꾸려 나갈 동력을 잃었기 때문에 당의 와해는 충분히 예상되었다. 하지만 막상 16명 지도부만이 마지막 확대회의를 마치고 초라한 기념사진을 남기는 모습은 참담했다. 우리나라 정당사(政黨史)의 슬픈 장면이다. 전국정당화와 정치개혁을 내세우며 '100년 정당'을 표방했던 정당이 어찌하여 3년 9개월의 단명으로 간판을 내리게 되었는지, 이렇다 할 평가나 토론도 없이 슬그머니 사라지는 모습이 처량

하기 그지없다.

열린우리당은 창당 때부터 태생적 한계를 지니고 있었기에 그 정도 버틴 것만으로도 다행이라 평가할 수도 있다. 한국 정당사를 돌이켜 보면 권력자가 정권을 쟁취한 이후 만든 정당이 오래간 적이 없다. 이승만 전 대통령의 자유당, 박정희 전 대통령의 민주공화당, 전두환 전 대통령이 주도한 민정당의 운명이 그 증거다. 정치권력과 지도자는 정당을 기반으로 창출될 때 오래 지속되는 법이지, 거꾸로 정치권력과 특정 지도자를 중심으로 성립된 정당은 단명할 수밖에 없다.

그러나 더 큰 문제는 열린우리당이 안고 있던 한계를 차치하고라도 지난 3년 9개월의 자취를 반성하려는 모습이 보이지 않는다는 점이다. 책임을 지겠다고 나서는 정치지도자를 보기 어렵다. 민주당으로부터의 탈당을 주도했던 노무현 대통령과 그의 추종자들, 그리고 10명에 이르는 역대 당 의장은 요즘 무슨 생각을 하는지 궁금하다.

실패에 대한 반성과 참회 없이 민주신당과의 어정쩡한 합당으로 유권자의 시선을 피할 수 있겠는가. 새롭게 꾸리려는 정당의 의원들이 열린우리당 출신 의원들인 것이 자명한 만큼 열린우리당 실패의 원인을 냉철하게 분석하고 이를 극복할 수 있는 대안을 제시할 수 있어야 한다. 비록 열린우리당은 실패했지만 추구했던 목표들 중에 아직도 유효한 것이 있는지, 정책노선 중 버릴 것과 챙길 것은 무엇인지, 방법론에 문제가 있었으면 어떠한 개선이 있어야 하는지 등을 오늘부터라도 점검해야 한다. 열린우리당이 추구했던 목표들 중 시간을 두고 지속해야 할 정치실험은 무엇인지도 살펴보아야 한다. 당정(黨政) 분리나 기간당원제, 그리고 원내 중심의 국회 운영 등은 비록 성공적이진 않았지만 정착 가능성을 볼 수 있었다.

원인 분석과 대안 제시도 없이 정당의 간판만 바꾸는 것은 국민을 우롱하는 처사다. 정강과 정책노선의 줄거리도 없이 소위 범여권의 잠재적 대통령 후보군 중심의 급조한 정당으로 유권자의 지지를 기대할 수 있겠는가.

열린우리당의 실패가 좀 더 나은 정당정치를 위한 시금석이 되어야 한다. 실패가 파행으로, 파행이 또 다른 실패로 이어지지 않도록 열린우리당에 몸담았던 정파와 정치인은 깊은 반성의 시간을 가져야 한다. 민심이 어디에 있는지, 왜 아직도 정치를 하고 있는지, 새로운 정당이 지향하는 것은 무엇인지 자문해 볼 시간이다. 잠 못 이루는 열대야를 이용해봄직하다. (동아일보 2007. 8. 21)

친이, 친박, 친O, 친X, …, 임시방편으론 못 막아

늘 불안한 한나라당이기에 어지간한 갈등이나 파행정도는 일상(日常)으로 비춰질 정도가 되어버렸다. 그러나 세종시 수정안을 둘러싸고 벌어지고 있는 일련의 상황을 지켜보고 있노라면 한나라당의 미래가 위태롭기만 하다. 한나라당의 지리멸렬이 6

월 지방선거에 어떤 영향을 줄지, 차기 집권전략에 어떠한 차질이 있을지의 문제는 그들이 풀 과제다. 보다 중요한 것은 국정운영에 있어서의 집권 여당의 역할과 기능에 대한 불안감이며, 이러한 현상이 정당정치의 퇴보로 이어져 대의(代議)정치가 무너지고, 결국 정치적 파국으로 이어질까 걱정이다.

민주정치체계에서 정당은 본질적으로 분파(分派)적이다. 정당은 그 어원상 전체가 아니라 부분(part)의 정치적 견해를 표출하는 존재이다. 하나의 정당이 사회의 모든 정치적 견해를 독점하는 일당 독재를 민주사회가 용납할 수 없듯이, 한 정당 안에 하나의 견해만 존재한다면 이미 정당의 의미를 잃어버리는 셈이다.

문제는 분파의 존재 양식이다. 정당 내 분파의 존재양식을 지칭하는 일반적인 어휘로는 주류와 비주류, 당권파와 비당권파, 구파와 신파, 또는 정치 이데올로기적 스펙트럼을 지칭하는 보수, 진보, 신 보수, 개혁 등이 쓰인다. 그런데 한나라당 내 분파는 언제부터인지 친이계와 친박계로 굳어져버렸다. 지난 대통령 선거 한나라당 후보 경선과정에서 나누어진 후보선호 당파가 결국 고착되어버린 셈이다. 특정 인물을 중심으로 정파를 만들고, 계파를 유지 확대해 온 전근대적 정당정치 그 자체다.

지난 주 한나라당은 전국위원회를 개최하여 당헌·당규 개정을 논의했다. 안건 중 하나가 국회의원과 당협위원장이 각종 당내 경선캠프에 참여할 수 없도록 하는 규정이었다. 지금 풍토라면 앞으로도 당내 경선만 하면 국회의원들이 반으로 나뉘어 대선이 끝난

다음에도 서로 원수처럼 대하면서 '친O', 친X'로 갈라질 가능성이 있다. 당헌·당규 개정안은 명분 없이 친이, 친박으로 쪼개진 한나라당의 현실을 타개해보려는 궁여지책이었다. 미국 대선캠프의 경우 현직 의원들이 주축이 되는 경우는 거의 없다.

그러나 우리 상황에서 이는 아직 현실적이지도 않고, 위헌의 소지까지 있다는 반대의견으로 보류되었다. 사실 의원들이 경선캠프에 직책을 갖지 못하게 하더라도 외곽에서 얼마든지 사실상의 캠프를 운영할 수 있으며 이를 단속할 방법도 없다.

정당정치의 파행을 바로잡기 위해서는 제도개혁도 모색해봐야겠지만, 중요한 것은 정치인들의 인식전환과 합리적 정당정치문화의 정착이다. 리더십 정립과 국회의원들을 포함한 정치권의 자성이 선행되어야 당내 분파와 갈등의 토론을 통한 통합이 가능하다. 뻔한 얘기, 교과서 같은 소리라고 할 수도 있겠지만, 이런 근본적 변화를 수반하지 않는 기술적 방안은 모두 임시방편 처방에 불과하다.

한나라당의 국회의원과 당협위원장 역시 친이, 친박의 굴레에서 탈피해 '적과 아군' 식의 군사문화에서 벗어나 중도를 만들어갈 용기를 가져야 한다. 친이, 친박 의원들 모두 왜 자신들이 국회의원이 되려고 했는지 초심으로 돌아가 보면, 당내 경선캠프에 참여금지 규정 얘기까지 나온 현실이 부끄럽게 느껴질 것이다.

밴쿠버 동계올림픽에서 우리나라 선수들의 선전 소식이 연일 전해지고 있다. 메달 획득을 위해 최선을 다하는 모습은 물론이고, 선의의 경쟁 후 서로 보듬으며 격려하는 모습이 보기 좋다. 한나라당, 아니 우리나라 모든 정당인, 정치인들의 모습이길 상상해본다.

(조선일보 2010. 2. 22)

희망이 보인다

6·2 지방선거의 후폭풍이 대단하다. 정부와 여당은 선거에서 표출된 민심을 어떻게 추슬러야 할지 당황하고 있다. 한나라당은 당 쇄신과 함께 청와대와 내각의 인적 물갈이를 거론하고 있으며, 뜻밖의 승리로 표정관리에 들어간 민주당도 앞으로의 정국 주도 방안과 야권의 통합과 연대에 대해 논의를 계속하고 있다. 각 정당과 정치세력들이 승리를 자축하고 패배에 침통해하면서 요란스러운 공방을 펼치고 있지만, 진정한 승리자는 말없는 유권자다.

선거는 진정 민주주의의 꽃이다. 꽃은 화려하게 피어 시선을 끄는 것으로 그치는 것이 아니라, 꽃은 열매를 맺고 그 열매의 씨앗은 땅에 떨어져 또 다시 굳건한 민주주의를 싹 틔운다. 이러한 선순환 구조가 정착되면 민주정치는 공고하게 된다.

민주화의 정도를 측정하는 척도는 여러 가지가 있으나, 그 중 가장 보편적인 기준이 몇 번이나 선거를 통해 평화적 정권교체를 이루어냈는가 하는 것이다. 우리나라는 1987년 대통령 직선제 헌법 개정 이후 다섯 차례 행정부의 수장을 바꾸었고, 총선과 지방선거를 통해 의회권력과 지방권력을 수시로 교체했다. 모두 유권자의 힘이다. 유권자의 균형감각과 중심잡기의 결과다. 유권자의 힘을 무시하고 독단과 일방통행으로 밀어붙이면 민심은 조용한 반란을 꾀한다. 이번 지방선거 역시 이명박 정부의 독단에 대한 민심의 경고이고, 나태해진 한나라당에 대한 유권자의 질타이며 견제다.

천안함 침몰 사건을 계기로 언론 매체들이 한나라당의 압승 시나리오를 예상하고 있는 상황이었지만, 위축되어 보였던 유권자들은 침묵의 소용돌이(Spiral of silence)에서 힘차게 벗어나 소신 있게 표를 던졌다. 바람이 거세게 불어도, 좌우의 극단적 목소리가 거칠어도 유권자들은 중심을 잃지 않았다. 우리 국민 특유의 역동성과 더불어 균형감각도 갖추고 중심잡기에도 성공하고 있으니 이제 정치권이 화답할 차례다.

선거 후 위기에 처할 때마다 재방송하는 일상적 당 쇄신 논의로는 턱없이 부족하다. 인물 몇 사람 바꾸는 정도로는 답이 안 된다. 민심이 원하는 것이 진정 무엇이고, 어떠한 방향으로 정치를 이끌어가야 민심에 부응할 수 있을지 통렬히 고민해야 한다.

통합과 소통의 리더십 발휘와 정책 정당체계의 정립이 가장 시급하고 중요한 대안이다. 우선 리더십의 경우 이명박 대통령의 리더십뿐 아니라 정당과 의회, 관료사회의 리더십은 아직도 권위주의적이며 배타적이다. 소통보다는 지시에 익숙하고 통합보다는 일방통행의 독단이 몸에 배어 있다면 지금부터라도 체질 개선에 들어가야 한다.

선거의 쟁점이었던 4대강 사업과 세종시 수정안 추진 문제가 벽에 부딪친 근본 원인이 통합과 소통, 그리고 리더십의 부재에 있다. 국민과의 소통은 물론, 정당 내의 소통, 정당과 정당, 정당과 국회, 중앙정부와 지방정부, 행정부와 국회의 소통 등 현대 정치사회에는 무수한 소통의 채널이 존재한다. 정치행위자와 이슈의 다양성과 더불어 정보통신기술 발전에 따른 커뮤니케이션 방법의 다양화에 걸맞은 리더십의 발휘가 절실하다.

또한 우리나라 정치의 안정적 발전을 위해서는 보혁구도의 정당체계를 구축해야 한다. 6·2 지방선거의 결과에 비추어 보면 정책과 이념 지향에 따른 정당구도 재편의 가능성이 보인다. 진보정권 10년, 특히 노무현 정부 시절 뿌리내린 진보 정치세력의 조용한 정치권 재진입 또한 유권자의 균형감각과 중심잡기의 결과이며, 이를 토대로 지역정당 체계를 극복해 선진적 정책정당 체계 수립이 가능하다.

유권자의 균형감각과 중심잡기가 소통과 통합의 리더십, 그리고 정책정당 체계와 맞물려 나갈 때 우리나라의 민주정치는 공고화의 단계로 진입할 수 있다. 희망이 보인다. (한국일보 2010. 6. 9)

정치권 부패가 제1의 公敵이 되고 있다

아놀드 토인비의 명언을 원용하지 않더라도 국가

의 성립과 성장, 발전, 그리고 쇠퇴의 역사 과정은 끊임없는 도전과 그에 대한 대응의 역사였음이 자명하다. 국가뿐만 아니라 지구촌의 모든 정치공동체는 안팎으로부터 끊임없는 도전을 받게 되어있다. 그런데 공동체의 생존을 위협하는 도전은 실상 외부로부터의 도전이 아니라 내부로부터의 도전이었음을 직시해야 한다. 외부의 적보다 내부의 적이 더욱 무서운 것처럼, 물리적·군사적 위협보다 내부의 공동체의식을 깨뜨리는 불신과 분열이 더욱 심각한 위협이 아닐 수 없다.

현재 북한으로부터의 군사도발이 한국 사회를 위협하는 가시적이며 즉각적 위협이라면, 그에 상응하는 내부로부터의 위협은 정치권에 대한 국민의 불신이다. 특히 국민의 대의기관인 국회와 국회의원에 대한 불신은 위험수위를 넘어서고 있다. 불신의 가장 큰 원인은 바로 정치비리와 부패정치에 있다.

국제투명성기구(TI)는 지난 10월 26일 우리나라의 청렴도 평점이 2008년 이래 5.6점→5.5점→5.4점으로 매해 뒷걸음쳐 전 세계 제39위라고 밝혔다. 그런데 15일 국민권익위원회가 발표한 '2010년도 부패인식도 조사' 결과를 보면 응답자의 56.6%가 부패문제 해결이 가장 시급한 부문으로 '정당 및 입법'을 지목했다. 또 다른 국민의 신뢰도 조사에서도 국회는 5점 만점에 2.33점으로 9개 주요 기관들 중 최하위였다.

어찌하여 이 지경이 된 것일까. 이른바 청목회 '로비입법'에 이어 그 불법을 정당화하기 위한 소액 분산 후원금 합법화 시도는 국민의 눈을 가리려는 것이다. 자신들의 불법부패 행위를 반성하고 재발방지를 위해 노력하기는커녕 현행 정치자금법을 고쳐 법인과 단체가 정치후원금을 소액으로 나누어 낼 경우 이를 대가성이 없는 돈으로 합법화하려는 시도는 '정당 및 입법' 부문의 부패불감증을 그대로 보여준다. 게다가 예산안 강행통과 과정에서 비춰진 여야 의원들의 몸싸움, 그리고 그 와중에 챙긴 '쪽지예산'과 '형님예산'을 바라보는 국민들의 착잡한 심정을 그들은 헤아릴 수 있을까.

연평도 포격 도발로 숨진 희생자들, 북의 군사적 위협으로 불안한 시민들, 안정된 일자리를 원하는 수많은 비정규직 근로자들과 청년들, 대기업의 사업영역 확대로 발을 쭉 뻗고 잠자리에 들 수 없는 중·소자영업자들이 바로 그들을 국회로 보낸 유권자였음을 잊은 것인가.

지금 대한민국은 3·26 천안함 폭침에 이은 11·23 연평도 포격 도발 등으로 북한의 군사적 위협에 대치해 있다. 이러한 가운데 정치권이 국민으로부터 가장 부패한 단체로 지목되어 제1의 공적(公敵)이 되면 국가의 기틀이 흔들릴 수밖에 없다. 외부로부터의 도전을 튼튼한 국방과 투철한 안보태세로 지켜내야 하는 것처럼 내부로부터의 도전을 극복하기 위해서는 정치권부터 비리와 부패로부터 벗어나 국민의 신뢰를 회복해야 한다.

권력의 사다리를 타기 위한, 자신의 지역구, 자신의 세비와 노후대비를 위한 비굴하고 음성적인 의정활동이 아니라 국민을 위한 떳떳한 의정활동을 펼칠 때 국민의 신뢰를 회복할 수 있고, 결국 그것이 국가안보의 초석이 되는 것이다. 여야 국회의원들의 통렬한 자성이 필요한 시점이다.

지난 주 한 국회의원이 국회 본청 로텐더 홀에서 예산국회의 파행으로 국민들을 실망시켰음을 부끄럽게 생각하면서 3,000배를 올렸다. 참회와 사과의 절이었다. 그렇다. 국회의원 한 사람, 한 사람이 부끄러워 할 줄 알아야 한다. 사죄하는 용기를 보여주어야 한다. 국회의원 한사람의 날갯짓이 나비효과의 출발이길 간절히 바란다. 모두 선공후사(先公後私)의 정신 재무장과 실천이 필요한 때다.

(문화일보 2010. 12. 17)

우리나라 정치자금은 부족하지 않다

지난 4일 국회 행정안전위원회 전체회의에서 청목회(전국청원경찰친목협의회) 사건으로 기소된 국회의원 6명에 대한 처벌 근거를 무력화시키는 정치자금법 개정안을 기습 처리했다가 여론의 거센 후폭풍을 맞아 주저앉았다. 그 이틀 후인 6일 일본에서는 유력한 차기 총리 후보였던 마에하라 세이지(前原誠司) 외무상이 평소 가족처럼 지내온 재일한국인으로부터 지난 5년간 5만 엔씩 돈을 받았음을 시인하고 사임했다. 최근 한·일 양국에서 일어난 두 사건을 보면서 우리나라가 민주이행기를 거쳐 수평적 정권교체를 몇 차례 이루어냈지만, 아직도 민주정치의 공고화 단계로 진입하려면 넘어야 할 산이 무수히 많음을 절감한다. 그 중 가장 절박한 것이 정치권의 신뢰회복이요, 특히 불법 정치자금으로부터 자유롭게 하는 것이다.

정당과 정치인이 불법 정치자금과 연루되지 않게 하는 방법은 원론적으로 두 가지다. 하나는 정치자금 수요와 공급의 방법과 한도를 대폭 확대하기 위해 규제를 느슨하게 하는 방안이고, 다른 하나는 현재의 정치자금 수준으로 규제를 더욱 엄격하게 하는 방법이다. 민주화 과정을 거치면서 국민들도 정치자금이 민주정치 체제의 필수 비용이라는 점을 알고 있다. 결국 어느 정도의 정치자금 수급과 법적 규제가 적정한가 하는 문제로 귀결된다. 이 문제를 풀기 위해서는 현행 정치자금 제도의 역사성과 정치자금 흐름의 현실을 직시하는 것이 필요하다.

중앙선거관리위원회가 현재 불법으로 규정하고 있는 기업과 단체의 정치자금 제공과 정당후원회를 합법화하는 개정안을 국회 정치개혁특위에 제출할 모양이다. 기업과 단체가 선관위를 통해 후원함으로써 정치자금의 원활한 조달과 투명성을 함께 강화할 수 있다는 취지는 좋지만, 현행 정치자금법의 역사성을 간과하고 있는 것 같아 안타깝다. 2003년 검찰이 대선자금 수사 결과 기업들의 '차떼기' 불법 정치자금 제공 사실이 밝혀져 온 국민의 분노가 하늘을 찔렀고, 그 결과 2004년 정치자금법 개정이 이루어져 국회의원이 기업이나 단체와 관련된 돈을 받을 수 없게 된 것이다. 이후 정당후원회 제도도 폐지되었다. 이제는 기업과 정당, 기업인과 정치인의 유착을 염려하지 않아도 될 시점에 왔는지 의구심이 든다.

그리고 기업과 단체가 정치자금을 제공해야 할 정도로 정치자금이 부족한 상황인가 하는 점도 냉철하게 바라보아야 한다. 깨끗하고 효율적인 정치를 구현하고 있는 선진국의 정치자금 규모와 비교해볼 때, 우리나라의 정치자금은 결코 부족하지 않다. 의정활동을 하는데, 정당을 운영하는데 부족한 금액이 어느 정도인지 시원스레 내놓고 이야기할 자신이 있는지 묻고 싶다. 우리나라는 선거공영제를 폭넓게 채택하고 있고, 정당에 대한 국고보조금 제도가 잘 정착되어 있어 외국 정치인과 정당인의 부러움을 받고 있지 않은가.

중앙선거관리위원회는 먼저 현행 정치자금 제도의 정착에 매진해야 한다. 정치과정의 투명성을 더 높이고, 정경유착의 고리를 제도적, 문화적으로 단절시키는 것이 중요하다. 동시에 돈과 관련해 벌어지고 있는 불법정치 행태의 척결을 위해 관련 정치관계법과 제도, 그리고 잘못된 관행의 개혁에 힘써야 한다. 효율적이며 민주적인 정당 운영을 강제하고 정당 후보자 공천과정에서 주고받는 불법 공천헌금도 척결해야 한다. 그때가 되면 유권자들이 나서서 정치자금 조달을 주도하게 될 것이다. (조선일보 2011. 3. 25)

7부 물이 높아야 배가 높다

공동선과 인권의 신장,

자본과 노동의

조화로운 상생은

혁명적 변화나

정치엘리트의 특단의 조치로

이루어지는 게 아니다.

국민 개개인의

지속적인 노력에 의해서만

가능하다.

"공정한 大選" 위한 對국민약속

대통령 선거를 3개월 앞두고 정치권에 돌풍이 몰아치고 있다. 노태우 대통령은 지난 18일 민자당 탈당과 선거중립내각 구성을 밝히고 잔여임기 동안 정치권으로부터 초연한 자세로 국정에 임하며 공정한 대선관리에 힘쓸 것을 천명했다.

민자당은 이번 노태우 대통령의 선언을 혁명적 결심 또는 제2의 6·29 선언으로 평가하고 있고, 청와대 측은 이 선언으로 명실공히 공정한 대통령 선거를 치를 수 있는 기반이 마련되었다고 보고 잡음 없는 정권 이양과 차기정부의 정통성 확보라는 과제를 실현시킬 것이라는 자신감을 보여주고 있다.

우리의 헌정사상 현직 대통령이 당적을 떠나 공명선거를 관리하는 중립적 위치에 서겠다는 의지를 표명한 것은 처음 있는 일로서 크게 환영할 일이다. 이 선언으로 임기 말의 통치권 누수현상을 차단하고 일관된 정국운영을 펼친 후 떳떳하게 퇴임하겠다는 것은 의미 있는 일이다. 또한 노태우 대통령의 통치스타일이 무기력하다는 일반의 비판을 뒤엎고 결정적인 순간에 중요한 의사결정을 소신 있게 단행하는 자세를 보인 것으로 평가될 수 있다.

그러나 일부 국민들 사이에는 이번 선언이 연기군(燕岐郡) 관권 개입사건 수사발표 이후 축소수사 의혹이 증폭되면서 이를 무마하기 위한 조치이거나, 아니면 고도의 정치적 계산의 결과로 나온 것이 아닌가 하는 의문을 갖고 있는 것 또한 사실이다.

따라서 이번 선언으로 정통성과 도덕성을 지닌 차기정권 창출이라는 높은 이상을 실현시키기 위해서는 보다 구체적이고 내실 있는 후속조치가 뒤따르지 않으면 안 된다.

노태우 대통령의 선언은 앞으로의 대선정국을 새로운 국면으로 이끌 것이다. 노 대통령이 대선이라는 게임의 공정한 심판관 또는 관리자로 자처하고 아선 이상 정부와 민자당과의 당정관계는 새롭게 정립되어야 할 것이며, 정부와 야당, 정부와 기타 정치세력과의 관계설정도 달라져야 한다. 이와 관련해 노태우 대통령은 민자당의 정권 재창출은 더 이상 노 대통령과 중립내각의 관심사항이 아닌지에 대한 명확한 의사표명이 있어야 한다.

선거중립내각의 성격 규정과 역할, 구성 원칙과 인선내용, 그리고 야당의 참여를 협의 또는 합의차원으로 할 것인가의 절차적 문제를 풀어나가면서 이번 선언의 정치사적 의미는 더욱 증폭될 수도 있고, 반면 새로운 대선정국 불안의 불씨가 될 수 있는 가능성도 배제할 수 없다. 민자당은 제 계파가 완전히 동화되지 않은 상태에서 앞으로 어떠한 정치행태를 보일 것이며, 암중모색 중인 새로운 정치세력들이 어떠한 모습으로 대선정국에 뛰어들 것인지 예견하기 어렵다.

노태우 대통령의 선언은 민주·국민 양당의 대선 전략과 정국운영 구상의 전환을 요구하고 있다. 중립내각구성과 당적을 떠난 위치에서 대선을 엄정하게 관리하겠다는 최고통치자의 뜻이 야당의 기존 주장과 근접한 이상 국민들은 이제 야당이 보여줄 카드의 내용에 관심을 쏟고 있다.

민주·국민 양당은 중립내각구성이 갖는 의미를 대승적으로 평가해 진지한 자세로 임해야 하며, 국정현안 즉 단체장선거 실시와 국회정상화 등의 산적한 문제를 선진적 타협의 방향으로 이끌어 국민적 공감대를 형성해야 한다.

노태우 대통령의 선언이 선거과정의 공정성 확보와 선진정치문화 창달로 이어지도록 하기 위해서 국민 대중은 정치권의 움직임에 수동적으로 대처해서는 안 된다. 언론, 관료, 법조인, 여러 이익집단과 온 국민은 이 선언을 깨끗하고 민주적인 선거를 치를 수 있는 전환적 환경으로 재구성하려는 적극적이고 능동적인 자세를 견지해야 한다. 우선 이번 선언을 계기로 모든 중앙·지방 공무원들은 공무원의 정치적 중립을 확립하도록 노력해야 한다.

연기군 관권개입선거 파문으로 공무원의 사기가 저하되고 있음은 참으로 우려할 일이다. 종래의 관권개입선거가 정치권의 강압에 의한 어쩔 수 없는 것이었다면, 이제 공무원들은 대선을 맞아 불변부당의 행정능력을 자신 있게 보여주어야 한다. 언론은 대선을 맞아 공정한 정보전달자, 감시자의 기능을 충실히 수행해 국민의 눈과 귀의 역할을 다해야 한다.

끝으로 대선정국을 효율적으로 이끌어가야 할 주체인 우리 국민들은 앞으로 3개월 동안의 정치가 21세기 한국 정치의 앞날을 규정할 것이라는 사실을 인식하고 정치과정에 자발적으로 참여해야 한다.

대선정국이 파행적 소모전으로 끝나지 않고 생산적인 경쟁의 무대로 승화되기 위해서는 국민들이 항시 그 무대를 똑바로 바라보아야 한다.

(서울신문 1992. 9. 21)

정치개혁 主體는 국민

한보사건과 김현철씨 비리로 불거진 돈정치의 문제는 정국을 혼미 속으로 몰아넣었다. 이 두 사건은 우리 사회가 총체적 부패와 비리의 사슬구조로 얽매여 있음을 극명하게 보여주었다. 국민들은 문민정부에 걸었던 마지막 희망이 사라졌다는 실망감으로 허탈해 하고 있으며 정치에 대한 불신은 최고조에 달하고 있다. 천문학적 규모의 음성적 정치자금의 조성과 사용, 그리고 고비용 정치구조의 심화현상은 결국 한국 정치의 비민주성과 맞물려 있다. 정통성 부재의 권위주의 군부통치와 개발독재체제는 비정상적인 정치과정을 초래했고, 결국 밀실정치와 정경유착으로 귀결되고 말았다. 문제는 이러한 구조가 고착화되어 정경유착뿐 아니라 관료와 재벌, 군부와 정치, 재벌과 언론과 정치의 융합과 유착으로 확산되었고, 사회 상층부에서부터 사회 저변까지 파급되었다는 점이다.

현 시점에서 '네 탓이요' 식의 상호비방이나 책임전가는 문제의 본질을 호도할 수 있다. 상호비방과 책임전가는 비단 여당과 야당 간의 문제뿐만 아니라 정치권과 국민, 기업인과 정치인들 간의 문제이기도 하다. 물론 이것이 공동책임이라는 미명 하에 누구에게도 책임을 물을 수 없다는 논리로 비약해서는 안 된다. 오히려 모든 정치지도자와 정치권, 경제 및 사회집단, 그리고 일반 국민들은 현재의 파행적 정치과정이 지속되어 오도록 한 나름대로의 책임을 통감하고 자성해야 한다. 여야 정치권과 대선주자들은 현 정치상황에 대한 책임을 통감하고 반성하는 모습을 보이지 않고 서바이벌 게임에만 열중하고 있어 국민들을 안타깝게 하고 있다. 관련법과 제도의 개선을 통해 한국 정치구조를 새롭게 구축해야겠다는 생각보다는 대선정국을 유리하게 이끌려는 생각이 앞서고 있는 것은 아닌가 묻고 싶다.

이 시점에서 함께 고민해야 할 과제는 돈 안 쓰는 정치, 투명한 정치를 위한 제도의 확립과 이를 뒷받침해 줄 수 있는 정치의식의 개혁이다. 우선 정치자금의 실명제와 완벽한 선거공영제가 시급하다. 정치인과 정당은 정치활동에 사용하는 모든 정치자금의 수입과 지출을 선관위에 등록한 예금계좌를 통해서만 하도록 하고 정기적으로 선관위에 보고하는 것은 물론, 통신망을 통해 상시로 공개하도록 촉구해야 한다. 이와 아울러 정치자금의 익명성을 폐지해야 한다. 정치자금의 실명화가 단기적으로 정치자금의 수급에 차질을 초래할 수 있겠지만, 개인과 정당의 선거비용 부담을 대폭 줄일 수 있는 선거공영제를 확립한다면 충분히 극복할 수 있다.

아직 국회의원 선거는 몇 년 후의 일이지만, 정치비용을 줄이기 위해서 정치인을 지역구로부터 자유롭게 하는 적극적인 방법도 신중히 강구해야 한다. 현 소선거구제 하에서 국회의원이 월평균 2,000~3,000만원의 정치자금을 사용한다고 할 때, 정경유착은 재벌과 고위정치권의 결탁에서 그치는 것이 아니라 지역구 단위에서도 상존할 수밖에 없다. 따라서 이의 단절을 위해서도 국회의원을 지역구로부터 해방시켜야 한다. 돈 안 드는 정치, 돈 안 드는 선거가 정착되면 비록 돈은 없으나 투철한 사명의식과 덕망, 학식을 지닌 정치 신인을 정치권으로 끌어들이는 주요 동인이 된다.

고비용 정치구조를 원천적으로 타파할 수 있는 길은 정치의식의 개혁이다. 국민이 정치의 주체라는 민주주의의 기본이념에서부터 국민 개개인이 선거와 정치에 자발적으로 참여하는 것이 정경유착과 돈정치를 종식시키는 첩경임을 인식해야 한다. 상당수 국민들이 정치자금은 민주정치의 필요악이고 정치의 확대재생산을 위한 투자로 잘못 인식하고 있기 때문에 더욱 그렇다. 따라서 정치비용을 줄여야 할 주체도 국민이고, 정치비용도 결국 국민이 염출해야 한다는 선진적 정치의식이 뿌리내릴 수 있다면 지금의 위기는 한국 정치발전을 위한 좋은 기회다.

정치개혁의 주역은 결국 국민이다. 국민은 정치의 대상이 아니라 정치의 주체라는 참여의식과 책임의식을 가져야 한다. 물이 높아져야 배도 높아진다는 말이 있듯이, 민주화와 정치개혁은 국민들의 정치의식 수준에 의해 결정된다고 해도 과언이 아니다. 정치를 정치인에게만 맡겨놓고 방관하거나 냉소적이며 무관심의 태도를 갖거나 묵종적인 자세를 갖는 것은 정치발전의 걸림돌이다. 역설적인 표현이지만, 민주정치는 불신으로부터 시작된다고 할 수 있다. 믿으라면 무조건 믿고 잘 할테니 따르라 하면 따라가는 것이 아니라, 정치과정의 세세한 부분들을 속속들이 살피면서 확인하고 견제와 비판을 충실히 해야 한다.

깨끗한 사회를 만들어나가는 것은 정치인도, 재벌도, 관료도 아니라 국민 개개인이라는 사실을 깨닫는다면 그것으로 이번 사건의 역사적 의미는 충분하다. 역사를 지켜온 국민들은 쉽게 좌절하지 않는다.

(세계일보 1997. 5. 21)

국민을 두려워하는 政治

매년 찾아오는 6월이지만 올해의 6월은 여느 6월과 같지 않다. 온 국민의 민주화 요구로 6·29선언을 얻어낸지 10년이 흘렀건만 당시 호헌철폐, 독재타도를 부르짖으며 거리로 쏟아져 나왔던 시민들은 오늘의 정치를 보면서 한숨짓고 있다. 10년이면 강산도 변한다는데, 우리의 정치는 왜 이 모양인가.

민주화 열망으로 얻어낸 직선제 개헌은 양김의 분열로 그 의미가 희석되었고, 여소야대를 이루어 노태우 정권을 견제해야 한다는 국민의 여망은 3당 합당으로 무너졌다. 그러나 30여년의 군사정권을 종식시키려는 국민의 뜻은 김영삼 정부를 출범시켰고, 문민정부에 거는 기대는 그만큼 컸다. 문민독재, 포퓰리즘이라는 일부의 비판에도 불구하고 85%의 국민들은 김영삼 대통령의 개혁정치에 힘을 실어주었다. 3당 합당의 굴레에서 벗어나 한껏 개혁을 추진하기 위해서는 개혁의 대상인 의회와 정당을 우회한 포퓰리즘식 개혁도 어느 정도는 필요할 것이라고 국민은 양해했다.

그러나 김영삼 정부를 포함한 정치권을 향한 국민들의 시선은 곧 싸늘해지기 시작했다. 말을 바꾸어 정계 복귀한 김대중씨는 지방선거에서의 약진을 틈타 새살림을 차렸고, 김종필씨도 민자당을 떠나 지역적 지지에 안주해버렸다. 김영삼 대통령은 지방선거의 패배를 통선에서 만회하고자 무리한 전략을 꾀하면서 통합선거법 등 정치관계법 개정으로 기초를 다진 정치개혁은 수포로 돌아갔다. 더군다나 한보사태와 김현철씨 비리는 과거의 정경유착과 밀실정치가 추방되기는커녕 오히려 심화되고 있음을 확연히 보여주었다. 결국 그 고리는 지난 대선자금과 불가분의 관계가 있음이 밝혀졌고, 현 대선정국과 맞물려 정치 불안이 커지고 있다. 대통령이 대선비용에 대해 아는 바를 솔직하게 고백하고 과거의 선거관행과 김현철씨의 개입에 대해 진솔한 사과를 한 다음, 이후 정치개혁 추진에 대한 청사진을 제시할 것을 기대했다. 그러나 김영삼 대통령은 대국민담화에서 지난 대선자금에 대한 문제는 일단 유보하고 미래의 정치개혁에 대한 의지만을 강조했다. 김영삼 대통령이 국민의 마음을 제대로 읽어내지 못하고 있어 정말 답답하다. 대선자금에 대한 고백이 정치적 빅뱅을 초래할 것을 두려워하고 있는가. 국민은 그러한 정치적 빅뱅을 두려워하지 않는다. 오히려 그것이 진정한 정치개혁의 시발점이 될 수 있다고 생각하고 있기 때문이다.

10년 전 민주화 투쟁으로 6·29선언을 얻어냈던 국민들은 현 정치권에 대해서 분노하고 있다. 그러나 한국 정치의 민주화는 절대 포기하지 않을 것이다. 6·29는 물론 정부 수립 이후 현재까지 민주화를 꾸준히 이끌어온 것은 바로 국민의 힘이었기 때문이다. 지금이 시점이야말로 국민의 목소리가 하나로 모아져야 하며, 감시의 눈이 커져야 할 때다. 정치개혁의 주도권이 정치권에 넘겨질 때, 정치개혁은 구두선으로 끝날 가능성이 크다. 야권은 벌써부터 임시국회 개원을 불투명하게 보고 있다. 대선자금에 대한 청문회 개최와 정치개혁 특위 구성 등의 일을 놓고 임시국회 개원은 어려움을 겪을 것으로 보인다.

여야 모두 이번 임시국회가 정치권이 거듭나는 계기가 되어야 한다는 사실을 명심해야 한다. 땅에 떨어진 정치권에 대한 신뢰를 회복하기 위해서는 여야 모두 역지사지(易地思之)의 자세로 정치개혁에 임해야 한다. 야권의 주장대로 대선자금 조사와 정치개혁의 문제가 연계되어 있는 것이 사실이지만, 전자가 후자의 절대적 전제조건임을 고집하는 것은 정치개혁을 무산시킬 수 있다. 여당 또한 정치개혁이 기득권을 손상시키더라도 투명하고 공정한 선거와 정치를 위해 야권과 시민단체의 의견을 대폭 수렴해야 한다.

여권과 야권 간의 역지사지보다 더욱 중요한 것은 여야 정치권이 진정 국민의 입장에 서서 정치개혁을 추진하는 것이다. 지금까지의 정치개혁을 되돌아보면, 여야는 자신들에 유리한 제도 개선에 치중해 주고받기식의 개정을 계속해 왔다. 한 예로, 정치자금법의 개정 중 여야 모두에게 도움이 되는 국고보조금의 인상과 정당배율의 확대를 지속하면서 여야 쟁점이 되는 지정기탁금제도와 정액영수증제도를 서로 용인해주는 방식의 법 개정으로 국민의 의사를 도외시해 왔다.

1987년 6월이 우리에게 준 교훈이라면 그것은 국민이 발휘할 수 있는 엄청난 정치력을 확인했다는 것이다. 당시 국민의 정치력은 여당의 독주를 역전시켜 놓았지만, 오늘 국민은 여야 정치지도자를 포함한 모든 정치권을 예의주시하고 있다. 10년 전 민주함성을 잊은 채 국민의 정치적 힘을 과소평가하는 정치인이나 정치세력은 무대에서 사라질 수밖에 없다. 동서고금 민주정치 역사가 이를 증명하고 있다. (세계일보 1997. 6. 3)

국민의 경고 겸허히 수용을

경실련에 이어 총선시민연대가 4·13 총선에 참가할 정치인들 중 부적격자 66명의 명단을 발표했다. 민주정치가 글자 그대로 국민이 주인 되는 정치라는 점에서 이번 발표는 의미가 매우 클 뿐 아니라 환영할만한 일, 나아가 한국 정치를 한 단계 진전시킨 중요한 계기로까지 받아들일 만하다.

총선연대는 명단을 발표하면서 나름대로 적절한 절차와 기준을 지키려했고, 상당 정도 객관성과 타당성을 담보했다.

총선연대는 부패전력과 선거법 위반, 반인권 경력, 헌정파괴 경력 등을 주요 기준으로 삼았다. 사실관계를 낱낱이 밝힐 수 없는 납세실적과 병역관계, 재산변동 상황 등을 주변적 기준으로 삼은 것은 신중한 조치라 할 만하다.

명단을 보면 수서·한보비리 등 각종 부정부패에 연루된 인사가 40명을 넘고, 선거법 위반에 관련된 정치인도 12명이나 된다. 5·16 쿠데타와 12·12 및 5·18, 국가보위입법회의 참여자를 포함시킨 것은 정치개혁의 발목을 잡고 있는 구 정치세력의 정치행태가 결국 불행한 현대 정치사에 뿌리를 두고 있음을 직시한다는 점에서 적절하다고 생각한다.

그러나 5·18과 5공 출범에 직간접 참여했던 여야 정치인들을 헌정파괴행위자로 평가한 것은 앞으로 정치권의 정통성 시비로 비화할 가능성이 크다.

또 자민련이 소속 의원 53명의 30%가 명단에 포함된 것을 두고 배후설을 제기하며 공동정권 철수를 주장하는 등 강력 반발하고 있어 총선을 앞둔 공동정권의 행보가 주목된다. 이와 함께 군사쿠데타, 중앙정보부 창설, 지역감정 조장 등을 기준으로 삼아 공동정권의 한 축인 자민련의 김종필 명예총재를 부적격 평가한 것을 민주당 총재인 김대중 대통령이 어떻게 받아들일지 주시할 필요가 있다.

하지만 총선시민연대의 공천반대자 명단이 한국 정치의 파행을 재삼 확인시켜준 것만은 분명하다. 전·현직 국회의장과 중견 정치인 다수가 부패와 비리, 실정법 위반의 당사자로 지목되었다. 물론 명단의 중견 정치인들 중에는 민주화를 위해 반평생을 바친 인사도 있지만, 21세기 한국 정치의 개혁을 그들에게 맡길 수는 없을 것이다.

여기서 주목되는 것은 정치권의 반응이다. 한마디로 말하면 정치권은 국민의 목소리를 겸허하게 받아들여야 한다. 정치권은 자신이 포함되어 있는지에 일희일비할 게 아니라 시민단체의 채찍을 달게 받아들여 자기성찰과 강력한 개혁 작업을 선도해야 할 것이다.

구체적으로는 명단을 접한 정치권이 투명한 공천 과정을 국민에게 펼쳐 보이는 일이 필요하다. 밑으로부터의 상향식 공천을 제도화하고 객관적 기준과 절차를 바탕으로 해야만 국민은 납득한다. 공개주의는 밀실정치를 반대하며 과두제 의사결정을 부정한다. 정치권은 공개할 수 있는 것은 다 보여주고, 양보와 겸허한 자기반성을 해야 할 수 있다. 공천반대자 명단을 공표한 것은 모든 정치인들을 향한 국민의 경고임을 명심해야 한다.

또 만에 하나 공천 주도세력이 공천반대자 명단을 왜곡 해석해 공천 작업을 자의적으로 진행시킬지도 지켜볼 일이다.

우리 국민은 지난 50여 년간 민주화를 위해 부단히도 싸웠다. 그 결과 군부정치를 종식시켰고 여야의 수평적 정권교체도 이루었다. 그러나 권위주의적 정치리더십과 1인 보스정치, 군사정치 문화와 흑백논리, 지역대결 구도는 아직도 만연해 있다. 4·13 총선에서는 선거가 진정한 민주정치의 꽃임이 확인되길 기대한다.

(한국일보 2000. 1. 25)

'총선 끝나지 않았다…'

16대 총선은 아직 끝나지 않은 모양이다. 총선이 끝나고도 당선자들은 당선자대로, 낙선자들은 낙선자대로 유권자들에게 선거기간 동안 보내준 성원에 감사를 표하느라 바쁜 나날을 보내고 있다.

또 후보자 측근들은 지난 한달 동안 총선 회계보고서를 작성하기 위해 한편의 소설을 쓰느라 고생을 많이 한 것이 틀림없다. 신고내역을 보면 지역구에 출마한 후보자 1인당 평균 지출 신고액은 6,361만원으로 평균 법정 선거비용 1억 2,600만원의 51.0%에 달해, 지난 96년 15대 총선의 57.1%보다도 5.8%포인트 낮아졌다. 지역구 당선자 227명은 평균 선거비용으로 8,775만원을 신고했는데, 이는 법정비용 제한액의 69.6%다.

우리는 후보자들의 선거비용 신고액을 보면서 실소를 금치 못하고 있다. 수십억의 선거비용을 사용했다는 언론보도도 믿을 수 없었지만, 신고된 선거비용이 체감 선거비용과 너무나도 동떨어져 있어 허망하다.

중앙선관위는 선거비용 신고액이 국민들의 체감 수준과 큰 차이가 난다는 지적에 따라 선거와 관련된 활동이면서도 현재 선거비용으로 인정되지 않는 의정보고 활동비용과 정당활동 비용, 선거사무소 설치 및 유지비용 등을 선거비용에 포함시키는 방향으로 선거법 개정의견을 내기로 했다.

또한 금융기관에 대한 금융거래자료 제출요구권의 경우도 대상자가 후보자와 선거사무장, 회계책임자, 배우자 등으로 제한돼 실효성이 떨어진다는 판단에 따라 대상자 확대 등을 추진할 방침이다. 이러한 개정방향에 동감한다.

그러나 현 시점에서 선관위는 선거법 개정에 대해서는 언급하지 않는 편이 낫다. 선관위가 선거법상의 맹점을 지적함으로써 국민들이 느끼는 체감비용과 신고된 비용사이의 괴리를 설명하려는 것은 일면 이해할 수 있으나, 이는 일의 우선순위가 전도된 것이다. 혹시 실사의 결과가 별 성과가 없을 것이라는 생각에서라면 더더욱 문제다.

지금은 현행 선거법에 의거해 철저한 정밀실사로 축소·누락신고 의혹을 파헤치는 것이 급선무다. 비록 선거법이 완벽하지 않다 하더라도 선거비용의 범주에 속하는 비용의 실사를 철저히 해야 한다. 선거운동원 인건비나 차량을 포함한 각종 선거장비 등도 규모가 적잖아 상당액이 이들 항목에서 누락되거나 축소되었을 가능성이 크다.

선관위는 앞으로 3개월간 선거비용실사를 하게 된다. 선관위 직원 1,500여명과 국세청 요원 300여명을 투입하여 다음 달 말까지 실사를 완료한다는 방침이라지만, 너무 일정을 촉박하게 잡아 수박 겉핥기 식의 실사가 되지 않을까 우려된다. 실사를 소홀히 할 경우 선거비용 회계보고 및 실사라는 절차가 자칫 위법자들에게 면죄부를 주는 과정이 될 수도 있음을 명심해야 한다. 법을 어기고 국회의원이 되어 국민 모두가 준수해야 하는 법을 만드는 모순을 제거해야 한다.

일단 당선만 되면 선거비용 신고절차는 형식적인 통과의례라는 인식을 뿌리 뽑아야 한다. 모두가 선거비용에 관한 한 자유롭지 못한 범법자이기 때문에 어느 누구를 희생양으로 삼을 수 있는가 하는 논리에 밀려서는 안 된다. 무더기 재선거사태도 감수할 수 있는 강한 의지와 책임감이 요구된다.

선관위가 이번 선거비용 실사를 통해 스스로의 위상을 높일 수 있기를 바란다. 중앙선관위가 지난 수년간 정치 관련법의 개혁적 개정의견을 내 놓았고, 그 결과 시민단체의 선거운동, 선거구획정 등에서 어느 정도 성과를 거두었다고 평가할 수 있다.

그러나 선관위의 위상은 공정하고 철저한 선거과정의 관리를 통해서 높아질 수 있다. 특히 선거비용 실사는 선거법의 실효성을 높일 수 있는 유력한 수단이다. 허위, 누락보고를 파헤치기 위해서는 선관위의 노력만으로 어려움이 있다. 총선이 아직 끝나지 않았다는 생각으로 국민들도 선거비용 실사에 적극 협조해야 한다.

총선시민연대를 비롯한 많은 시민단체들의 적극적인 참여로 구태의 정치인을 퇴출시키고 선거풍토를 새롭게 하는데 큰 역할을 했지만 아직도 할 일이 많다. 선거비용에 관련된 시민들의 신고를 접수하는 창구를 마련하는 것도 좋겠다.

유권자들도 지역선관위에서 각 후보의 선거비용을 열람하고 의심 가는 부분에 대해서는 철저히 신고하는 민주시민의 자세를 보여야 한다. 16대 총선은 아직 끝나지 않았다. (세계일보 2000. 5. 18)

유권자 돌아오게 하라

재·보궐선거 이후의 정국이 어수선하다. 13곳의 선거구 중 수도권을 포함한 11곳에서 승리함으로써 국회 의석 과반수를 차지하게 된 한나라당은 8·8 재보선을 부패정권을 심판하려는 민심이 제대로 반영된 선거로 평가하면서 12월 대선에 유리한 고지를 선점한 것에 대해 만족스런 표정이다. 병풍(兵風)이 별로 힘을 발휘하지 못한 점에 대해 내심 다행스럽게 생각할 지도 모르겠다. 민주당은 6월 지방선거에 이은 또 한 번의 참패로 책임론과 함께 신당 창당의 논의가 가속화될 전망이다. 그러나 정치권은 재·보선 이후 대선 정국을 어떻게 이끌어 나가야 할 것인가를 생각하기에 앞서 우리 정치가 서 있는 자리를 되짚어보는 것이 절실히 요구된다.

1965년 재·보선 이후 최저 기록인 29.7%의 투표율은 어떻게 설명할 수 있는가. 유권자의 냉담한 태도는 무엇 때문인지, 어떻게 하면 국민으로부터 사랑과 관심을 받는 정치를 해나갈 수 있는지 고민해야 할 때다. 중앙선관위가 온갖 아이디어를 동원해 선거참여를 유도했으나 유권자의 마음을 되돌리기엔 역부족이었다. 낮은 투표율을 보인 것은 휴가철의 악천후나 평일 선거 때문이 아니다. 정치권에 대한 극도의 불신이 표출된 결과일 뿐이다.

월드컵 4강 이후 K리그는 100만 관중을 넘어서고 있는 것을 정치권은 알고 있는지. 활기차고 투지 넘치는 페어플레이에 힘찬 응원을 보내는 것은 당연하다. 서로 치고 받으며 상대방의 약점을 찾아내려고 혈안이 되어있는 정치인들에게 따뜻한 눈길을 줄 수 있다고 생각하는가. 자신의 잘못을 수긍하고 반성하기는커녕 남의 탓으로 돌리고 은폐하려는 모습에 어느 국민이 박수를 보내겠는가.

장상 전 국무총리 지명자가 정부청사를 떠나는 모습을 보면서 씁쓸한 기분을 지울 수 없었다.

정치권은 재·보선의 결과를 단순히 승리와 패배, 대선정국의 유불리 차원에서 해석해서는 안 된다. 한나라당은 원내 과반수를 차지하게 되었으니 열린 자세로 국정을 논해야 한다. 김대중 정부에 대한 공세의 수위를 높여 대선 가도에서 우위를 차지하기보다는 산적해 있는 민생 문제를 주도적으로 풀어나가는 것이 오히려 대선에 유리하다는 것을 인식해야 한다. 공적자금이나 권력형 비리의 처리도 현 정부를 압박하고 몰아세우기에 급급하면 정국은 경색될 수밖에 없다. 정책실패와 권력형 비리를 막을 수 있는 건설적인 개선책을 모색하기 위한 기회로 삼아야 한다. 행정부와 민주당에 대립각을 예리하게 세우기보다 다수당으로서 국정을 의연하고 푸근하게 이끌어감으로써 국민의 시선을 정치로 되돌리게 할 수 있다면 이회창 후보의 이미지 개선에도 도움이 될 것이다.

민주당 또한 신당창당으로 대선 정국의 돌파구를 찾으려는 전략을 재고해야 한다. 김대중 대통령의 이미지로부터 벗어나기 위해 정당의 이름을 바꾸고, 노풍(盧風)이 수그러들자 후보교체를 위해 신당 창당을 꾀하는 것으로 유권자의 환호와 지지를 끌어낼 수 있겠는가. 정당의 체질 개선을 위한 노력이나, 새로운 정책 비전의 제시 없이 급물살을 타고 있는 개혁신당, 통합신당의 논의는 정파 간의 힘겨루기로 비춰질 뿐이다. 친노와 반노, 그리고 중도세력과 당 주변 제3세력의 이합집산 과정이 과연 우리나라 정치발전에 도움이 될 것인지 아니면 국민의 정치 불신을 더욱 심화시킬 것인지 고민해야 한다. 더군다나 반이회창 전략의 일환으로 '모두 헤쳐 모여' 식의 신당창당은 현 민주당의 정체성을 무너뜨릴 수 있다는 점을 명심해야 한다. 정강과 정책노선에 상관없이 무차별적으로 사람 모으기에 급급한 나머지 정당의 뿌리를 잃게 된다면 빈대 잡으려다 초가삼간 태우는 꼴이 된다.

현실적으로 12월 대선을 승리로 이끌기 위해서는 이미 표의 향방을 결정한 지지자를 관리하기보다 우리 정치에 싫증을 느껴 외면하고 혐오하게 된 유권자를 정치의 장으로 되돌아오게 하는 일이 중요하다. 과반수 의석 확보로 공세의 수위를 높이거나 신당 창당으로 정치권이 안개 속에 휩싸이게 될 때 정치 불신은 깊어만 갈 것이다.

이번 재·보선의 진정한 승자는 없다. 국민이 외면한 승자는 승자가 아니다. 국민으로부터 외면당하고 있는 우리 정치의 근본적인 문제점을 또 다시 애써 외면해버리려는 정치권은 정말 곤란하다. 정치는 국민에게 꿈과 희망을 줄 수 있어야 한다. 월드컵 4강 신화로 하나 된 국민들은 정치에서도 꿈이 이루어지길 기대하고 있다. 12월 대선에서는 진정한 승자가 나타나야 한다.

(동아일보 2002. 8. 10)

충청유권자에 달렸다

충청권이 뜨고 있다. 대통령 선거를 두 달 남짓 앞두고 대선 후보들과 정당들은 충청도 표심 잡기에 온 힘을 기울이고 있다. 노무현 민주당 대통령후보가 '행정수도 충청권 이전'을 대선 공약으로 내세우면서 불붙기 시작한 충청권 공략은 곧 한나라당이 자민련과 손을 잡을 수 있다는 언론보도로 이어졌다.

그러나 그 가능성에 대해 한나라당 이회창 후보가 부정적 태도를 밝히자, 자민련의 김종필 총재는 민주당 일부 세력과의 연대를 시사하기도 했다. 급기야 충청도에 지역구를 가지고 있는 민주당과 자민련의 국회의원이 한나라당으로 당적을 바꾸고 말았다. 철새 정치인들의 담 넘어 다니기 행태는 이제 시작에 불과하고 곧 떼 지은 철새들의 대규모 이합집산이 뒤이을 전망이다. 여전히 철새들 이합집산의 한축에는 자민련이 존재하고 있고 김종필 총재의 행보가 중요한 변수가 되고 있는 것이 현실이다.

한 표가 아쉬운 상황에서 어느 후보라도 김종필 총재의 도움이 절실할 수 있다. 3당 합당으로 문민정부의 탄생이 가능했으며, DJP 연대가 있었기에 수평적 정권교체가 실현될 수 있었다. 결국 지금까지의 대선정국 판짜기에 김종필 총재와 그를 추종하는 정치세력은 충청지역을 바탕으로 결정적인 역할을 해온 것이 사실이다. 문제는 오는 12월 대선에서도 이러한 양태가 계속될 수밖에 없는가 하는 점이다.

이제는 달라져야 한다. 21세기 새로운 정치를 꿈꾸는 정치인이라면 더 이상 특정 지역을 공략하기 위해 특정 정치인에게 구애하는 자세에서 탈피해야 한다. 지역주의 타파는 특정 지역과 정당, 그리고 특정 정치인의 고리를 끊는 것이 그 본질이다. 충청지역 출신 몇몇 국회의원을 끌어들이는 것이 충청권 표심 잡기의 결정타라고 생각한다면 그것은 큰 오산이다.

김종필 총재 역시 충청지역민을 볼모로 정치무대에서의 역할에 연연해서는 안 된다. 또 한 번의 정치곡예로 정치생명을 이어나가려는 모습은 애처로울 뿐이다. 내각제 구현이라는 명제를 내걸고 시도했던 3당 합당과 DJP공조는 결국 자민련과 김종필 총재의 정치적 색깔을 흐리게 했고, 이제 내각제 개헌의 명분은 거친 유성기의 재생음으로 밖에 들리지 않는다. 지금이라도 자민련과 김종필 총재가 살아남을 수 있는 유일한 방법은 충청지역을 떠나 자민련 정책의 정체성을 보여주는 길이다. 극우 보수면 어떻고, 원조 보수면 또 어떠한가. 대북 정책과 경제정책, 그리고 사회복지정책에서 나름대로의 색깔을 표방했더라면 민주노동당의 지지도에도 미치지 못하는 수모는 당하지 않았을 것이다. 김대중 정부의 대북정책과 노동정책에 대한 진정한 보수의 정책 대안을 목마르게 기다리고 있는 국민들에게 정치적 지지를 호소하는 편이 훨씬 나은 방법이다.

결국 중요한 것은 충청권 유권자의 선택이다. 정치권의 힘겨루기와 서바이벌 경쟁의 대선 마당에서 진정한 정치력을 발휘할 주체가 바로 충청권의 유권자다. 충청권은 결코 무주공산(無主空山)이 아니다. 이인제 의원이 민주당 국민참여 경선에서 중도 탈락하고 김종필 총재의 정치력이 약화되었다고 아무나 충청권에서 새로운 주인이 될 수 있다고 생각하는 정치인이 있다면 자격미달이다. 정치인이 주인이 아니라 유권자가 주인임을 아직도 모르는가. 지역주의 타파라는 시대정신을 구현할 선거혁명의 선두에 충청권 유권자가 있음을 믿는다. 충청권의 유권자들은 더 이상 특정 정치인이나 정당의 볼모가 아니며, 몇몇 철새 정치인을 따라 지지후보를 좇아가는 유권자가 아니다.

호남, 영남이 특정 후보에게 표를 몰아주듯 충청권도 똘똘 뭉쳐 특정 정치인에게 몰표를 던져야 충청인의 자존심을 지키는 것이라며 '핫바지론'을 내세웠던 적이 있다. 이번 대선을 통해 그 '핫바지론'을 진짜 '핫바지'로 만들어버려야 한다. (한국시론 2002. 10. 17)

학생운동의 장래 모두가 고민해야

한총련 하반기 임시 대의원대회가 9월 5일과 6일 양일 간 전남대에서 개최될 예정이다. 국민의 주요 관심은 한총련의 강령과 규약이 어떻게 개정될 것인가에 쏠려있다. 한총련 합법화와 직결되어 있는 사안이기 때문이다. 노무현 정부 출범 이후 한총련 합법화가 공론화 되면서 한총련의 위상 변화에 대한 국민의 기대가 높아졌으나, 일부 한총련 소속 학생들의 미군부대 진입시위가 있은 후 국민여론이 냉각되고 있다. 대학생들의 대표기구인 한총련이 합법화되어 명실공히 합법적 학생운동을 펼칠 수 있어야 한다는 데에 이의를 제기할 사람은 없다. 이제 한총련과 학생운동의 장래에 대해 대학생 자신들은 물론 기성세대, 정치권이 함께 고민하고 지혜를 모아야 할 때다.

우선 임시 대의원대회를 맞아 한총련은 단순히 지난 상반기의 운동에 대한 평가에 그치지 말고 학생운동 전반에 대한 깊은 성찰의 기회를 갖기를 바란다. 한총련의 주장을 펼칠 수 있는 합법 공간의 필요성을 강조하는데 그쳐서는 안 된다. 통일과, 반미반전, 그리고 국가보안법철폐라는 쳇바퀴 도는 식의 주관적 논의로서는 현재의 난맥을 돌파하기 어렵다.

그에 앞서 학생운동의 현실적 의미와 한총련의 위상에 대한 성찰이 우선되어야 한다.

우선 학생운동의 성격변화에 대한 인식이 필요하다. 4·19 와 6·3, 그리고 서울의 봄, 광주민주항쟁, 6·10 항쟁을 거치면서 학생운동의 성격과 위상은 변화해왔다. 반독재 민주화를 외치며 대중적 리더십을 발휘할 수 있었던 시절도 있었고, 노동자, 농민, 빈민들을 위한 투쟁에 동참했던 시기도 있었다. 그러나 사회경제적 발전과 분화에 따라 기능적 계층적 이해를 표출할 수 있는 단체들이 성장하면서 학생운동의 정치사회적 역할은 변화할 수밖에 없다. 농활을 통해 농민들을 대상으로 선전전을 감행(?)했던 학생운동이 자취를 감춰버린 지 오래다. 노동자들의 투쟁에서 그나마 대학생들의 목소리가 들리고 있으나 과거의 큰 목소리는 이미 아니다. 대학생들이 그 대안으로 찾은 목표가 통일이었고, 그것은 적절한 대안임에 틀림없다.

그러나 과거 학생운동과 추구하는 목표가 다르다 하더라도, 운동의 방식에 있어서 민주성과 대중성의 확보는 여전히 중요한 가치로 남아 있어야 한다. 민주성과 대중성이 확보되지 못한 상황에서 어떠한 목표도 효율적으로 달성하기 어렵다. 한총련이 학생 대중을 선도하고 이데올로기를 만들어 나갈 수 있는 시절은 지났다. 함께 토론하고 그 결과 공감대를 형성할 수 있도록 마당을 마련해주는 것이 더욱 절실하지 않은가. 사회세력이 커지고 분화되면서 학생운동의 범주가 좁아진 것으로 보이지만, 실제로 사회의 분화에 따라 학생운동의 범주도 다양화되고 있음을 인식해야 한다.

한총련은 이러한 다양한 학생운동을 포괄하는 단체로 다시 태어나야한다. 현재 많은 대학생들이 국내외에서 자원봉사에 참여하고 그 참여를 통해 있고 사회에 대한 인식을 넓혀가고 있다. 한총련은 스스로의 역할을 좁게 설정해 투쟁의 선봉대로서의 역할을 자임하는 것은 옳지 않다. 대학생이면 누구나 참여할 수 있는 한총련, 다른 목소리를 거리낌 없이 낼 수 있는 한총련이라면 대중성 확보는 그리 어렵지 않다. 한총련이 합법화되기를 기대한다. '네 탓'을 소리 높이기 전에 스스로 '내 탓'이 무엇인가를 밝히려 노력하는 순간 한총련은 대학생은 물론 국민의 사랑을 듬뿍 받게 될 것을 확신한다. (세계일보 2003. 9. 3)

정치권 전략에 속지 말자

17대 국회의원 선거가 사흘 앞으로 다가왔다. 정당 대표들과 후보자들은 선거전 막판까지 지지를 호소하지만, 유권자들의 반응은 아직도 냉담한 것 같다. 내수 경제가 침체되고, 청년 실업률이 두 자릿수로 치닫고 있는 마당에 장밋빛 공약만으로 유권자들의 마음을 잡기는 쉽지 않을 것이다. 이번 총선부터 정당연설회와 후보자 합동연설회가 TV, 라디오 방송을 통한 연설회와 토론회로 대체되어 과거와 같은 선거 기분이 나지 않는 것도 한 원인이 된 듯싶다.

정치권은 온갖 선거 전략을 동원해 유권자들의 표심을 얻으려고 힘을 쏟고 있는데 반해 선거일을 눈앞에 둔 시점에서 다수의 유권자들이 마음을 정하지 못하고 있고, 오히려 선거 막바지에 이를수록 부동층이 늘어나고 있다니 예삿일이 아니다.

그러나 부동층이 늘어나고 있다는 사실은 역설적으로 유권자들이 정치권의 선거 전략을 꿰뚫어 보고 있다는 해석을 가능케 한다. 정치권의 선거 전략은 한마디로 단순화 전략이다. 선거 구도를 단순화시키는 것이 선거를 치르는 입장에서는 쉬운 길이기 때문이다.

한나라당과 민주당이 노렸던 친노와 반노 구도가 그렇고, 탄핵 이후 열린우리당이 채택한 찬탄핵과 반탄핵의 구도 역시 쉬운 구도이다. 단순 구도를 만들려는 초반 전략에서 한나라당과 민주당의 친노, 반노 전략은 열린우리당의 찬탄핵, 반탄핵의 전략에 참패했다. 반탄핵 촛불시위가 진정국면에 들어서자 열린우리당은 탄핵 이슈를 민주와 반민주의 구도로 고착화하려는 전략을 구사했으나, 단순화 전략을 넘은 과거 회귀전략으로 시대에 걸맞지 않는 전략인지라 슬그머니 자취를 감추었다. 그러나 지금도 각 정당 수뇌부는 단순화 전략을 뛰어넘지 못하고 있는 것 같아 안타깝다. 거여 견제론과 거야 견제론 공히 유권자들의 선택을 단순화하려는 전략이다. 지금까지 우리나라의 정치파행이 여소야대 또는 여대야소의 상황 때문이었는가 정치인 스스로 반성해야 하지 않을까. 이러한 단순화 전략이 자칫 지역감정의 호소로 이어질까 염려된다.

단순화된 선거구도는 유권자의 입장에서도 손쉽게 선택을 할 수 있는 장치다. 복잡한 이슈를 모두 생각하고 고민할 필요 없이 친노와 반노, 찬탄핵과 반탄핵의 입장만 취하면 결정이 쉽기 때문이다. 과거 지역주의에 의한 투표만큼 손쉬운 선거가 어디 있었는가. 정치권의 단순화 선거 전략이 지니고 있는 속셈을 알아차렸다면, 이제 유권자들은 정당의 정책이슈와 후보자 인물 됨됨이에 대한 종합적이고 이성적인 판단을 기준으로 최종 결정해야 한다. 사흘밖에 남지 않았지만, 배포된 선거홍보물도 찬찬히 읽어보고 길거리에 붙어 있는 선거 벽보도 살펴야 한다. TV와 라디오를 통한 정책 토론회, 후보 토론회와 연설회도 경청해야 한다.

특히 이번 국회의원 선거는 처음으로 1인 2표제를 채택하였으니 정당의 차별성도 꼼꼼히 챙겨야 한다. 비례대표 후보를 낸 13개 정당의 정강과 정책이슈를 모두 섭렵하고 그 차별성을 찾아내는 것은 어려운 일이겠지만, 이 기회에 인터넷을 통해 중앙선거관리위원회와 시민단체의 홈페이지를 찾아보는 것도 의미 있는 유권자의 정치참여다. 중앙선관위와 시민단체들이 정당과 유권자의 정책친밀도를 측정할 수 있는 프로그램도 준비하고 있어 이를 이용하면 유권자 자신의 정치적 입장과 가장 근접한 정당을 선택할 수 있다.

선거 막바지에는 단순화 전략의 유혹에 흔들릴 수 있다. 그러나 진정 국민이 주인 되는 민주정치를 원한다면 그만큼의 노력은 필요하다. 살 맛 나는 사회를 구현하고 국가 경쟁력을 높여 경제를 튼튼히 하려면 앞으로 4년 동안 깨끗하고 투명하게 의정활동을 할 심부름꾼을 제대로 선택해야 한다. 자신의 영달과 측근의 이익을 위한 국회의원이 아니라, 지역구민과 함께 호흡할 수 있는 심부름꾼, 국가의 발전과 안위를 위해 기꺼이 희생할 수 있는 일꾼, 전문적인 식견과 뚜렷한 주관을 지닌 살림꾼으로 17대 국회를 구성해야 한다.

선거는 민주주의의 꽃이다. 전국이 온통 개나리, 진달래. 벚꽃, 목련 등 봄꽃으로 화사하다. 사흘 뒤 우리 모두 결연한 마음으로 한 사람도 빠짐없이 투표장으로 나서자. 민주의 꽃을 활짝 피우기 위해.

(국민일보 2004. 4. 12)

국민의 심판 되새겨야

국민의 심판은 냉엄했다. 탄핵의 돌풍에 휩싸였던

17대 총선은 열린우리당에게 의석 과반을 주는 결과를 끝으로 차분하게 마감됐다. 감성에 호소한 정치권의 전략에 유권자들은 균형감각과 이성적 판단으로 대응하는 성숙함을 보였다. 13대 국회 이후 처음으로 여대야소를 만들어 준 유권자는, 그러나 턱걸이 과반수라는 절묘한 상황을 연출하면서 한나라당에게는 견제의 막중한 임무를 맡겼다. 동시에 민주노동당을 원내 3당으로 만들어 힘을 북돋우면서 민주당과 자민련에게는 경고 카드를 내밀었다.

그렇다. 이제 경기는 끝났다. 우선 중요한 것은 정치권이 국민의 심판을 겸허하게 받아들이는 것이다. 승리를 자축하는 것도 좋고, 정당의 진로도 걱정해야겠지만, 그에 앞서 국민들이 과연 무엇을 원하고 있었는지 곰곰이 되씹어보아야 한다. 그것이 선거가 갖는 참다운 의미이기 때문이다.

경계해야 할 것은 선거 결과를 아전인수(我田引水)격으로 받아들이는 것이다. 선거결과가 좋지 않은 것은 '네 탓'으로, 승리하게 된 이유는 '내가 잘한 탓'으로 생각한다면 그 순간 선거의 의미는 반감된다. 국민들의 지지에 머리 숙여 감사하고, 유권자들의 마음을 읽지 못한 자신들의 부족함을 자성할 때 17대 총선의 의미는 더욱 커진다.

우선 열린우리당은 승리감에 도취되어서는 절대 안 된다. 기존 의석보다 100석을 더 얻었으니 큰소리 칠만도 하지만, 그럴수록 선거 결과로부터 자신들의 부족함이 무엇인가를 찾아내려는 자세와 함께 여당으로서의 의연함과 책임감을 보여주어야 한다. 특히 원내 과반수 확보를 계기로 노무현 대통령과 관련된 사안을 일시에 해결하려는 조급함을 보여서는 안 된다. 노무현 대통령에 대한 탄핵 소추와 재신임 연계 등에 관련한 문제는 신중하게 접근해야 한다. 탄핵의 경우 헌법재판소가 나름대로 절차를 밟고 있는 사안인지라 그 결정에 영향을 줄 수 있는 발언은 오히려 삼가는 것이 좋다. 정치적 합의를 통한 탄핵 문제 해결이 가능하다 할지라도 원내 과반수의 힘에 의한 압력으로 밀어붙여서는 절대 가능하지 않다. 열린우리당에 대한 정당 지지율이 40%에 달하지 못한 사실을 직시해야 한다.

한나라당 역시 목표였던 개헌 저지선 확보에 성공했다고 안심하거나 막바지 박근혜 대표의 고군분투에 만족해서는 곤란하다. 원내 1당의 자리를 내 줄 수밖에 없었던 지난 정치적 행보를 철저히 반성해야 한다. 민주당과 자민련의 몰락이 무엇을 뜻하는가 타산지석(他山之石)으로 삼아야 한다. 영남지역 정당의 이미지를 벗어나 건전 보수, 합리적 보수세력을 폭넓게 흡수해 전국정당의 모습을 갖추려는 노력이 선행되지 않으면 4년 뒤 민주당, 자민련의 전철을 밟게 될 것이 명백하다.

진보 정치세력의 원내 진출을 이룩한 민주노동당은 의정 활동을 통해 국민들이 어떻게 진보정치의 진수를 맛보게 할 수 있는지 고민해야 한다. 그 동안 소외되었던 계층들의 정치적 대변자로서 진보적 정책의 구현에 힘쓰는 것은 당연하다. 그러나 더욱 중요한 것은 국회에 새로운 기운을 불어넣고 국회의 이미지를 새롭게 하는 일이다. 기존 정치권의 구태에 식상한 국민들은 민주노동당이 국회의원의 특권을 줄이고, 정책대안을 제시하며 열심히 일하는 의회 문화를 창출해줄 것으로 기대하고 있다. 민주당과 자민련 또한 깊은 성찰로 정당의 정체성을 새롭게 하는데 최선을 다해야 한다.

선거는 갈등의 표출이자 곧 통합의 시작이다. 총선 결과에 대한 승복은 통합 모색의 길로 연결되어야 한다. 친노와 반노, 찬탄핵과 반탄핵, 지역 갈등과 계층적 갈등, 그리고 세대 갈등으로 입은 상처를 함께 치유해야 한다. 대화와 협상으로 민생을 살피고 양보와 타협으로 국정을 이끌어 나갈 때 우리 모두 승리자가 될 수 있다.

(한국일보 2004. 4. 17)

주객이 뒤바뀐 대선 정국

대통령 선거가 8개월 앞으로 성큼 다가섰다. 유력 후보군의 행보가 빨라지고 있지만 전반적인 대선정국은 표류 중이며, 앞으로의 항해 역시 순탄치 않을 것 같은 찌뿌듯한 분위기이다. 대선 항해를 어렵게 하는 짙은 안개가 언제나 걷힐지 예견하기 어렵다. 열린우리당이 분열된 후 통합신당의 모습이 가시화하지 못하고 있는 상황에서 한나라당 유력 후보들의 당내 경쟁은 유권자의 흥미를 반감시키고 있다.

대통령 후보군의 움직임에 따라 시선을 옮겨 온 타성을 벗어버리지 못했기에 현재의 대선정국은 무미건조할 수밖에 없다. 국민이 주인 되는 민주주의를 수십 년간 외쳐 왔건만, 아직도 유권자들이 주도하는 대선정국을 만들어내지 못하고 있는 것이 안타깝다. 대통령 후보가 대선정국의 주요한 행위자이지만, 분명 종속적 행위자임에 틀림없다.

이제부터라도 유권자가 중심을 잡아 정당을 다그치고 후보군의 행보에 지침을 주며 호통도 칠 수 있는 역량을 보여 준다면, 대선정국의 안개는 서서히 걷히지 않을까. 대선정국의 중요 정책이슈를 유권자가 제시하고, 그 대안을 정당화 후보들이 마련하도록 강제하는 것이 필요하다. 대륙운하 건설과 한중 페리 프로젝트와 같은 단편적 정책대안이 아니라, 21세기 세계무대에서 국가 경쟁력을 높이고 질 높은 삶을 영위할 수 있는 공동체의 그림을 그리도록 해야 한다.

안개 걷힌 정국에서도 갈피를 잡지 못하는 정당과 정치권은 항해를 포기하는 편이 낫다. 우선 범여권 정치세력은 더 이상 국민의 인내심을 테스트하지 말기 바란다. 유권자들의 의중을 제대로 파악하고 있다면 이번에는 제대로 된 정당을 선보여야 한다. 몇몇 여권 수뇌부의 말대로 유력 대선 후보를 중심으로 신당을 구상한다면 국민들은 그 정당을 외면할 것이다. 국민들이 원하는 정당은 대통령선거를 위한 일회용 정당이 아니라 정체성이 뚜렷한 책임정당임을 명심해야 한다.

한나라당 역시 유권자들의 뜻을 받들어 새롭게 변신해야 한다.

유력 후보의 얼굴이 정당의 움직임을 가려 정당이 왜소화하고 있음을 직시해야 한다. 제왕적 대표는 사라졌지만, 패권적 후보군이 당을 좌지우지하고 있는 것은 아닌지 점검해야 한다. 유력 후보들이 국회의원들을 줄 세우고, 내년 4월 국회의원 선거를 의식해 유력 후보들을 좇아 줄서기에 여념이 없는 국회의원들의 추한 모습으로 수권 정당을 꿈꿀 수 없다.

대선 정국이 진행될수록 정치권은 갈등을 부추기고, 편 가리기에 힘을 쏟을 것이 자명하다. 선거는 본질적으로 갈등을 확산시키고 심화시키는 동시에 그 갈등을 통합과 화해로 이끄는 정치 메커니즘이다. 따라서 대통령 선거는 사회의 주요 갈등을 표출하고, 표출된 갈등을 해소하는 '마당'의 기능을 하는 셈이다. 문제는 정치권이 갈등을 왜곡, 증폭시켜 국론을 분열시키고 오직 대선 승리에 초점을 맞춘다는 점이다.

이러한 맥락에서 유권자들의 중심잡기가 다시 한 번 필요하다. 지역갈등은 물론이고 계층, 이념세대의 갈등이 존재하고 중요 정책 이슈에 대해 이견이 있으나, 이러한 갈등과 이견이 정치권에 의해 양분되고 강요되는 것을 막아야 한다. 다원화하고 있는 사회에서 갈등구조는 다차원적으로 전환되고 있는데, 정치권이 아직도 유권자들을 하나의 잣대로 일직선상에 정렬시켜 내편 네편으로 나누려 하는 것은 시대착오적이다.

대선정국을 정치권이나 유력 후보자의 행보에 맡겨 놓을 일이 아니다. 국민이 주도하는 대선정국으로 우리나라 정치의 새로운 가능성을 열 수 있다. 유권자들이 주도적으로 보수와 진보의 공통분모를 마련하고 시장의 논리와 복지의 확장이 맞닿는 점점을 찾기 위해 합리적인 토론과 소통의 길을 제시한다면, 정치권을 압박하고 새로운 가치의 창출과 비전 제시를 강제할 수 있다.

(한국시론 2007. 4. 19)

17대 마지막 국회, 우려와 주문

어느 국회와 달리 큰 기대를 받으며 출범한 17대 국회의 마지막 정기회기가 개막되었으나, 끝내 이러한 여망에 못 미치는 국회로 저물어가는 것 같아 답답하다. 연말 대통령 선거의 먹구름에 가려 제대로 빛도 발하지 못한 채 서산에 걸려 있는 그믐달 신세이다. 17대 총선 결과 열린우리당의 과반수 의석 확보, 민주노동당의 원내 진입, 여성 국회의원 39명 탄생 등으로 의회정치의 새로운 가능성이 점쳐졌으나, 결국 원점으로 되돌아온 형국이다. 원칙과 명분 없는 이합집산, 선거법과 정치자금법 등 실정법 위반 사례의 증가, 품위 잃은 언행 등으로 인해 실망감이 크다.

그러나 어쩌겠는가. 싫든 좋든 국민을 대표하는 대의기관이니 마지막까지 기대의 끈을 놓고 싶지 않다. 아니 놓을 수가 없다. 마지막 반전을 원하는 것이 아니다. 막바지에 이르러 지난 3년 반의 파행을 되돌릴 수 없다는 것은 국민도, 국회의원도 잘 알고 있다.

단지 국민들이 원하는 것은 국회의 정상적인 행보이다. 의정활동 지침서대로 착실하게 정기국회를 마무리해주길 바랄 뿐이다.

299명 의원 개인에게 호소한다. 첫 국회에 등원할 때 지녔던 마음으로 되돌아가 정기국회에서 무엇을 해야 할지 숙고하길 바란다. 그에 앞서 국회가 행정부를 견제하기 위해 국정감사를 하고 내년도 예산안을 심의, 의결하는 것은 국민이 부여한 막중한 권한이며 동시에 책무라는 점을 깊이 인식해야 한다. 정기국회가 대통령 선거의 볼모가 되어 의사일정조차 합의하지 못한다는 것은 어불성설이다.

의원 개인이 대통령 선거의 휘몰이 바람에 흔들리지 않고 제자리를 굳건히 지킬 때 정기국회를 정상적으로 이끌 수 있고, 국회의 위상을 높일 수 있다. 대통령제는 입법부와 행정부, 즉 의회와 대통령과의 상호견제와 균형을 기본 전제로 하고 있는 바, 행정국가화의 경향으로 힘을 잃었던 의회는 더욱 자신의 힘을 키우고 중심을 다잡아야 한다.

과거 유신체제 하에서 대통령은 국회를 좌지우지했으며, 국회는 행정부의 시녀로, 국회의원은 대통령의 거수기로 전락했다. 그러나 현재 상황은 전혀 다르다. 주어진 권한을 제대로 행사한다면 국회는 소임을 다할 수 있다. 대통령과 행정부를 견제할 수 있는 제도적 장치와 물적, 인적 토대가 마련되어 있다. 국회예산처의 기능이 정착되고, 입법지원처가 출범하는 등 입법지원 조직이 확대되어 가면서 국회의 전문성과 독립성이 높아지고 있다. 현행 대통령제에서 국회가 행사할 수 있는 권한은 만만치 않다.

그런데 의원들은 대통령 선거를 국회로 끌어들여 정기국회를 여야 공방의 마당으로 만들려 하고, 자진해 대통령 만들기 뒤치다꺼리에 몸을 던지고 있으니 민망하다. 지지하는 후보를 위한 활동과 의정활동을 혼동해서는 안 된다. 국정감사를 대통령 후보의 검증으로 대체하고, 예산안과 민생관련 법안 심의를 특검과 연계하려는 자세는 부당하다.

의원이 중심을 잡고 국회가 의연하게 대선정국을 대처하도록 유권자와 시민단체는 감시의 눈을 부릅떠야 한다. 시민단체들은 국정감사를 포함한 의정활동 감시체제를 즉시 가동할 필요가 있다. 그러나 내년 4월 총선에 나설 현역 의원들의 의정활동을 제대로 평가하는 것이 시민단체의 중요한 기능일진대, 이들마저 대통령 선거에 매몰되어 감시체제가 느슨해진 것은 아닌지 걱정스럽다. 마지막 정기국회가 정상적으로 마무리되어 60년 헌정사의 결실로 자리매김하길 기대한다. (한국일보 2007. 9. 4)

그래도 유권자가 나서야 한다

18대 국회의원 선거가 나흘 앞으로 다가왔건만 어쩐지 선거는 실종된 분위기이다. '그들만의 잔치'로 끝나버리는 것은 아닌지 걱정스럽다. 그나마 제대로 치러지는 잔치라면 굿이나 보고 떡이나 먹으면 될 듯도 한데, 흥이 나지 않는 것은 차치하고, 앞으로 굿 뒤풀이를 어떻게 추스르고 감당해야 할지 갑갑하다. 굿 뒤풀이는 온전히 우리의 몫이 되는 것은 물론, 하루 이틀로 마무리할 수 있는 것이 아니라 줄곧 4년 간 또는 그 이상 뒤치다꺼리를 해야 하기 때문이다.

18대 국회의원 선거를 '그들만의 잔치'로 방치할 수 없는 이유가 여기에 있다. 혼돈과 무질서의 꼴사나운 그들만의 잔치를 며칠 만에 즐겁고 흥겨운 잔치로 발전시키는 것이 어려울 수 있겠지만, 그렇다고 이대로 주저앉아 체념할 수는 없는 일 아닌가.

우리 국민들은 꾸준히 질긴 역사를 만들어 왔다. 분단과 전쟁, 쿠데타와 독재, 외환위기와 좌우이념 갈등의 거친 바다를 헤쳐 오면서 경제성장과 민주화를 이만큼 이루었다. 그런데 작금의 선거정국을 바라보노라면 민주정치가 공고화되기는커녕 오히려 후퇴하고 있는 느낌이다. '선거는 민주주의의 꽃'이라는 언명이 무색하다.

지난해 대통령 선거를 치르면서 목도할 수 있었던 정당정치의 무력화는 가속화되어 어느덧 붕당정치가 춤추기 시작했다. 공천을 둘러싼 거친 잡음으로 정책선거를 주장하는 목소리는 묻혀 버리고, 돈 선거의 망령마저 되살아나고 있다. 이대로 방치해서는 안 된다. 주객이 전도되어도 유분수지 어찌 유권자를 우습게보고 자신들만의 폐쇄적인 잔치를 벌이려 하는가.

이제라도 늦지 않았다. 유권자가 나서야 한다. 다시 한 번 우뚝 서서 국민이 주인인 정치가 진정 민주정치임을 보여주어야 한다.

어지러운 선거정국일수록 기본으로 돌아가는 것이 중요하다. 지역구 후보자들의 면면을 차분히 살피고 정당의 정강, 정책도 꼼꼼히 분석하면서 정당의 정책 노선에 비추어 비례대표 후보자의 명단도 비교 검토해야 한다. 군림하고 호령하는 정치인이 아니라 봉사하는 마음과 품격을 지니고 있는지도 검증해야 한다.

또한 입법기능과 행정부 견제기능을 제대로 하기 위한 전문지식을 갖춘 후보를 찾아야 한다. 권위주의 통치 하에서는 민주화를 위한 투지와 구호가 중요한 덕목이었지만, 정치과정이 안정화되고 제도화될수록 구체적 정책이슈에 대한 이해가 필수적이다. 후기 산업시대에 접어들면서 새로운 경제, 사회, 문화, 교육, 환경보전, 소비자보호 등의 문제가 급속히 정책이슈로 떠오르고 있기 때문이다.

동시에 과거 유권자의 신뢰를 저버린 철새 정치인과 정치부패에 얽혀 있었던 정치인은 철저하게 걸러내야 한다. 정치인들의 말 뒤집기와 언행 불일치, 무분별한 이합집산과 정경유착에 의한 부패는 우리 사회를 불신의 사회로 함몰시켜 버렸다.

이번 국회의원 선거는 과거와 다른 역사적 의미가 있다. 1948년 5·10 선거를 통해 초대 국회의원들을 선출한지 60주년이 되는 해다. 지난 60년간의 헌정사에서 국회가 어떠한 위상을 지녀왔는지, 어떠한 역할을 해 왔는지 냉철하게 짚어보고, 그러한 인식 하에 18대 국회는 단순히 17대 국회를 이어가는 국회가 아니라 지난 60년을 관통하는 역사성을 이어받는, 더 나아가 역사성을 극복하고 확장시킬 수 있는 국회를 구성해야 한다.

60년 전 남한만의 총선이 오늘까지 계속되고 있는 것이 통탄스럽지만, 동시에 우리가 이룬 정치발전이 훗날 있을 통일한국 총선의 밑거름이 될 것이라는 확신으로 선거에 참여해야 하지 않을까.

이번 주말 동안 가족과 친지, 벗, 동료들과 함께 정치를 이야기하자. 후보와 정당, 한국 정치와 우리의 미래를 진지하게 논의해보자. 4월 9일 선거혁명은 분명 우리의 몫이다. (한국일보 2008. 4. 5)

'6월의 꿈' 이루려면

국민적 희생과 투쟁의 결과 민주정치의 초석을 마련한 6월 민주항쟁의 계절이 도래했다. 군부권위주의 통치의 긴 터널을 빠져나와 민주화의 노정을 가능케 한 6월의 구호, '호헌철폐,' '독재타도'의 외침이 아직도 귀에 쟁쟁하다. 광주의 비극을 민주화의 길로 승화시킨 국민의 항쟁은 6·29 항복 선언을 이끌어냈고, 열망하던 대통령직선제 개헌을 성취했다.

그러나 그것이 끝이 아니었다. 순조로운 민주화의 길은 꿈이었다. 이후 네 차례의 평화적 정권 교체를 이루어냈건만 지난 20여 년간 파행과 질곡의 정치는 계속되었고, 오늘도 여전히 진행 중이다.

시국이 어지럽다. 노무현 전 대통령의 충격적인 죽음, 국민장과 애도의 물결, 분향소의 강제 철거, 교수들의 시국선언과 그에 대한

반(反)시국선언, 인터넷 게시판의 막말과 이데올로기적 적대감으로 온통 어수선하다. 더군다나 북한의 저돌적인 공세와 우리의 PSI 가입으로 한반도의 불안이 고조되고 있다. 청와대도 정치권도 이렇다 할 대안을 내놓지 못한 채 우왕좌왕하고, 사회 원로들의 따끔한 말씀도 들리지 않는다.

이럴 때일수록 국민들이 흔들리지 말고 중심을 잡아야 한다. 20여 년 간의 민주화 노정을 되돌이켜 보면 결국 국민의 힘으로 어려움을 헤쳐 나왔다. 지금 우리가 헤쳐 나가야 할 것은 무엇인가.

독단과 극단의 극복이다. 자신만이 선이고 참이라는 생각에서 벗어나 타방의 시각을 이해하려는 노력이 필요하다. 중간에 서 있음에 자부심을 느끼고 극단의 잘잘못을 자신 있게 수용하고 비판할 수 있어야 한다. 민주화 과정을 거치며 '포물선의 사회'로 진입하고 있건만 아직도 중간의 자리를 굳건히 지키지 못하고 극단의 논리에 휩쓸린 것을 자성할 때다.

중간의 자리를 지키기 위해서는 큰 용기가 필요하다. '호헌철폐,' '독재타도'를 외치던 용기 그 이상의 용기가 필요하다. 오랜 분단과 군부통치로 우리는 흑백논리와 이분법적 사고에 길들여졌다. 우리도 모르는 사이에 우리를 적과 동지로 나누고, 타협보다는 투쟁, 대화보다는 강경대응에 익숙하다.

정치권은 아직도 적대적 이데올로기의 유용성을 쉽게 포기하지 못하고 있다. 그 유혹이 너무 강하기 때문이다. '잃어버린 10년'의 수사(修辭)로 과거 정권의 업적을 싸잡아 폄하하는 것은 독단이다. 노무현 전 대통령의 서거를 정치적 반전의 기회로 삼으려는 야권 역시 유치하다. 언론의 사회적 책무도 자극적인 극단의 목소리와 몸짓을 알리는 게 아니라, 소리 없는 대중의 목소리를 묶어내고 정론을 펴는 것이다. 시청률과 구독률의 압력으로 시류를 좇는 것은 3류 언론이다.

독단과 극단으로 소통이 마비되고 있다. 듣고 싶은 것만 듣고, 보고 싶은 것만 골라 보는 것은 소통이 아니다. 일방적 지시나 밀어붙이기로 국민의 마음을 얻기 어렵다. 민주화와 산업화를 거치면서 다양한 의견과 이해가 분출하고 있으며 그 이해를 표출하는 행위자들 역시 다양해졌다. 다양한 행위자들의 출현과 그들의 새로운 소통방식을 거부하는 정치권은 설 자리를 잃을 수밖에 없다. 합리적 소통을 위해서는 정치권뿐만 아니라 시민사회와 국민들도 적극 노력해야 한다.

정치가 발전할수록, 일상의 삶과 정치의 연계가 두터워질수록 국민들은 구체적인 제도와 정책결정과정, 그리고 정책 현안에 대해 많은 정보와 지식을 숙지해야 한다. 현안의 본질과 성격, 그리고 내용을 정확하게 파악하고 합리적 대응과 세련된 참여전략을 선택하는 것이 중요하다.

공동선과 인권의 신장, 자본과 노동의 조화로운 상생은 혁명적 변화나 정치엘리트의 특단의 조치로 이루어지는 게 아니다. 국민 개개인의 지속적인 노력에 의해서만 가능하다. 민주화 이후의 민주화가 어려운 게 모두 이 때문이다. (한국일보 2009. 6. 10)

희망과 사랑의 정치를

신묘(辛卯)년 새해를 맞아 서로의 건강과 행복을 기원하고 밝게 웃는 모습을 자주 접하게 된다. 신년 인사를 나누며 보람찬 한 해의 삶을 살고자 하는 다짐은 의미 있는 연례행사다. 정치권 역시 새해를 맞아 국회, 정당, 행정부와 청와대, 지방자치단체별로 신년 다짐을 하고 있건만 국민들의 시선은 그리 곱지 않다.

천안함 피침과 연평도 포격 도발 이후의 불안한 안보상황, 치솟는 물가와 청년실업의 현실이 폭력이 난무하는 의회의 잔상과 겹쳐지면서 정치에 대한 희망은 사라지고 만다. 세계 10위권을 바라보는 경제성장과 스포츠와 문화로 한류의 열풍이 지구촌을 휩쓸고 있건만 우리의 정치는 아직도 왜 이 모양일까. 올해는 좀 나아지리라는 기대도 하지 않는 체념의 상태이다.

진정 새로운 패러다임의 정치를 마련하지 못하면 현재의 파행적 정치에서 벗어나기 어렵다. 정치권은 물론 시민사회와 국민 개개인이 우리의 정치를 냉철하게 되돌아보고 어떠한 패러다임이 필요한지 고민해야 한다. 이것이 올해의 숙제다. 새로운 패러다임의 모색은 정치의 본질을 되짚어보는 작업으로부터 시작되어야 한다. 정치는 이기적 행위인가, 아니면 이타적 행위인가라는 질문으로부터 정치의 주체는 누구이며, 정치적 주체는 특정 문화와 전통 속에서 어떠한 정치제도와 정치과정을 도출할 것인가에 대한 성찰이다.

사실 풀지 못할 문제는 아니다. 우리의 경험을 통해 답을 얻을 수 있기 때문이다. 우리의 근현대 정치사를 돌이켜보면, 일제 식민지, 분단, 전쟁, 군사정변과 독재, 외환위기 등의 질곡이 있었지만 그 모든 것을 슬기롭게 극복하고 다섯 차례의 민주적 정권교체를 이루어냈다. 그렇다. 민주정치의 주체는 결국 국민이었고, 국민들의 이타적 행위가 독재를 민주로, 통치를 정치로 되돌릴 수 있었다.

이타적 정치행위란 나 아닌 타인과 주변 집단을 위한 희생과 배려이다. 국민들이 이토록 이타적 행위로 현재의 민주화를 이끌었다면 정치권도 이에 답해야 하는 것이 아닌가. 정치인 한 사람 한 사람이 정치에 처음 뜻을 두었을 때의 초심으로 돌아가면 스스로 이타적 정치행위를 다짐하지 않을까. 그런데 정치인들의 자성만을 기다려서 해결할 수 있는 문제가 아닌 듯하다.

이 역시 국민들이 나서야 한다. 정치인들이 개인적 영달과 정치권력의 쟁취를 뛰어 넘어 공동선의 구현을 위한 희생의 정치를 하도록 강제해야 한다. 이 단계에서 새로운 패러다임이 필요하다. 강제의 현실적 방법은 견제와 감시, 날카로운 비판과 엄정한 심판이다. 이러한 부릅뜬 눈과 더불어 필요한 것이 사랑의 시선이고 측은지심(惻隱之心)이다. 이상적인 패러다임의 정치일지 모르지만, 공동선과 희생의 정치를 요구하고 대화와 화해, 평화의 정치를 바란다면 우선 정치인을 사랑하는 마음으로 바라보는 것이 필요하지 않을까.

지난해 10월 예산국회의 대치국면이 계속되는 시점에 의원회관에서는 제1기 '일치를 위한 정치학교'가 열렸다. 국회의원 연구단체인 '일치를 위한 정치포럼'이 주관한 6주간의 교육 프로그램을 통해 30여명의 젊은이들이 사랑에 바탕을 둔 일치의 정치를 주제로 토론했으며, 같은 맥락에서 헌정기념관에서는 '형제애, 유토피아인가, 정치의 새로운 가능성인가'의 주제로 학술세미나가 있었다. 작은 시작이지만 새로운 패러다임의 정치의 씨앗을 심는 계기가 되길 소망한다.

정치를 지고(至高)의 예술이라 한다. 권력관계에서 나타나는 온갖 갈등을 해결하기 위해서는 우리의 모든 역량을 쏟아 부어야 한다. 그 역량은 인간과 사회, 자연 환경에 대한 축적된 지식뿐 아니라 대상에 대한 깊은 사랑과 배려와 이해를 포함해야 한다는 의미에서 예술의 경지를 논할 수 있다. 토끼는 희망의 상징이다. 새로운 패러다임의 정치로 활기찬 희망의 정치를 펼쳐보자.

(한국일보 2011. 1. 8)

독단·극단의 시대 합리적 중간지대가 나서야 한다

정치가 진리의 영역은 아니다. 하지만 정치가 제 역할을 다하지 못하면 세상은 어지러워진다. 국회는 60년 이상의 연륜을 지니고도 잊을만하면 추악한 상황을 연출해내곤 한다. 그럴 때마다 언론과 전문가들은 최악의 폭력사태와 날치기가 일어났다며 정치인의 각성과 유권자의 심판을 요구한다.

한국정치학회 회장을 지낸 이정희 한국외국어대 정치외교학과 교수를 교정에서 만났다. 한국정치학회는 회원 1,900여 명을 둔 거대 학회다. 정치권에 대한 시각은 이교수도 별반 차이가 없었다. "정당을 포함한 정치권이 역할을 제대로 못하고 있어요. 독단과 극단이 넘치고, 정치인들은 자신이 듣고 보고 싶은 것들만 찾고 있어요."

민주주의 국가에서 정치를 포기할 수는 없다. "인간은 정치적 동물"이라는 아리스토텔레스의 말을 떠올리지 않더라도, 사람은 꾸준히 대화해야 한다. 이 교수가 꼽는 우리 정치의 큰 문제는 '대화와 통합 능력 부족'이다. 최고통치자 등 위로 올라갈수록 대화 능력은 더 부족하다는 말도 나온다.

"우리 정치에 역동성은 있으나 통합의 리더십은 좀처럼 찾아볼 수가 없어요. 대통령도 마찬가지예요. 신자유주의가 지배하는 무한경쟁시대에 CEO 리더십이 있어야 한다고 하지만, 기업체와 국가를 운영하는 것은 근본적으로 차이가 있어요. 기업은 여러 분야에서 희생하더라도 한 분야에서 성공하면 인정받지만, 국가경영은 여러 분야에서 골고루 성공하고 조정해야 인정받습니다. 그 차이를 알아야 합니다."

제 역할을 다해야할 청와대와 정부와 국회 등 정치권 언저리가 갈등 조정과 중재 대신 오히려 갈등 조장에 나선 느낌이다. 이런 상황이니 유권자가 국회의원을 향해 "그만 둬라"고 해도 할 말이 없을 정도다.

“정치권이 제대로 역할을 못할 때 촛불시위가 등장하는 겁니다. 이런 식으로 하면 다음 선거에서는 선출되지 못한다는 메시지를 전달해야 해요. 그리고 정말 실천해야 합니다. 그것도 유권자가 강력하게 의지를 보여줘야 정치인도 각성하고, 한국 정치의 수준도 높아지게 됩니다. 정치인도 유권자도 ‘망각의 늪’에서 벗어나야 합니다.”

정치권의 후진성에는 최고 권력자나 지도부만 쳐다보는 정치인들의 태도와 함께 유권자에게도 책임이 있다. 정치권의 책임감 상실과 유권자의 냉소. 이즈음 한국 정치를 상징하는 말이다.

이런 모순과 간극을 극복할 방법은 무엇일까. 시민단체와 중간지대에서 그 답을 찾자고 이 교수는 제안한다. 성숙한 민주주의 문화를 위해서도 시민단체의 역할이 그 어느 때보다 중요하기 때문이다. 시민단체로서는 이명박 정부 들어 역할이 위축되고 한때 최고 수준이었던 신뢰도는 낮아진 어려운 상황이다. 그가 보기에 이는 시민단체 내부에서 비롯된 잘못이기도 하지만, 정부의 ‘의도적인 시민단체 죽이기’도 영향을 끼쳤다. 이 교수는 “일부 정당이 ‘시민단체는 키워봐야 손해’라고 인식하는 것 같은데, 속 좁은 생각”이라며 “시민단체에 대한 정부의 생각과 지원은 누가 보더라도 객관적이어야 한다”고 강조했다.

“생각해 보세요. 정부와 정치인은 못 믿어도 경제정의실천연합과 참여연대 등은 믿었던 게 우리 유권자였어요. 노동운동과 시민운동 결합으로 축적된 힘은 대단했지요. 외국의 시민단체들에 비해서도 청렴하고 능력도 갖추었는데 일부 활동가들이 정치권으로 흡수되면서 정치지향성을 드러냈던 것이 문제였습니다. 여기에다가 경제위기와 시민단체에 대한 정부의 불편한 감정 때문이 시민사회를 약화시키고 있어요. 시민사회가 없으면 민주주의도 없다는 자각이 필요합니다. 어떻게 일궈놓은 성과인데, 특정 정권의 입맛에 따라 시민사회의 역할이 축소된다는 게 말이 됩니까. 잘못이지요. 어렵더라도 시민단체의 힘을 길러주어야 합니다."

시민사회의 층이 두텁게 될 때, 정치권과 유권자 사이의 간극이 좁혀진다는 설명이다. 정치권의 시각에 따라 시민단체의 위상이 변하는 것을 막으려면, 시민들이 시민단체의 든든한 배경이 돼 줘야 한다. 그의 이런 시각은 전공도서로 손색이 없는 『이익집단정치』에 잘 나타나 있다. 이 교수는 "이익집단에 대한 부정적인 인식이 많은 것은 사실"이라면서도 "이익집단은 갈등과 통합을 이끄는 역동적 정치 주체로서 중요한 위치에 있다"고 설명한다.

시민사회와 이익단체의 적극적 역할 못지않게 중요한 게 있다. 정치권이나 유권자 집단에 존재하는 시각의 차이에 따른 극단의 갈등을 극복하기 위해서는 중간지대에 대한 지지도 필요하다. "일간지 구독도 중간지대의 신문보다는 자사의 논조를 강하게 드러내는 신문을 선호하는 것 같다"고 거들자 답이 돌아온다. 이 교수는 "사회 전체가 합리적인 중간지대의 공간을 위축시키고 있다"고 강조한다.

"정부 지원이 아닌 시민들의 십시일반으로 시민단체가 유지돼야 합니다. 시민으로부터 지원이 확충될 때 시민단체는 힘을 낼 것이고, 시민의 편익을 위해 효율적으로 움직일 수 있지요. 민주주의(Democracy)의 핵심이 '데모(Demo·일반대중)'라는 것에 모두 공감할 것입니다. 일반대중이 정치적 이슈나 흐름에 좀 더 관심을 갖고 다양하게 목소리를 내고 참여해야 합니다."

하지만, 시민의 정치 참여가 예전처럼 쉬운 게 아니다. 예전에는 '호헌철폐'나 '독재타도' 등의 구호만으로도 힘을 보탤 수 있었지만, 지금은 정치가 복잡해졌다. 과거에는 행위자와 정치적 대상이 모두 제한적이었다. 피아(彼我)와 정의·부정이 선명하게 구분돼 시민으로서 행동하기가 좀 더 쉬웠다. 지금은 건강을 생각한 여중생들이 의견 표출을 위해 거리로 나오는 세상이다. 그만큼 표현양식이 다양해졌고, 과거와 같은 단순 구조로는 자신의 의사를 드러내기 힘든 세상이 됐다. 그래서 생활형 민주주의가 필요하다고 이 교수는 말한다.

"생활정치는 내 주변의 사소한 일들에 적극 참여하는 과정입니다. 가령 구청처럼 내가 살고 있는 고장의 기초자치단체가 잘못을 반복하면, 지속적으로 이를 건의해야 합니다. 탁상행정이 만연하면 이를 개선하자는 아이디어를 '언론'과 '인터넷 게시판'에 남겨야 합니다. 쓰레기 문제 등, 내가 사는 곳의 환경 문제도 고민을 통해 개선 방안을 찾아야 합니다. 이런 활동에 나서는 이들이 많아질 때 시민사회가 든든해집니다. 생활정치는 멀리서 보면 복잡하지만, 내 문제이기에 조금만 관심을 기울이면 가시적인 성과를 낼수 있는 영역입니다."

인터넷을 통한 민원이나 공청모임, 봉사활동에 참여해 시민들이 자신의 목소리가 정책으로 반영되도록 노력하자는 제안이다. 생활정치에 참여하려면 일반 시민들은 예전보다 더 많이 알아야 한다. '정치적 의도'가 숨겨진 허황된 주장을 진실과 가리려면 사안이나 이슈에 대해서 더 깊이 알아야 한다. 그는 이를 '주인의식을 가진 공부하는 시민'으로 규정한다. 그 자신도 2007년 태동한 시민 모임 '사회정의시민운동'의 운영위원장을 맡아 환경문제와 자살예방방지법, 거주권 등을 토론하고, 이 의견을 정치권에 적극 개진하고 있다.

이 교수는 저서 『마음의 정치』를 내놓고 "정치도 인간이 하는 것이기에 심리적인 영향이 커서, 마음을 얻는 게 중요하다"고 강조해 왔다. 인터뷰를 마치며, 그가 한국외대는 물론 경희대와 성신여대에서 강의했다는 '정치심리학'을 국회의원들이 한 강좌라도 청강했으면 좋을 것이라는 생각이 들었다.

그는 낙관주의자다. 프랑스대혁명 등 사회 진보를 이뤄낸 일들은 모두 큰 희생을 딛고 이룩한 성과다. 지금 우리 사회에 파고가 거세지만, 더 나은 사회를 만들어가는 과정이라고 말한다. 그런 점에서 우리 사회도 존경받는 전직 대통령 문화를 만들어야 한다고 강조한다. 유권자들이 전직 대통령 등 지도자의 장점을 찾아 그들을 존경하면 그 첫 단계가 이뤄진다. 시민사회와 학계의 일원으로서 그가 느끼는 책임감은 절실하다.

"일부 정치권의 잘못에 사회 여러 분야가 휘둘리더라도 학계만큼은 합리적으로 생각하고, 객관적인 목소리를 내야 하지요."

(박종현, 『대중을 유혹한 학자 60인』, 컬러그라처. 2011에서)

저자 약력

이정희(李政熙)교수는 서울 종로구 가회동에서 출생하여, 재동초등학교, 경기중·고등학교를 거쳐 한국외국어대학교 정치외교학과를 졸업한 후 미국 미주리대에서 정치학 박사학위를 취득하였다. 연구 관심분야는 집단정치와 정치과정이며, 공간적으로 한국 사회에 관심을 두고 있으나, 비교 가능한 국가와 지역도 탐구한다. 주요저서로는 Foreign Lobbying in American Politics,(1988), 『마음의 정치』(2005), 『이익집단정치 : 갈등과 통합의 역동성』(2010), 『지구촌의 선거와 정당』(2007 공저), 『현대정치학 이론의 발전』(2007 공저), Political Change in Korea, (공저,2008) 『현대비교정치이론과 한국적 수용』(편저,2009)등이 있다.

현재 한국외국어대학교 사회과학대학 정치외교학과 교수로 봉직하고 있으며, 카이로대학교, 쯔꾸바대학교, 남오레곤대학교 초빙교수로 강의와 연구를 수행한바 있다. 학회활동으로는 한국정치학회 회장(2008), 한국아메리카학회 회장(2007), 한국세계지역학회 회장(2006)으로 봉사하였으며, 그 외 학회와 연구모임을 통해 연구 활동을 지속하고 있다.

사회활동으로는 유엔한국협회 사무총장, 경실련 정치개혁위원회 위원장, 16대 국회 선거구획정위원회 위원, 정무장관(제1)실 정책자문위원, 교육인적자원부 주요업무평가위원, 법무부 법조직역제도개선위원회 위원, 통일부 남북관계발전위원회 위원으로 활동하였으며, 현재 사회정의시민행동 공동대표, 중앙선관위 중앙선거방송토론위원회 위원장으로 활동하고 있다.

사랑의 정치

이정희 교수의 정치평론

발행일 1쇄 2013년 10월 30일
지은이 이정희
펴낸이 여국동

펴낸곳 도서출판 인간사랑
출판등록 1983. 1. 26. 제일-3호
주소 경기도 고양시 일산동구 백석동 1178-1번지 2층
전화 031)901-8144(대표) | 977-3073(영업부) | 031)907-2003(편집부)
팩스 031)905-5815
전자우편 igsr@naver.com
페이스북 http://www.facebook.com/igsrpub
블로그 http://blog.naver.com/igsr
인쇄 인성인쇄 **출력** 현대미디어 **종이** 세원지업사

ISBN 978-89-7418-318-9 03340

* 책값은 뒤표지에 있습니다. * 잘못된 책은 바꿔드립니다.

이 도서의 국립중앙도서관 출판시도서목록(CIP)은 서지정보유통지원시스템 홈페이지(http://seoji.nl.go.kr)와 국가자료공동목록시스템(http://www.nl.go.kr/kolisnet)에서 이용하실 수 있습니다.(CIP제어번호: CIP2013019855)